Gerechtigkeit und Frieden als Prinzipien der globalen Ordnung

Volker Bialas

GERECHTIGKEIT UND FRIEDEN ALS PRINZIPIEN DER GLOBALEN ORDNUNG

Plädoyer für ein anderes Weltsystem

PETER LANG
Frankfurt am Main · Berlin · Bern · Bruxelles · New York · Oxford · Wien

Bibliografische Information der Deutschen Nationalbibliothek
Die Deutsche Nationalbibliothek verzeichnet diese Publikation in der Deutschen Nationalbibliografie; detaillierte bibliografische Daten sind im Internet über http://dnb.d-nb.de abrufbar.

Gedruckt auf alterungsbeständigem,
säurefreiem Papier.

ISBN 978-3-631-61654-3

www.peterlang.de

Den Nachgeborenen

Sucht mich nicht bei den Klagenden, sucht mich bei den Lebenden, die von der Schönheit der Erde singen! Das Leben ist stärker als der Tod.

Ihr braucht die Zuversicht der Vernünftigen und den Mut der Handelnden, wenn Ihr mit dem Hass und der Ungerechtigkeit die wahren Ursachen von Gewalt und Krieg beseitigen wollt.

Inhaltsverzeichnis

Vorwort

In dem vorliegenden Manuskript, einer Anthologie von größtenteils bisher nicht zugänglichen Vorträgen und Aufsätzen zum Thema Frieden und Gerechtigkeit, werden die Gefahrenmomente großer Kriege analysiert, die unsere Welt seit der Zeit der Ost-West-Konfrontation bedrohen. Liegt den Kriegsszenarien eine Logik der Gewalt zugrunde, so kann ein anderes Gesicht unserer Welt nur aus der Geltung von Prinzipien einer umfassenden Friedensordnung gewonnen werden.

Eingangs wird in einem historischen Exkurs daran erinnert, dass bereits am Anfang der Neuzeit ein großer Krieg das Antlitz Mitteleuropas verwüstet hat. Den grundlegenden kriegsrechtlichen und friedenspolitischen Anschauungen dieses Zeitalters nachgehend, wird insbesondere der Zusammenhang von Naturforschung und Friedensdenken herausgestellt. In der Realität ist jedoch der mit der Neuzeit einsetzende wissenschaftlich-technische Fortschritt die wichtigste Voraussetzung für die immer rasanter fortschreitende Waffentechnik und Kriegsmaschinerie geworden. Bereits zu dieser Zeit wird so ein bis heute nicht gelöstes Dilemma von Wissenschaft und Krieg sichtbar.

Als in den 1980er Jahren in der Ost-West-Auseinandersetzung Atomraketen auch in der Bundesrepublik Deutschland stationiert wurden und der Kalte Krieg in eine heiße, alles Leben auf unserem Planeten vernichtende Phase überzugehen drohte, ließ sich die atomare Bedrohung der Menschheit ganz unmittelbar als ein schwerwiegendes und ungelöstes globales Problem der Gegenwart erfahren. Nicht länger kann seither die militärische Hochrüstung isoliert von den machtstrategischen und schließlich auch ökonomischen Interessen der beteiligten Staaten gesehen werden.

Nicht anders ist der politische Hintergrund für die Fragestellung von Krieg und Frieden in der nachfolgenden Zeit zu begreifen. Nach Implosion des real-sozialistischen Lagers in Europa und nach Auflösung des „Warschauer Vertrages“, des östlichen Militärpaktes, hat sich das westliche Militärbündnis nach einer kurzen Zeit der Verunsicherung hinsichtlich seiner Aufgaben und Ziele der frühen 1990er Jahre nachfolgend über alle osteuropäische Staaten bis nahe an die Grenzen Russlands ausgedehnt. Wer mit dem Ende des Real-Sozialismus eine Ära der militärischen Abrüstung oder gar des Friedens heraufzukommen meinte, sah sich bald bitter enttäuscht. Auch weiterhin waren in den Nato-Staaten jene Kräfte am Werk, die vor allem aus ökonomischen Gründen an der militärischen Hochrüstung und am profitablen Rüstungsexport festhielten und nach neuen, die Öffentlichkeit beschwichtigenden oder gar täuschenden Argumenten für „friedenschaffende“ oder „humanitäre“ Kriegseinsätze suchten.

Krieg also dem Krieg, um Frieden zu schaffen? Beinahe immer – vom zweiten Weltkrieg abgesehen – hat die Geschichte anderes gelehrt. Gewalt der Gewalt kann offensichtlich nicht zum Frieden führen, weil sie nichts dem Leben der Menschen Dienendes aufzubauen vermag, was doch dem Gedanken des Friedens eigen ist. Allzu oft verbleibt bei den Besiegten neben der Schmach der Niederlage ein Gefühl der Demütigung, das früher oder später in nationaler Verklärung eigener Interessen zum Beweggrund für einen neuen Krieg werden kann. Die in der Öffentlichkeit dargestellten Kriegsgründe enthalten Euphemismen, also Erklärungen und Begründungen, die den wahren Sachverhalt verschönern oder absichtlich verschleiern, um den Krieg als solchen nicht benennen und die wahren kriegleitenden Interessen nicht erörtern zu müssen.

Sucht man nach einem positiven Gegenmodell zu jener archaisch anmutenden Politik von Gewalt und Vergeltung, die noch immer unsere Zeit kennzeichnet, so gelangt man beinahe zwangsläufig zu der Konzeption einer *Kultur des Friedens*. Sie wird von hervorragenden Gremien der Vereinten Nationen mitgetragen und gipfelt in dem Manifest 2000 der UNESCO „Für eine Kultur des Friedens und der Gewaltfreiheit“. Für eine Friedenskultur, die, wenn sie wirklich werden soll, in den Köpfen und Herzen der Menschen verankert sein muss, kann als oberstes Prinzip nur gelten: Gerechtigkeit ist das Maß des Friedens – Gerechtigkeit als die Erfüllung und Verwirklichung der Menschenrechte, als die Durchsetzung der Prinzipien von Gewaltlosigkeit und Toleranz in den internationalen Beziehungen und Gerechtigkeit als die gleichberechtigte Teilhabe der Staaten an der behutsamen Erschließung der natürlichen Ressourcen der Erde zum Wohle aller.

Insgesamt folgen die Arbeiten dieses Buches zehn Leitthesen:

1. Die Geschichte zeigt: Krieg gehört zum Normalzustand des bürgerlichen Zeitalters.
2. Das Wesen des Krieges liegt in der Disposition zu seiner Vorbereitung und Führbarkeit.
3. Die atomare Bedrohung bleibt ein drängendes und bisher ungelöstes globales Problem.
4. Der Einsatz von Gewalt gegen Gewalt führt nicht zum Frieden.
5. Die umfassende und allseitige Abrüstung erfordert ein anderes politisches Weltsystem.
6. Frieden ist nur dann möglich, wenn auch die strukturelle Gewalt aufgebrochen wird.

7. Gerechtigkeit ist das Maß des Friedens.
8. Frieden hat nicht militärische Sicherheit, sondern *Human Security* in der Verwirklichung der politischen und sozialen Menschenrechte zur Bedingung.
9. Die Realisierung der Vision einer globalen Friedenordnung bedarf dreier Prinzipien: wirtschaftliche und soziale Gerechtigkeit, Bewahrungspflicht gegenüber der Natur und Weltethos in globaler Verantwortung.
10. Die Kultur des Friedens ist das positive Gegenkonzept zur traditionellen Politik der Stärke und Gewalt.

Diese schwerwiegenden Thesen werden hier aus den Erfahrungen der Geschichte, vor allem aus den Geschehnissen der drei letzten Jahrzehnte erörtert. Sie betreffen eine kritische Entwicklung unserer Welt zu einem Zeitpunkt, an dem immer deutlicher wird, dass das Wohlergehen der Menschheit nur durch eine Kultur von Gewaltlosigkeit und Frieden erreicht und gesichert werden kann.

I. HISTORISCHES AM BEGRIFF FRIEDEN

Einführung: Die Friedensidee im bürgerlichen Zeitalter

Im Zeitalter der konfessionellen Streitigkeiten wurde die Idee der *pax christiana* im Sinne der wiederherzustellenden Einheit des Christentums neu belebt, von Hugo Grotius (1583-1646) mit seinem Vorschlag, ein Schiedsgericht christlicher Staaten zu institutionalisieren, bis hin zu Leibniz (1646-1716), der in seinen politischen Bemühungen um die Versöhnung der Konfessionen eine Friedensstiftung am ehesten vom fürstlichen Souverän erhoffte. Doch war es der bürgerliche Staat, der zum Garanten des Friedens wurde und die Idee der *pax civilis* als Staatsfrieden verkörperte.

Die entscheidende Begründung dafür hat Thomas Hobbes (1588-1679) gegeben. Für Hobbes ist der Naturzustand der Menschen, in ihrem Streben nach Macht und Eigentum von Konkurrenzdenken, Misstrauen und Ruhmsucht gekennzeichnet. Denn wenn die Menschen niemandem untertan sind, bleiben sie – so Hobbes – einander Feind. Sie benötigen den sie zum Frieden zwingenden Souverän.

Einen Ausweg aus dieser Antinomie zwischen dem natürlichen Selbstbehauptungswillen der Individuen und einem alle Einzelwillen umfassenden und diese zugleich aufhebenden Allgemeinen bietet der Gesellschaftsvertrag, ein Friedensvertrag zwischen den Menschen, worin sie ihre natürlichen Rechte dem Staat übertragen und dessen Gewaltmonopol als Bürger respektieren. Es erfolgt ein Rechtsverzicht zugunsten des Souveräns. Nur durch dessen Recht kann der Frieden garantiert werden. In dieser Weise wird dem geltenden Recht durch rationale Begründungszusammenhänge über das säkularisierte Naturrecht Legitimation verschafft.

Es obliegt also dem Souverän, kraft der ihm übertragenen Rechtsgewalt Frieden im Innern des Staates zu garantieren und so den Bürgerkrieg zu unterbinden. Zugleich wird ihm im Außenverhältnis zu anderen Staaten vom frühen Völkerrecht ein Kriegführungsrecht eingeräumt. Aber auch hier geht es darum, die Gewalt eines Staates im Verhältnis zu einem anderen Staat gleichsam zu kanalisieren. Zwar ist so mit dem Begriff der Souveränität das Recht zum Krieg unabdingbar verbunden, aber zugleich findet das Prinzip Gleichberechtigung der Staaten Eingang in die Ordnung der internationalen Beziehungen. Es kommt nun vor allem noch darauf an, Modalitäten des *ius ad bellum* im Sinne des gerechten Krieges festzulegen und in Anbetracht der furchtbaren Grausamkeiten der permanenten Kriegshandlungen im neuzeitlichen Europa dem Krieg gleichsam Zügel anzulegen.

In diesem Sinn, das Kriegsrecht festzuschreiben und so die Prinzipien einer internationalen Rechtsordnung zu umreißen, wird der Rechtsphilosoph Hugo Grotius, indem er an Arbeiten des Staatsrechtlers Jean Bodin und des spätscholastischen Philosophen Francisco Suarez anschließt, der erste bedeutende Völkerrechtler der neuen bürgerlichen Ordnung. Diesen bedeutsamen Vorstoß zur Berechenbarkeit des Krieges unternimmt er vor dem zeitgeschichtlichen Hintergrund des von Reformation und Gegenreformation erschütterten Europa in seinem Werk *De jure belli ac pacis* (1625). Hiernach verleiht das *ius gentium* der staatlichen Autorität das Recht, bei einem erlittenen Rechtsbruch durch einen anderen Staat diesem den Krieg zu erklären und dem Feinde Schaden zuzufügen. Nicht kraft eines Vertrages, sondern der Natur gemäß bekommt dann ein Staat Gewalt über einen anderen Staat und ist dann als Richter über jenen zu betrachten. Allerdings ist für Grotius das Freiheitsinteresse unterworfener Völker nicht als gerechter Kriegsgrund anzusehen.

Der Idee des Friedens ist das Werk von Grotius insofern verpflichtet, als es die völkerrechtlichen Grenzen des Krieges festzulegen und so schließlich den Frieden zu erreichen beabsichtigt. Andererseits hat das sich herausbildende klassische Völkerrecht mit Grotius über drei Jahrhunderte hindurch dem Staat das Recht zum Krieg zugebillgt, insofern die Unvermeidlichkeit des Krieges anerkannt, trotz aller Ansätze zur Eindämmung des Krieges und des Votums für eine Humanisierung der Kriegführung.

Der Krieg ist also in der bürgerlichen Gesellschaft ein legitimes Mittel der Politik und ein vom Völkerrecht anerkannter Akt der Gewalt geworden. Es gehört zu den bitteren Erfahrungen der Menschheitsgeschichte, dass der Krieg als solcher völkerrechtlich nicht zu verbieten ist, sondern allenfalls in seinen schlimmsten Erscheinungsformen durch vertragliche Vereinbarungen einzudämmen ist. Daher ist von nun an auf die Tagesordnung humaner Weltgestaltung gesetzt, den Krieg den Ursachen nach, d. h. in seinem Wesen zu erkennen, und ihn schließlich einmal auch zu verhindern.

Krieg und Frieden scheinen auch in der Neuzeit einander abgelöst zu haben. Wenn nicht Krieg ist, dann ist Frieden. Krieg, der gesellschaftliche Normalzustand des bürgerlichen Zeitalters, hat dem klassischen Völkerrecht seit Grotius Anlass genug gegeben, ihn und nicht etwa den Frieden den zwischenstaatlichen Rechtsbedingungen nach festzuschreiben. Frieden, als Gegensatz von Krieg oder als Abwesenheit von direkter, staatlich organisierter Gewalt begriffen, ist negativ bestimmt, im Übrigen eine für die Neuzeit und bis heute vorherrschende Begriffsbestimmung von Frieden.

Doch hat bereits Hobbes gegenüber der Ableitung des negativen Friedensbegriffs geltend gemacht, da der bloße Gewaltaspekt das Wesen des Krieges noch nicht vollständig zum Ausdruck bringt. Zwar bezeichnet er in seinem *Leviathan* Frieden als die gegenüber dem Krieg „andere Zeit", aber jede Zeit, in der eine Kriegsbereitschaft erkennbar ist, gehört bereits zum Krieg. Daher liegt das Wesen des Krieges „nicht im eigentlichen Kampf", sondern in der erkennbaren *Disposition* dazu.

Frieden ist also nicht bloße Negation der heißen Phase des Krieges, sondern wird dann erst Realität, wenn eine Bereitschaft zum Krieg nicht mehr erkennbar ist. Woran aber ist eine Kriegsbereitschaft anders zu erkennen, wenn nicht an der die Kriegshandlungen vorbereitenden militärischen Rüstung und an den dahinter stehenden kriegleitenden Interessen? Umgekehrt macht dieser erweiterte Kriegsbegriff eben deutlich, dass die Zeit, in der keine Kriegshandlungen stattfinden, noch nicht notwendigerweise als Frieden zu bezeichnen ist.

Ist für den Begriff des Souveräns des bürgerlichen Zeitalters das *ius ad bellum* wesentlich, so ließe sich bei annähernd gleich laufenden, aber untereinander konkurrierenden Interessen einzelner Staaten eine Stabilität des Systems der internationalen Beziehungen am ehesten als Ausgleich zwischen den je unterschiedenen, aber prinzipiell nicht gegensätzlichen Bestrebungen vorstellen. Dieser ist innerhalb des Status quo des politischen Systems in noch unzureichender Weise als Konzeption des politischen und militärischen Gleichgewichts eine Zeitlang aufrechtzuerhalten, ohne dass dadurch der Frieden wirklich gefördert wird.

Fragt man in der Geschichte der Neuzeit nach einem philosophischen Diskurs über den positiv aufgefassten, also mit inhaltlichen Prämissen erfüllten Begriff des Friedens, so stößt man beinahe zwangsläufig auf den Traktat *Zum ewigen Frieden. Ein philosophischer Entwurf* (1795/96) von Immanuel Kant. Er ist in der Auslotung der Bedingungen der Möglichkeit humaner Weltgestaltung auch hier als ein außerordentliches friedens- und geschichtsphilosophisches Dokument zu würdigen. Für die Idee des Friedens kennzeichnet es insofern den Übergang zu einem positiven Friedensbegriff, als sich darin die Forderung nach allgemeiner Abrüstung mit der Einsicht in die Begründung einer zwischenstaatlichen Friedensordnung als einer vertraglichen Rechtsordnung verbindet.

Mit einer gewissen Berechtigung kann Kant als der dem Pazifismus am weitesten verpflichtete Philosoph der Neuzeit gelten, insofern ist jeder andere friedensphilosophische Diskurs an diesem Traktat zu messen. In dieser Weise wird ein Diktum dafür ausgesprochen, das Erbe des humanistischen und aufklärerischen Denkens insgesamt für die Wesensbestimmung des philosophischen Friedensbegriffs und für dessen Umsetzung in eine theoriegeleitete Praxis fruchtbar zu machen.

1.
Naturforscher und die Idee des Friedens im 17. Jahrhundert

Vorbemerkungen zur Problematik des Themas

In der Geschichte der Naturwissenschaften spielt offenbar die Frage nach dem inneren Verlauf wissenschaftlicher Entwicklungen, d. h. nach Vorläufern von wissenschaftlichen Entdeckungen, den Entdeckungen selbst und schließlich den Folgerungen und Nutzanwendungen aus ihnen, die wichtigste Rolle. Auf diesem Gebiet haben Historiker, Philologen und Naturwissenschaftler in gemeinsamer Arbeit bewundernswerte Ergebnisse zu Tage gefördert, Ergebnisse, die manchmal den ursprünglichen Entdeckungen nur wenig nachstehen.

Selten – in den angelsächsischen Staaten und in der Sowjetunion mehr, in der Bundesrepublik Deutschland und in Frankreich weniger – sind dagegen die Umstände, unter denen diese Entdeckungen gemacht wurden, wie soziokultureller Hintergrund der Zeit, materielle und psychologische Voraussetzungen des Forschers, in die Untersuchung des Wissenschaftshistorikers miteinbezogen worden. Derartige, mehr komplexe Forschungsansätze werden häufig allzu vereinfacht als Moderichtung unserer Zeit oder gar als unwissenschaftlich abqualifiziert.

Aber der Zusammenhang zwischen interner wissenschaftlicher Entwicklung und externen, diese Entwicklung mitbestimmenden Faktoren ist keineswegs konstruiert, auch wissenschaftliches Leben existiert nicht für sich allein, sondern in einem größeren Kontext einer Zeit und eines charakteristischen geistigen und gesellschaftlichen Hintergrundes. Das gleiche gilt für die Arbeit des Wissenschaftshistorikers: er kann nicht Quellen der Wissenschaftsgeschichte erschließen, Zusammenhänge in wissenschaftlichen Disziplinen aus singulären Studien begründen, ohne dass nicht Erfahrungen seiner Zeit in die Arbeit, in die Interpretation eines Textes miteinfließen. So gibt er, zumeist nicht völlig bewusst, durch die Auswahl von Quellen und Methoden der Bearbeitung, durch das Anzeigen eines bestimmten Erkenntnisinteresses eine Bewertung des zu untersuchenden Sachverhalts.

Akzentuiert werden die eher stillschweigend getroffenen Voraussetzungen wissenschaftshistorischer Arbeit, wenn ganz bewusst von dem Wissen, von Erfahrungen und Fragestellungen unserer Zeit ausgegangen wird. Damit ist nicht so sehr der Anteil einer früheren Entdeckung an dem wissenschaftlichen Wissen unserer Zeit angesprochen; vielmehr sind Zusammenhänge gemeint, die aktualisiert und problematisiert durch Ereignisse des 20. Jahrhunderts, gleichermaßen Wissenschaft und Gesellschaft betreffen.

So hat sich in unserem Jahrhundert auch das Verhältnis von naturwissenschaftlicher Forschung und der Frage von Krieg und Frieden gewandelt, und zwar in doppelter Weise: Einmal ist die gesellschaftliche Relevanz der Ergebnisse naturwissenschaftlicher Forschung in der kriegstechnischen Anwendung durch das Inferno zweier Weltkriege offenbarer geworden als jemals zuvor; zum anderen mussten Naturwissenschaftler aller Disziplinen und aller Länder erkennen, spätestens seit dem Abwurf der ersten Atombomben auf Hiroshima und Nagasaki im August 1945, welche Gefahren mit der unkontrollierten Anwendung von Forschungsergebnissen verbunden sind und wie groß die moralische Verpflichtung der Naturforscher ist, zur Bewusstwerdung dieser Gefahren beizutragen und immer wieder auf die friedliche Nutzung der Forschungsergebnisse zu dringen.

Erst unsere Zeit hat den Frieden selbst zum Gegenstand wissenschaftlicher Betrachtung und Forschung erhoben, nicht aus Selbstzweck, ein weitgehend unbekanntes Feld bearbeiten zu wollen, sondern aus der Notwendigkeit heraus, die Ursachen von Konflikten zu erforschen, um sie schließlich anders als mit den Mitteln des Krieges lösen zu können. Die heutige Friedensforschung versucht, nicht nur die Entstehung von Kriegen zu studieren, sondern auch die gesellschaftlichen Strukturen zu analysieren die eine Befriedigung der menschlichen Gesellschaft, also soziale Gerechtigkeit und gesellschaftlichen Fortschritt überhaupt, verhindern. In dem fatalen Ablauf von Ideologisierung, Kriegsvorbereitung und Kriegsrüstung spielen Naturwissenschaftler und Techniker kaum mehr als die Rolle von Handlangern oder sind als relativ Unbeteiligte durch die krisenhafte Situation von Staat und Gesellschaft in ihrer Arbeit behindert.

Die Aktualisierung dieser Fragen ist, wie gesagt, erst in unserer Zeit erfolgt. Dennoch lässt sich zeigen, dass zu allen Zeiten das Thema Frieden nachdenkenswert war. Wenn auch eine Anthologie darüber bis zum heutigen Tag nicht vorliegt, steht außer Zweifel, dass sich ebenso Naturphilosophen und Naturwissenschaftler seit dem Beginn der Neuzeit zur Frage von Krieg und Frieden geäußert haben. Das Thema, das Verhältnis von Wissenschaft und Frieden, soll hier an einigen Beispielen des 17. Jahrhunderts erläutert werden, die im wesentlichen aus der 1. Hälfte des Jahrhunderts genommen sind. Eine systematische Darstellung, auf Vollständigkeit bedacht, würde den Rahmen des Aufsatzes als Beitrag zu einer Festschrift sowohl der Zielsetzung, als auch dem Umfang nach sprengen.

Warum wurde das 17. Jahrhundert gewählt? Das 17. Jahrhundert, das Jahrhundert der Begründung der modernen Naturwissenschaft als Mechanik, ist eine der in Wissenschaft und Gesellschaft am stärksten bewegten Epochen in der Menschheitsgeschichte. Hier findet der Übergang von der Feudalgesellschaft zur bürgerlich-kapitalistischen Gesellschaft seinen Abschluss[1], hier werden wichtige Entscheidungen für die wissenschaftliche Arbeit erstmals in wissenschaftlichen Gesellschaften und staatlichen Organisationen getroffen. Forschungsergebnisse werden in wissenschaftlichen Journalen der Öffentlichkeit zugänglich gemacht. Die Herausbildung des wissenschaftlichen Systems der Neuzeit erfolgt in einer durch Religionsstreitigkeiten und Kriege verwirrten Zeit.

Die Frage nach dem Verhältnis von Wissenschaft und Frieden im 17. Jahrhundert wird aus der Erfahrung unserer Zeit gestellt. Sie ist durchaus nicht einseitig auf eine entlegene Epoche bezogen, sie betrifft auch die Welt, in der wir heute leben.

Das 17. Jahrhundert – ein Jahrhundert der Kriege

Wie sich die Bilder gleichen: Das 17. Jahrhundert, das Jahrhundert der neuen Wissenschaft, der ersten wissenschaftlichen Revolution der Neuzeit, ist wie das 20. Jahrhundert, das der wissenschaftlich-technischen Revolution, zugleich ein Jahrhundert der Kriege. Haben einerseits wissenschaftliche Entdeckungen, die mit Namen wie Galilei, Kepler und Newton verbunden sind, der Menschheit tiefe Naturgeheimnisse enthüllt und die erste große Selbstbefreiung des Menschen aus der „selbstverschuldeten Unmündigkeit“ (Kant, 1784) im Prozess der nachfolgenden Bewegung der Aufklärung vorbereitet, so wird andererseits das Jahrhundert von Kriegen noch nie erlebten Ausmaßes erschüttert.

Der höchsten Erhebung des menschlichen Geistes in der Wissenschaft steht seine tiefste Erniedrigung gegenüber: In der Unfreiheit des Denkens und Glaubens, in der Bedrohung und Verfolgung der Religionswirren, in der Vernichtung im Krieg. Längst hatte der Krieg eine erste Technisierung durchlaufen. Steinkugeln wurden schon im 15. Jahrhundert durch Eisenkugeln ersetzt, Kanonen wurden massiv aus Metall gegossen. Waren es hier vor allem die Fortschritte des Handwerks, die die Kriegstechnik veränderten, so versuchten auf der anderen Seite Mathematiker und Physiker die aus der Kriegssituation resultierenden technischen Probleme theoretisch zu formulieren und zu lösen. Beispiele für derartige die Theorie stimulierenden Fragestellungen sind die optimale Anlage eines Verteidigungswerkes in der

1 Zu diesem Komplex siehe Franz Borkenau, *Der Übergang vom feudalen zum bürgerlichen Weltbild*, Paris 1934; Nachdruck Darmstadt 1973. Von besonderem Interesse ist die Einleitung: „Die Wissenschaft der Manufakturperiode“. Einen Überblick über Zusammenhänge von Naturwissenschaften und Gesellschaft in der Geschichte gibt: J. D. Bernal, *Science in History*, London, 1954; deutsche Ausgabe: Hamburg 1970. Für das 17. Jahrhundert siehe hierin Teil IV: „Die Geburt der modernen Wissenschaft“.

Fortifikation und die Untersuchung der Flugbahn von Geschossen in der Ballistik.

Das 17. Jahrhundert ist ein Jahrhundert der Kriege. Von der Historiographie des Krieges werden nicht weniger als 47 kriegerische Auseinandersetzungen gezählt, die im 17. Jahrhundert ausgelöst wurden oder in das 17. Jahrhundert hineinragen.[2] Eine Typisierung dieser Vielzahl von Kämpfen, Eroberungsfeldzügen und Volkserhebungen ist nicht leicht vorzunehmen, jedoch scheinen, was Europa anbetrifft, in der ersten Hälfte des Jahrhunderts Religionskriege und Bürgerkriege, in der zweiten Hälfte dagegen Erbfolgekriege sowie Kriege um die Vormachtstellung in Europa als äußeres Kennzeichen des absolutistischen Zeitalters zu überwiegen.

Diese Unterscheidung stimmt nicht mit der von Theoretikern des 17. Jahrhunderts vorgenommenen überein, die mehr von einer Charakterisierung der streitenden Parteien ausgehen. So unterscheidet der Völkerrechtler Grotius drei Arten von Kriegen: Den Krieg zwischen verschiedenen Bevölkerungsgruppen, den Bürgerkrieg (*bellum civile*); den Krieg zwischen verschiedenen Staaten; schließlich den Krieg gegen die Untreuen (*infideles*)[3]. Verbunden mit der Analyse der Kriegführung und der weiteren Technisierung des Krieges beginnt eine neue Blütezeit der Ideologen und Theoretiker des Krieges. Schon Augustinus hatte die Lehre vom gerechten Krieg aufgestellt, der als eine unvermeidliche Notwendigkeit die Verlorenheit des Menschen zeige.

Das Völkerrecht der frühen Neuzeit greift diesen Gedanken wieder auf: der Krieg sei nur zulässig zur Abwehr und zur Bestrafung erlittenen Unrechts – so Francisco de Vitoria im 16. Jahrhundert[4]. Ferretti sieht den Papst als höchsten Herrn über Krieg und Frieden, und nur seine Kriege könnten gerecht genannt werden[5]. Wir werden sehen, wie der Gedanke der Glaubensgemeinschaft die Idee des Friedens im 17. Jahrhundert bestimmt. Die Völkerrechtler vermögen diese Schranke der Religion zu überschreiten. Die Menschheit wird bereits als eine *unitas quasi politica et moralis* verstanden, jeder Staat wird als Glied eines höheren Ganzen gesehen (Suarez, 1613).

---

2 G. von Alten, *Kriege vom Altertum bis zur Gegenwart*, Berlin 1912.

3 Nach George Clark, *War and Society in the Seventeenth Century*, Cambridge, 1958, 18-19.

4 Fritz Dieckmann, *Krieg und Frieden im Völkerrecht der frühen Neuzeit*, in: *Friedensrecht und Friedenssicherung. Studien zum Friedensproblem in der Geschichte*, Göttingen 1971, 116-140.

5 So heißt es bei Giulio Ferretti, in seinem *Aureus tractatus*, Venedig, 1575: ‚"Justum est bellum illud, quod indicitus a papa catholico contra non recognoscentes romanam eclesiam". Diese Zusammenhänge behandelt Max Jähns, *Über Krieg, Frieden und Kultur*, Berlin, 1893. Abschnitt IV: „Neuere Zeit".

Die Mächte des Krieges haben auf der anderen Seite Kräfte des Friedens und eines neuen Humanismus entfesselt.

Die Idee des Friedens im 17. Jahrhundert

Zweifellos ist zu keiner Zeit und in keiner Generation der Wunsch nach Frieden lebendiger, die Sehnsucht nach seiner Verwirklichung größer als in der, die den Kriegszustand unmittelbar erlebt und unter seinen Folgen am meisten zu leiden hat. Die sozialen Unruhen und konfessionellen Kriege des 16. und 17. Jahrhunderts, Ausfluss der gesellschaftlichen Widersprüche und Ausdruck auch des Wunsches vieler nach geistiger Freiheit, lassen die materielle und seelische Not in weiten Gebieten Europas zu einer Dauererscheinung werden. So sind es in der ersten Hälfte des 17. Jahrhunderts insbesondere die Schrecken des 30jährigen Krieges, später dann die Eroberungskriege Ludwigs XIV., die die Menschen den Frieden erhoffen lassen und die Entstehung von pazifistischen Gedanken begünstigen.

Im Geistesleben des Jahrhunderts finden Ideen des Friedens ihren Ausdruck vor allem in drei Richtungen:

1. Zuoberst wird der Gedanke des Friedens zum philosophischen Prinzip erhoben als Ergebnis moralischen Empfindens und Abwägens, ein Prinzip, das in Erasmus seinen ersten großen Vertreter der frühen Neuzeit besitzt und in Kants *Ewigem Frieden* die erste Vollendung erfährt;
2. dann besitzt auch dieses Jahrhundert Repräsentanten der Idee des Friedens, die in der Tradition eines „christlichen Pazifismus" gewissermaßen in Widerspruch zur offiziellen Ideologie eines gerechten Krieges stehen;
3. schließlich verbinden sich die Erfahrungen praktisch-politischen Handelns mit den Rechtsvorstellungen über das Zusammenleben der Völker.

Sicherlich entspricht eine derartige ideal-typische Gruppierung nicht ganz der Wirklichkeit: Philosophen und Völkerrechtler bedienen sich ähnlicher Argumente und kommen zu gleichen politischen Vorschlägen zur Erreichung und Sicherung des Friedens, während der durch den christlichen Glauben Motivierte mehr in moralischen Kategorien denkt. Dennoch macht die vorgenommene Unterscheidung bei aller Komplexität der Analysen und Entwürfe zum Thema Frieden offenbar, dass drei Teilsysteme der frühneuzeitlichen Gesellschaft, nämlich Religion (Kirche), Politik (Recht) und Philosophie (Wissenschaft), gleichermaßen nach einem Ausweg aus den endlosen Kriegsnöten suchen. Immer aber sind es nicht die offiziellen Vertreter der drei genannten Bereiche, ist es nicht das „etablierte" System, sondern es sind eher Einzelgänger und zumeist auch Außenseiter.

Frieden wird im 17. Jahrhundert wohl immer als Gegensatz von Krieg verstanden. „Was der Friede gab, verschlingt der Krieg", heißt es bei Penn. Den Krieg überflüssig machen, indem der Frieden organisiert wird – so könnte das Ziel des Pazifismus dieses Jahrhunderts programmatisch umschrieben werden.

Worin liegen nun die Grundzüge einer Idee des Friedens begründet?

Wir können an dieser Stelle nicht die Geschichte des Pazifismus des 17. Jahrhunderts schreiben, sondern nur auf einige Vertreter der Friedensidee verweisen, ohne, wie eingangs ausgeführt, Vollständigkeit anzustreben. Einen „Philosophen des Friedens" gibt es nicht, ebenso wenig wie eine ausgearbeitete Philosophie oder eine „Theorie des Friedens". Indessen haben philosophische Denker, wie Hobbes und Leibniz, diesem Thema erhebliche Aufmerksamkeit gewidmet.

Die politischen Schriften von Hobbes sollten dazu beitragen, die politische Entwicklung in England zu beeinflussen im Sinne der absoluten Souveränität des Königs. Leibniz, 1676 Hofrat beim Herzog von Hannover geworden, verband mit seiner politischen Mission Gedanken an die notwendige Souveränität des Fürsten (*Caesarius Furstenerius*). Hobbes' Vorstellung vom politischen Gemeinwesen liegt sein Menschenbild zugrunde: Der Mensch, bestimmt von Trieben und Leidenschaften, ist im Verhältnis zu seinem Mitmenschen von Konkurrenzdenken, Misstrauen und Ruhmsucht erfüllt[6]. Wenn die Menschen ohne eine ihnen übergeordnete Macht leben, befinden sie sich in einem Zustand, „der Krieg genannt wird, und zwar in einem Krieg eines jeden gegen jeden"[7].

Solange die Bereitschaft zu Kampfhandlungen vorhanden ist, kann die Gefahr des Krieges nicht gebannt sein. Krieg wird also schon als allgemeine Unsicherheit zwischen den Bürgern eines Staates verstanden, Frieden dagegen negativ abgesetzt: Er ist „jede andere Zeit", in der also dieser Zustand von einer anderen Einsicht der Bürger abgelöst wird. Diese andere Einsicht muss von einem natürlichen Gesetz ihren Ausgang nehmen, nämlich von der Gleichheit der Menschen von Natur aus.

Die Einhaltung eines Friedenszustandes kann nur dann gewährleistet sein, wenn die bürgerlichen, d.h. nach Hobbes die natürlichen, Gesetze beachtet und befolgt werden. Diese Gesetze zu formulieren und auf ihre Beachtung zu dringen, obliegt dem obersten Souverän des Staates. Ohne ihn ist der Bürger schutzlos, den freien Trieben der anderen ausgeliefert. Nur

---

6 Thomas Hobbes, *Leviathan* (1651), hrsg. von Ivin Fetscher, Berlin 1960, 95.

7 Hobbes, 96. Eine gegensätzliche Position vertritt John Locke, dessen Beitrag zu einer Idee des Friedens in die Theorie der internationalen Beziehungen gehört. Sie kann hier nicht behandelt werden. Zu diesem Thema: Richard H. Cox, *Locke on War and Peace*, Oxford 1960.

der Schutz durch den Souverän, dem der Bürger Gehorsam schuldet, kann den Frieden herstellen und bewahren. Das für unsere Fragestellung zentrale Thema bei Hobbes ist der Krieg und der Frieden zwischen den Bürgern, Situationen, die er anthropologisch begründet. Seine Ausgangsfrage nach den Bedingungen des Friedens „angesichts einer allgemeinen Bürgerkriegssituation“ – so von Krockow – verweist ihn auf den Gerechtigkeitssinn und die Weisheit des absoluten Souverän. Das ist ein der Umgebung und Erfahrungswelt von Hobbes nach nahe liegender Schluss.

Die Gefahr des Kampfes aller gegen alle, geistig wie auch materiell verstanden, hat Leibniz gerade in der modernen Kultur gesehen. Er fasst den Begriff Frieden mehr philosophisch, im Sinne von *Gegensätze miteinander versöhnen*. In der praktischen Konsequenz ist er als Christ zwischen Luthertum und Katholizismus davon überzeugt, dass vom religiösen Frieden, von der Einigung zwischen den christlichen Konfessionen, die Befriedigung aller Gegensätze abhängig ist. Darum tritt er auch für die Souveränität des Fürsten ein, von dem allein die Einheit zwischen den zerstrittenen Konfessionen herbeigeführt werden könne.

Im Rahmen seiner politischen Tätigkeit in Mainz ist seine Mission nach Paris von 1672 berühmt geworden, wo er dem Minister S. A. Pomponne einen Plan vorlegte, demzufolge er Ludwig XIV. von einer einseitigen Invasion Hollands abbringen wollte[8]. Später hat Leibniz unter dem Eindruck der Kriege Frankreichs eine noch deutlichere Haltung bezogen. In der Überzeugung, dass die Freiheit Europas durch Frankreich bedroht sei, spricht er sich um 1700 für die Fortsetzung des Krieges und gegen einen Friedensschluss aus[9].

Bei Leibniz fließen also philosophische Gedanken und religiöse Überzeugungen mit praktisch-politischen Erfahrungen zusammen. Die Idee des Friedens tritt hier nur in einer abgeschwächten Form, die Kompromisse anstrebt, auf. Leibniz hat die Befriedung Europas und des Christentums im

8 G. Clark, *op. cit.*, 16.

9 Carl Haase, *Leibniz als Politiker und Diplomat*, in: W. Totok u. C. Haase, *Leibniz* (Hannover, 1960, S. 195-226. Auch Francis Bacon hat sich gegen einen unbedingten Frieden ausgesprochen und kommt in seinen Erörterungen zum „heiligen Krieg“ den Ansichten von Leibniz nahe. In einem Brief an Sir John Digby schreibt Bacon 1617: „Also that it may be a beginning and seed (for the like actions before have had less beginnings) of a holy war against the Turk, whereunto it seems the events of time do invite Christian kings... which openeth a way (without congregating vast armies by land) to suffocate and starve Constantinopel...“ In: *The Works of Francis Bacon*, ed. J. Spedding, R. L. Ellis, D. D. Heath, Vol. VII (London, 1859), S. 4. Über den „heiligen Krieg“ hat Bacon 1624 einen Dialog geschrieben, der als Fragment erhalten ist: *An Advertisement Touching an Holy War*, London 1629 (Bacon, 1859, Vol. VII, S. 11-36). Gerade weil hier das Problem von verschiedenen Seiten gezeigt wird, ist Bacons eigene Meinung nicht deutlich herauszulesen,

Sinn, gewissermaßen als höchstes kulturpolitisches Ziel, zu dessen Verwirklichung auch Kriege gegen Ungläubige erlaubt seien.

Die Idee des Friedens wird solange relativiert sein, wie politisches Kalkül, verbunden mit dem Absolutheitsanspruch einer Religion oder Konfession, Kriege zu rechtfertigen versucht. Gedanken eines unbedingten Pazifismus finden sich bei philosophischen Denkern des 17. Jahrhunderts, die politisch argumentieren, darum nicht. Sie sind, indem sie im obersten Souverän den Bewahrer und Beschützer der bürgerlichen Rechte und damit auch den Herrn über Frieden und Krieg sehen, Apologeten des absolutistischen Zeitalters und der gesellschaftlichen Strukturen ihrer Zeit.

Seit Mitte des 17. Jahrhunderts artikuliert sich in der religiösen Überzeugung der Quäker ein konsequenter Pazifismus, der nicht nur die Christenheit, sondern ausdrücklich die gesamte Menschheit einschließt und darin neueren pazifistischen Bewegungen seit dem 19. Jahrhundert als Vorbild dient. Religion wird hier als Sache des Herzens verstanden, weniger als Form oder Lehre. Wichtige Voraussetzung für wahre Religion sind daher Glaubens- und Gewissensfreiheit[10]. Jede Teilnahme am Krieg wird verurteilt, das Tragen von Waffen verboten, wie es in einer Deklaration aus dem Jahr 1660 heißt:

> We utterly deny all outward wars and strike, and fighting with outward weapons, for any end or under any pretence whatever: this is our testimony to the whole world.[11]

Die bedeutendste Friedensschrift der Quäker, das von William Penn abgefasste und 1693 anonym publizierte *Essay towards the present and future Peace of Europe*, ist unter dem Eindruck der Kriege Frankreichs entstanden. Aus der Erkenntnis, dass Frieden allein durch Gerechtigkeit in internationaler Übereinstimmung zu erreichen ist, entwickelt er seinen berühmten Plan über den Bund der Nationen (*League of Nations*). Hier interessieren nicht die technischen Einzelheiten dieses Planes, sondern seine Gesamtanlage mit der Einrichtung eines Internationalen Parlaments und eines Internationalen Gerichtshofes. Wenn der Bund eingerichtet ist, beginnt die allgemeine Abrüstung:

> The armaments of each nation should be reduced to only a small force, such as it is capable or accustomed to maintain“[12].

10 Die Quäker wurden von Georg Fox (1642-1691) und von William Penn (1644-1718) gegründet und besonders in Pennsylvania in Nordamerika als religiöse Gemeinschaft angesiedelt. Hier zeichneten sich die Quäker insbesondere durch den Kampf für die allgemeinen Menschenrechte und gegen die Sklaverei aus. Siehe hierzu: Gustav Mensching, *Die Religion*, München 1962, 345; Helmut von Glasenapp, *Die fünf Weltreligionen*, Düsseldorf u. Köln 1963,. 303. Als Spezialarbeit zu Penn sei genannt: Melvin B. Endy, *William Penn and Early Quakerism*, Princeton 1973.

11 Nach Jacob Ter Meulen, *Der Gedanke der Internationalen Organisation in seiner Entwicklung 1300-1800*, Haag 1917, Vol. 1, 172.

Hinter dieser Einsicht in die Notwendigkeit eines allgemeinen Friedens steht die persönliche Erfahrung dessen, der den Krieg aus eigener Anschauung zu verabscheuen gelernt hat:

> Besides the loss of so many lives, of importance to any nation both for labor and propagation, the cries of so many widows, parents and fatherless, would be prevented.[13].

Die ausdrückliche Erwähnung der Türkei als Teilnehmerstaat des Bundes sprengt den Rahmen einer ausschließlich auf christliche Staaten beschränkten internationalen Gemeinschaft, wie sie 1634 in den Memoiren des Herzogs von Sully, eines Ministers Heinrichs IV., mit dem Plan einer *allgemeinen sehr christlichen Republik* entworfen und am Beginn des 18. Jahrhunderts in dem *Projet de la paix perpetuélle* wieder aufgegriffen wurde.[14] Der Plan von Penn eines internationalen Bundes in Form eines Völkerbundes ist erst im 20. Jahrhundert verwirklicht worden.

Besonders beachtenswert an den Gedanken Penns ist die Verbindung von Religion und Politik zu einer von Toleranz getragenen, weit vorausschauenden Utopie des Friedens, die bis in unsere Zeit hinein nicht volle Wirklichkeit geworden ist. Hinter dem Entwurf von Penn steht die Erkenntnis, dass die Beendigung des Kriegszustandes zwischen den Völkern zwar den Frieden erreichbar werden lässt, ihn aber keineswegs herstellt oder sichert. Denn zum Frieden gehören Gerechtigkeit und eine Rechtsgewalt, die ihn für alle Betroffene garantiert. Zwar kommt Penn damit einem positiven Friedensbegriff noch nicht wesentlich näher als seine Zeitgenossen, zumal er auf die Hintergründe des Unfriedens in der politischen Erörterung nicht eingeht.

Aber gerade der Weg zur politischen Lösung der Konfliktsituationen, den er vorschlägt, unterscheidet ihn doch merklich von den politisch nicht minder aktiven Philosophen Hobbes und Leibniz, die eine Veränderung der politischen Szenerie in Europa kaum für wünschenswert halten. In Penns Gedanken kündet sich ein neuer Geist an: Die Neue Welt wirkt bereits auf Europa zurück.

Die Überlegung, Abgesandte der verschiedenen Staaten auf einer ständigen Versammlung zusammenkommen zu lassen und Zwistigkeiten zwischen den Staaten durch den Urteilsspruch der Versammlung zu lösen, findet sich bei Émeric Crucé in seinem *Neuen Kineas* (1623). So sehr auch sein Entwurf vom Gedanken der religiösen Toleranz zwischen den ver-

---

12 William I. Hull (ed.), *William Penn's Plan for a League of Nations*, Philadelphia 1919, 19.

13 *Ibid.*, 12.

14 Karl Vorländer, *Entwicklung des Friedensgedanken*. Einleitung zu: Immanuel Kant, *Zum Ewigen Frieden*, Leipzig 1919. Der Entwurf zu einem ewigen Frieden, nach dem sich 24 christliche Staaten zu einem Friedensbund vereinigen sollten, stammt von Abbé Castel de Saint-Pierre aus den Jahren 1712-1716.

schiedenen Religionen bestimmt ist, so wenig enthält er Ansätze zu einer Veränderung der hierarchisch gegliederten gesellschaftlichen Strukturen. Dem Papst weist Crucé auf der internationalen Konferenz den höchsten Rang vor dem Kaiser zu. Eine Ursache innerer Konflikte eines Staates, nämlich die Armut, müsse bekämpft werden, aber nicht, um soziale Gerechtigkeit anzustreben, sondern um der Gefahr von Umstürzen innerhalb der Gesellschaft zuvorzukommen. Denn:

> Arme hat es immer gegeben und muss es geben, beruht doch die Harmonie eines Gemeinwesens zum Teil auf der Ungleichheit des Besitzes.[15].

So verbinden sich auch bei Crucé Ansätze zur Kriegsverhinderung und Friedensstiftung mit der Apologie der Klassengesellschaft. Der Frieden wird zu einem Mittel der Befriedigung einer sich in sozialen und politischen Spannungen polarisierenden Gesellschaft. Die Gemeinsamkeit mit Penn erschöpft sich in den Formalien einer internationalen Konferenz.

Vom Standpunkt des Pazifismus her, nicht von dem einer sich am gesellschaftlichen Fortschritt orientierenden Theorie der Gesellschaft aus, verdient die Einrichtung einer Konferenz, auf der verfeindete Staaten und ihre Repräsentanten miteinander verhandeln, den Vorzug gegenüber jenem Dauerzustand, der durch soziale und religiöse Unruhen innerhalb eines Staates und durch Kriege zwischen benachbarten Staaten das Volk am meisten quält. Sehen wir von den unterschiedlichen weltanschaulichen und politischen Standorten der Entwürfe zum Thema Frieden einmal ab, so sind sich ihre Urheber darin einig, dass es ohne eine den zerstrittenen Parteien übergeordnete Rechtsordnung eine Sicherung des Friedens nicht geben kann. „Gesetzt den Fall“, so heißt es bei Crucé,

> heute wurde der Frieden unterzeichnet und vor aller Welt verkündet: Wissen wir, ob die Nachwelt sich an seine Artikel halten wird? Des Menschen Willen ist wandelbar, was die Heutigen tun, gilt nicht für die von morgen.

Die Frage von Krieg und Frieden ist also eng mit der eines dauerhaften Völkerrechts verbunden. Bezeichnenderweise nennt Hugo Grotius sein fundamentales völkerrechtliches Werk *De Jure Belli ac Pacis* (1625). Darin entwickelt er, nur zwei Jahre nach Crucé, den Gedanken, internationale Kongresse abzuhalten, auf denen „von den Unbeteiligten die Streitigkeiten der anderen beseitigt und Regeln vereinbart“ werden sollen, um den Frieden herbeizuführen.[16] Zwar wird der Krieg damit nicht aus der Welt geschafft,

---

15 Émeric Crucé, *Der Neue Kineas oder Abhandlung über die Gelegenheiten und Mittel, einen allgemeinen Frieden sowie die Freiheit des Handelns auf dem ganzen Erdkreis zu begründen*, in: Kurt von Raumer, *Ewiger Friede - Friedensrufe und Friedenspläne seit der Renaissance*, Freiburg u. München 1953, 315.

16 Hugo Grotius, *De jure belli ac pacis libri tres* (1625), Lib. II, cap. XXIII. Deutsche Ausgabe hrsg.. von Walter Schätzel, Tübingen 1950.

aber für ihn müssen, wie für einen ordentlichen Rechtsprozess, gerechte Gründe den Ausschlag geben.

Artikuliert sich in der Philosophie der Geist einer Zeit, so spiegelt sich in der Idee des Friedens als Teil der praktischen Philosophie des 17. Jahrhunderts die Hoffnung des Christentums auf Wiederherstellung der verlorenen Einheit und Eintracht, aber auch der Anspruch der absolutistischen Staaten auf Perpetuierung der bestehenden Machtverhältnisse und Klassenstrukturen. Die Sehnsucht der Völker nach Frieden erscheint zu jeder Zeit legitim, die Idee, d.h. die theoretische Reflexion wohl erst dann, wenn sie in den schmerzhaften Erfahrungen der Menschen und Zeiten ihren wahren Bewegrund erkennt und daraus die Veränderung jener gesellschaftlichen und politischen Strukturen mitbedenkt, aus deren Widersprüchen immer wieder neue Konflikte entstanden sind.

Naturwissenschaftliche Arbeit und ethisches Verhalten

Die Kenntnis der Natur und die ebenso nützlichen wie angenehmen technischen Arbeiten geben dem Menschen Kenntnis seiner selbst und der Welt, in die er hineingeboren ist. Sie lehren ihn, wie er sich und anderen nützlich und, dienstbar sein kann, helfend und rettend, nicht aber verletzend und zerstörend[17].

Die Ambivalenz naturwissenschaftlicher Arbeit, hier zum Wohl der Menschen in der friedlichen Nutzung der neuen Erkenntnisse, da zum Verderben und zur Bedrohung ihrer Existenz in der militärischen Anwendung, wird wohl von Penn in kluger Voraussicht angesprochen, konnte aber kaum eine allgemeine Erfahrung des 17. Jahrhunderts sein. Wohl gab es erste theoretische Arbeiten über Ballistik und Artillerie bereits im 16. Jahrhundert von Tartaglia und Biringuccia, wohl wurden neue Formen der Verteidigungswerke in der Mitte des 17. Jahrhunderts entwickelt, aber weder kann von einer völligen Hinwendung der Wissenschaft zu den theoretischen Problemen der Kriegstechnik, noch von einer Technisierung der Kriegskunst im 17. Jahrhundert gesprochen werden. Diese blieb immer noch ein Handwerk, an der Praxis orientiert, wenn auch mit einer Fülle ungelöster technischer Probleme belastet.

Der innere Widerspruch von Naturwissenschaften und Technik angesichts des Krieges, wie Penn ihn andeutet, kommt erst im 19. Jahrhundert im Aufkommen der Kriegswissenschaft zum vollen Durchbruch. Naturforschung wurde als „Lesen des Buches der Natur“ (Galilei), der Forscher als „Priester am Werk Gottes“ (Kepler) verstanden. Kann es von hier aus überhaupt eine Bestimmung des doch in ganz anderen Kategorien auszudeuten-

---

17 K. von Raumer *op. cit*, 333.

den Begriffs des Friedens geben von einer Instanz dessen, der sich der Erforschung der Natur und nicht der Gesellschaft zugewandt hat?

Wir sollten allerdings mit der Verwendung von Begriffen wie Naturwissenschaft oder Naturforschung für die hier interessierende Zeit vorsichtig umgehen. Der Prozess der Differenzierung der Wissenschaft in einzelne wissenschaftliche Disziplinen hat im 17. Jahrhundert noch nicht voll eingesetzt. Dem Fachstudium an der Universität ging noch immer das Universalstudium in der Artistenfakultät voraus. Die naturwissenschaftliche Forschung begann sich in größerem Rahmen erst in der zweiten Hälfte des 17. Jahrhunderts, zunächst auf nationaler Ebene, zu organisieren. Der universell gebildete Gelehrte war die Regel, der Spezialist die Ausnahme.

Galilei konnte so zum Mitbegründer der italienischen Wissenschaftssprache werden. Kepler konnte theologische Schriften verfassen und den Zusammenhängen zwischen Astronomie und Musiktheorie nachspüren. Des weiteren konnte Hobbes, der bedeutende politische Denker, in einen Streit mit dem Mathematiker Wallis um die Algebraisierung der Geometrie geraten, von Leibniz, dem umfassendsten philosophischen, wissenschaftlichen und politischen Geist seiner Zeit, ganz zu schweigen. Dennoch wurde das Jahrhundert der neuen Wissenschaft von einer überschaubaren Reihe Gelehrter von Galilei bis Newton geprägt, die sich gegenüber ihren Vorgängern und Zeitgenossen in der Systematik des Vorgehens, im Beobachten und Experimentieren, in den Methoden des Arbeitens und schließlich in den aus den Daten abgeleiteten Schlüssen, Hypothesen und Theorien bei der Erforschung der Natur deutlich unterschieden.

Die übergreifende Thematik, nämlich die nach dem Zusammenhang von naturwissenschaftlicher Arbeit und einem sich in politischen Kategorien ausdrückenden ethischen Verhalten des Gelehrten, läuft auf folgende Fragestellung hinaus:

Vermag dieser aufgrund seiner Tätigkeit eine Trennung von Natur und Gesellschaft in seinem Bewusstsein vorzunehmen und sich von dem ehrfurchtsvollen Erforschen der Natur und ihrer Gesetze zu einem gesellschaftlichen Handeln nach dem in der Ordnung der Natur erkannten Muster hinzuwenden? Kann er aus seiner naturwissenschaftlichen Forschung einen moralischen Impetus für ein politisches Tätigwerden empfangen?

Es soll hier also erörtert werden, insbesondere am Beispiel von Kepler, ob ein derartiger Impetus auf das ethische Verhalten des Forschers sich in seinem konkreten Verhalten zur Frage von Krieg und Frieden nachweisen lässt. Daneben wird unsere Aufmerksamkeit darauf gerichtet sein, in welchen Zusammenhang – wenn überhaupt ein Zusammenhang besteht – sein Verhältnis am Frieden bezüglich einer Idee des Friedens zu sehen ist. Der Sachverhalt, dass die Naturforscher des 17. Jahrhunderts in einer unruhigen und kriegerischen Zeit ständig selbst von Kriegswirren bedroht und von Friedensschlüssen betroffen waren, lässt uns von der historischen Situation her eine Herausforderung des Gelehrten erwarten, sich zur Frage von Krieg und Frieden zu äußern und sich für das Wohl der Gesellschaft einzusetzen, der er durch seine Arbeit grundsätzlich nutzen möchte. Der zeitliche Rahmen dieser Untersuchung ist durch den Dreißigjährigen Krieg abgesteckt.

Wissenschaftler in ihrem Verhältnis zu Krieg und Frieden

Es gibt kaum einen Wissenschaftler der ersten Hälfte des 17. Jahrhunderts in Mitteleuropa, dessen Arbeit nicht unter den Kriegswirkungen zu leiden hatte und der nicht von den verheerenden Verwüstungen der Städte betroffen war. So erwähnt Snellius in seinem Buch über die Bestimmung des Erdumfangs die Zerstörung des Dorfes Zoeterwoude, von dem „nur Ruinen und Schutt als Überreste des unheilvollen Krieges“ übrig geblieben seien.[18] Ein anderer Naturforscher hat als unmittelbarer Augenzeuge und Betroffener selbst ein Stück Geschichte des Dreißigjährigen Krieges geschrieben und als Beauftragter seiner Heimatstadt Friedensverhandlungen geführt: Otto von Guericke.

Über seine wissenschaftliche Tätigkeit braucht hier nichts weiter ausgeführt zu werden, er ist durch seine Untersuchungen über den leeren Raum und die Erfindung der Luftpumpe in die Annalen der Wissenschaftsgeschichte eingegangen[19]. Umso erwähnenswerter ist an dieser Stelle seine politische Tätigkeit, zunächst als Ratsherr, dem die Wiederaufbauarbeiten der Stadt Magdeburg nach der Zerstörung oblagen, dann ab 1646 als Bürgermeister, als der er seine Stadt beim Westfälischen Friedensschluss vertrat. Wie groß muss seine Betroffenheit über die Zerstörung von Magdeburg, sein Schrecken über die eigene Gefangennahme gewesen sein, dass er bald nach seinem Freikauf aus der Gefangenschaft mit großem Mut und Eifer an die Wiederherstellung der Befestigungsanlagen ging und Unterhändler Magdeburgs bei den schwierigen Verhandlungen mit dem Kurfürsten von Sachsen wurde. Die Klage über die Zerstörung seiner Stadt ist ein beredtes Dokument aus der Zeit des Dreißigjährigen Krieges:

---

18 Willebrord Snellius, *Erathosthenes Batavus. De terrae ambitus verd quantitate*, Lugduni Bat.(Leiden) 1617, pars II, cap. VI.

19 Zu Otto von Guericke siehe insbesondere die Arbeiten von Hans Schimank, so: *Otto von Guericke 1602-1686,* in: Walther Gerlach (hrsg.), *Der Natur die Zunge lösen - Leben und Leistung großer Forscher*, München 1967, 53-63. Zur Frage des Vakuums siehe: Walther Gerlach, *Das Vakuum in Geistesgeschichte, Naturwissenschaft und Technik*, in: Physikalische Blätter 3 (1967), 97-106.

> Da diese so herrliche, große Stadt, die gleichsam eine Fürstin im ganzen Land war, in voller brennender Glut und solchem großen Jammer und unaussprechlicher Not und Herzeleid gestanden, sind mit gräulichem ängstlichen Mord- und Zetergeschrei viel tausend unschuldige Menschen, Weiber und Kinder, kläglich ermordet und auf vielerhand Weise erbärmlich hingerichtet worden, also dass es mit Worten nicht genugsam kann beschrieben und mit Tränen beweint werden.[20]

Nach der Chronik sind bis zu zwanzigtausend Menschen in Magdeburg durch die Heere Tillys getötet oder verletzt worden. Guericke erreichte in mehrjährigen Verhandlungen den Abzug der Besatzungstruppen, beim Abschluss des Westfälischen Friedens gelang es ihm, in den Friedensvertrag einen besonderen Paragraphen über die Rechte Magdeburgs aufnehmen zu lassen. Er hat keine theoretische Schrift zur Frage des Friedens oder Krieges hinterlassen, seine politische wie seine wissenschaftliche Tätigkeit zeugen von dem Sinn für die Praxis, für die Realitäten seiner Welt.

Wollte er sich durch Experimente von der Natur des bis dahin von der Wissenschaft geleugneten Vakuums überzeugen, so ging es in der politischen Arbeit darum, aus den widrigen Zeitumständen ohne Spekulationen und Wunschträume das Bestmögliche herauszuholen. Sicherlich haben seine juristischen und naturwissenschaftlichen Studien seinen Hang zur Wirklichkeitsnähe und Weltbezogenheit noch gefördert. So fügen sich bei Guericke naturwissenschaftliche Experimentierfreude, Sachlichkeit im Denken und die Bereitschaft, sich für das Gemeinwohl mit der Übernahme politischer Verantwortung einzusetzen, widerspruchslos in seiner ungewöhnlichen Persönlichkeit zusammen.

Gerade der verschwindende Glanz der alten Autoritäten und das Vertrauen auf die neue Kraft der Beobachtung, des Experiments und der Mathematik sind die besonderen Merkmale der neuen Wissenschaft, die in Galileo Galilei (1564-1642) einen ihrer größten Vertreter besitzt. Wie bei Guericke findet sich auch bei Galilei eine bemerkenswerte Beziehung zur Praxis: Die Neigung zu den Künsten der Handwerker und den Fragen der Technik. Seine vielfältige Tätigkeit als Mathematiker, experimentierender Naturwissenschaftler und Mechaniker brachte ihn zwangsläufig auch mit jenen Gebieten in Berührung, die der Kriegstechnik nahe standen. Aber anders als bei Guericke fehlt bei dem großen Italiener eine politische Tätigkeit aufgrund von Motivationen aus Herkunft, Umwelt und Zeitgeschehen. So können wir auch bei Galilei nicht von theoretischen Erörterungen der Frage von Krieg und. Frieden ausgehen, sondern müssen uns seinen Briefen und naturwissenschaftlichen Schriften zuwenden, um sein Verhältnis zur militä-

20 Otto von Guericke, *Die Belagerung, Eroberung und Zerstörung der Stadt Magdeburg am 10./20. Mai 1631*, hrsg. von Horst Kohl, Leipzig 1914, 75.

rischen Nutzung naturwissenschaftlicher Entdeckungen und Erfindungen zu beschreiben.[21]

Galileis Einstellung zum Krieg entspricht der eines Menschen, der in einer geordneten Welt relativen Friedens lebt, den Krieg kaum aus eigener Anschauung kennt und als Wissenschaftler im Krieg ein mögliches Nutzungsfeld ingenieurwissenschaftlicher Erfindungen sieht. Diese moralisch zumindest neutrale Einstellung gegenüber einer Mitverantwortung des Naturwissenschaftlers für Frieden und Krieg – eine Einstellung, in der sich Kepler deutlich von Galilei unterscheidet – zieht sich ja durch die gesamte Geschichte der Naturwissenschaften und ist bis heute nicht völlig überwunden. Gehen wir kurz auf zwei Beispiele ein, um die Behauptung über Galileis Einstellung zu belegen: die Erfindung des Proportionalzirkels und des Fernrohrs.

Mit Hilfe des Proportionalzirkels konnten, vor allem für den praktischen Gebrauch, Aufgaben der Geometrie und der Arithmetik rasch gelöst werden, ohne dass der Benutzer über besondere mathematische Kenntnisse verfügen musste. Galilei schrieb, einige Jahre nach der Erfindung, eine Anleitung zum Gebrauch seines Zirkels in italienischer Sprache[22]. Er nannte sein Instrument „compasso geometrico et militare", womit er die hauptsächliche Anwendung, nämlich die geometrische („zivile") und die militärische, wie er in der Vorrede seiner kleinen Schrift näher ausführt, bereits in der Bezeichnung des Gerätes ausdrückt. Konstruktionen und Berechnungen für militärische Zwecke sind in besonderem Maße berücksichtigt.

So wird z.B. gezeigt, wie mittels der geometrischen Linien des Zirkels die Aufstellung einer bestimmten Zahl von Soldaten, die einem gegebenen Verhältnis entspricht und in Vorder- und Seitenaufstellung verschieden sein soll, zu ermitteln ist[23]. Die arithmetische Lösung dieser Aufgabe führt über die Aufstellung von zwei Gleichungen mit zwei Unbekannten zu einer einfachen quadratischen Gleichung. Möglicherweise kommt in derartigen Beispielen weniger eine besondere Neigung Galileis zum Denken in militäri-

---

21 Hierzu: J. D. Bernal, *The Social Function of Science*, London 1939, 163-173. Die Briefe von Galilei sind abgedruckt in: *Dal carteggio e dal documenti pagine di vita di Galileo, a curca di Isidoro del Lungo e Antonio Favaro, nuova presentazione di Eugenio Garin*, Sansoni-Firenze 1968. Als Beispiele aus den Briefen seien genannt: Brief Nr. 83, Galileo a Curzio Picchema, 16. Nov. 1607, unter Abschnitt I,10 (Armatura delle calamite); Brief Nr.230, Galileo a Curzio Picchena, 22. März 1617, unter Abschnitt V,1 (Le Trattative per le longitudini contra Spagna); Brief Nr. 530, Galileo ad Elia Diodati, 7. März 1637, unter Abschnitt IX,3 (Il compimento delle nuove scienze a la ristampa di tutte le opere). In diesem Brief heißt es (Garin, 1968, 414) „...la pratica della quale sara utile a'bombardieri, e la teoria di maggior gusto a gli speculativi".

22 *Le operazioni del compasso geometrico e militare*, Padova 1606.

23 Nach: Emil Wohlwill, *Galilei und sein Kampf für die Copernicanische Lehre*, Hamburg u. Leipzig 1909, Vol. 1, 138.

schen Kategorien zum Ausdruck, als vielmehr der Wunsch, seinem Instrument eine größtmögliche Verwendung und damit Verbreitung zu sichern. Dass ihm das gelang, ist an den Neuauflagen der Schrift nach dem Erstdruck zu erkennen.[24]

Ein ähnliches Motiv verbindet sich mit der Abfassung eines Schreibens an den Dogen von Venedig, das er der Signora von Venedig zusammen mit seinem Fernrohr am 24. August 1609 überreicht hat. Nachdem Galilei in dem Brief über die Konstruktion seines Fernrohres berichtet hat, geht er auf die Vorzüge der neuen Erfindung für die Republik Venedig ein. Er schreibt:

> Auf dem Meer werden wir die Fahrzeuge und Segel des Feindes zwei Stunden früher entdecken, als er unser ansichtig wird; indem wir auf diese Weise die Zahl und Art seiner Schiffe unterscheiden, können wir seine Stärke beurteilen, um uns zur Verfolgung, zum Kampf oder zur Flucht zu entschließen; ebenso lassen sich auf dem Land die Lager und Verschanzungen des Feindes innerhalb ihrer festen Plätze von entfernten hochgelegenen Stellen aus beobachten und auch auf offenem Feld zum eigenen Vorteil jede seiner Bewegungen und Vorbereitungen sehen und im einzelnen unterscheiden.[25]

Wenn es auch Galilei offensichtlich darum ging, seine Erfindungsgabe in Verbindung mit der Sorge um das öffentliche Wohl demonstrativ herauszustellen und so seine eigene wirtschaftliche Stellung aufzubessern, so bleibt doch festzuhalten, dass er sein „herrliches Rohr“ (Kepler) zuallererst nicht in den Dienst der Wissenschaft gestellt, sondern von der militärischen Anwendung gesprochen hat. Belegt nicht diese Briefstelle am besten, dass bereits in der Periode der ersten wissenschaftlichen Revolution eine Bereitschaft von Seiten der Wissenschaft dafür bestand, um ihrer eigenen Förderung willen von sich aus Vorschläge zur Weiterentwicklung der Kriegstechnik zu machen?

Wie anders als Galilei hat sich auch in diesem Punkt Kepler verhalten, der allerdings in einer anderen Umgebung, politisch und gesellschaftlich gesehen, lebte. Galilei war mit Kepler auf vielfältige Weise verbunden, gerade die Erfindung und astronomische Nutzung des Fernrohres trugen zur vorübergehenden freundschaftlichen Beziehung zwischen beiden Gelehrten bei. Eine Verbindung zwischen ihren Biographien, wenn auch indirekter Art, lief über Matthias Bernegger, den Straßburger Humanisten und Mathematiker, den Übersetzer von Galileis *Dialogi* ins Lateinische, Keplers „besten und treuesten Freund“.[26] Er hatte sich vor allem durch historische

---

24 Der ersten Auflage von 1606, die in nur 60 Exemplaren verbreitet war, folgten bis 1609 zwei weitere Auflagen.

25 *Ed. Naz. X*, 250. Übersetzung nach Wohlwill 1909, 230).

26 Max Caspar, [3]*Johannes Kepler* Stuttgart 1958), 264. Die lateinische Übersetzung von Bernegger erschien unter dem Titel: *Systema cosmicum authore Galilaeo*

Forschungen einen Namen gemacht und kann eigentlich nicht als Naturforscher gelten. Dennoch ist anzunehmen, dass er als Übersetzer Galileis und Freund Keplers mit den mathematischen, astronomischen und physikalischen Problemen seiner Zeit durchaus vertraut war.

Seine Schrift über den Frieden, die *Tuba pacis*, wird u. a. von Bünger als das bedeutendste Werk Berneggers eingeschätzt, obwohl er später selbst von seinem „Jugendwerk" abgerückt ist.[27] Er wendet sich vor allem gegen die Kriegsschrift des Scioppius[28] und warnt vor der drohenden Kriegsgefahr. Seine Vermittlungsvorschläge sollen den sich feindlich gegenüberstehenden Religionsparteien einen ehrlichen und dauerhaften Frieden sichern. Insbesondere lobt er die Geschichte der Deutschen wegen ihrer Treue und den Sinn für Gerechtigkeit; denn „so müssen sie sein, weil sie Christen" sind[29]. Die Konflikte könnten mit der Vereinigung aller christlichen Konfessionen beendet werden, wenn sie sich an das einfache christliche Glaubensbekenntnis hielten. Als Grundlage einer Einigung aller Konfessionen könnte die Heilige Schrift dienen, während die aktuellen Streitfragen auf einem vom Papst unabhängigen Konzil geschlichtet werden sollten. Wir werden sehen, wie ähnlich die Erwägungen von Bernegger den Gedanken Keplers über die Vereinigung der christlichen Konfessionen sind.[30]

Die Straßburger Theologen, strenge Lutheraner, wandten sich gegen diese Vorschläge. Schickard, Mathematiker und Orientalist in Tübingen, schrieb ihm dagegen begeistert: „Heil dir, mein Bernegger, fahre fort unter

---

Galilaei.,. in quo quatuor dialogis, de duobis maximis mundi systematibus Ptolemaico et Copernicano utrisque rationibus philosophicis ac naturalibus indefinite propositis, disseritur... (Augustae Treboc 1635). Zu Bernegger siehe: *Neue Deutsche Biographie*, Vol. 2, Berlin, 1955,. 106 f. u. C. Bünger, *Matthias Bernegger*, Straßburg 1893.

27 Bünger a.a.O., 175. Über die *Tuba pacis* schreibt Bernegger u. a. an Ph. Frencking in Königsberg am 27. November 1625: „.. infelix scriptum est, et mihi multos inconciliavit." In: Alexander Reifferscheid, *Briefe G. M. Lingelsheims, M. Berneggers und ihrer Freunde*, Heilbronn 1889, 845 f.. Die *Tuba pacis* trägt in vollem Wortlaut den Titel: *Tuba pacis occenta Scioppiano belli sacri classico (a) salpiste Theodasio Berenico, historiarum et patriae studioso* (Argent.,1621).

28 *G. Scioppii* [Kaspar Schoppe] *Consiliarii regii classicum belli sacri* (Ticini, 1619).

29 Bünger a.a.O., 180.

30 Bernegger bezieht sich mit seinen Vorschlägen ausdrücklich auf die Gedanken eines „großen und einsichtsvollen" Mannes, der aber bei den konfessionellen Eiferern schlecht angesehen sei (Bünger, *op. cit.*, 188). Es kann kaum ein Zweifel daran bestehen dass er mit diesen Andeutungen Kepler meint, dessen Überlegungen zu einem allgemeinen Konzil (in: *Glaubensbekenntnis*, Straßburg 1623) ihm damals sicher schon bekannt waren. Diesen positiven Einfluss von Kepler auf Bernegger erkennt Max Caspar in: *Johannes Kepler Gesammelte Werke*, Vol. XVIII (*Briefe 1620-1630*), München 1959, 481.

glücklichen Auspizien".[31] Die Idee des Friedens in der Verwirklichung einer großen Christengemeinschaft, bei Bernegger von humanistischem Gedankengut geprägt, entspricht trotz des heftigen Widerspruchs der Lutheraner einer in gelehrten Kreisen weit verbreiteten Vorstellung, die ja auch von politischen Denkern wie Sully und Leibniz und noch von Abbé Saint-Pierre am Anfang des 18. Jahrhunderts in etwas modifizierter Form vertreten wurde. Ein Anstoß von der naturwissenschaftlichen Arbeit auf die Niederschrift der *Tuba pacis* ist nicht ersichtlich, jedoch deutet vieles in dem Werk auf einen Einfluss von Kepler hin.[32] Zur näheren Motivation, sich mit der Frage des Friedens auseinanderzusetzen, aufgrund naturwissenschaftlicher Erkenntnisse und der damit einhergehenden philosophischen Reflexion bedurfte es eben doch noch mehr als nur der gelegentlichen Beschäftigung mit mathematischen Problemen und der Kenntnisnahme neuer wissenschaftlicher Entdeckungen.

Einen Zusammenhang zwischen wissenschaftlichem Denken und philosophischer Klarheit auf der einen und freundlich-friedlichem Verhalten auf der anderen Seite stellte Descartes in einem Brief an den befreundeten Abbé Picot heraus, der 1649 als Vorrede der französischen Übersetzung der *Principia Philosophiae* erschien. Es heißt in diesem Brief:

> Die Wahrheiten, die meine Prinzipien enthalten, sind sehr klar und sehr gewiss und beheben jeden Anlass zu Disputen; deshalb werden sie die Geister zu Freundlichkeit und Eintracht stimmen: ganz anders als die Kontroversen der Schule, die diejenigen, die sie lernen, unmerklich immer pedantischer und rechthaberischer machen und vielleicht die erste Ursache der Häresien und Meinungsverschiedenheiten sind, die gegenwärtig die Welt verheeren.[33]

Hier also wird das kritische, die Philosophie von Descartes bestimmende Denken als Mittel der Läuterung des Menschen und seines Verhaltens angesehen: Wissenschaftliche Klarheit überschreitet die unmittelbare Fachgrenze und erhält, indem sie die Menschen zur Einsicht und Eintracht führt,

31 *Epistolae W. Schickardi et M. Berneggeri mutuae* (Straßburg, 1673). Brief vom 25. Dezember 1621.

32 Siehe Anm. 30. Der Briefwechsel zwischen Kepler und Bernegger, wie er uns erhalten ist, bietet nur wenig Material zu diesem Punkt. Es sei auf folgende Briefstellen hingewiesen: *Joh. Kepler Ges. Werke,* Vol. XVII (*Briefe 1612-1620*), München 1955 (Brief Nr. 631, 2. Juni 1612, in dem Bernegger gegenüber Memhard, dem Rektor der Linzer Schule äußert, dass er gern Gehilfe bei Kepler geworden wäre; Brief Nr. 754, 7. Februar 1617, in dem Kepler dem Bernegger von seinen religiösen Schwierigkeiten in Linz schreibt); ferner in Vol. XVIII, München 1959 (Brief Nr. 919, 11. August 1621, in dem Kepler auf die unter Anm. 30 angeführte Stelle der *Tuba pacis* Bezug nimmt; Brief Nr. 958, 21. August 1623, mit dem Kepler das Manuskript seiner Schrift *Glaubensbekenntnis* an Bernegger nach Straßburg schickt).

33 Adam Tannery, *Oeuvres de Descartes*, Vol. IX/2, 18. Zitat nach R. Specht, *Über Descartes' politische Ansichten*, in: Der Staat (3/1964),. 284. Auch an dieser Stelle sei Prof. Specht (Mannheim) für seine Mitteilung herzlich gedankt.

eine politische Funktion. Nur eine klare und widerspruchsfreie Philosophie wie die cartesische vermeidet Unstimmigkeiten und die Bildung verfeindeter Schulen.

R. Specht sieht in dem angeführten Zitat eine *Friedensthese*: Frieden als politischer Zustand beruhe auf allgemeiner Eintracht und diese wiederum auf klaren und unbestreitbaren Erkenntnissen.[34] Ob die cartesische Philosophie wirklich zur Beendigung der Religionskriege hätte beitragen können, die eben nicht nur auf konfessionelle Streitigkeiten, sondern auch auf Herrschaftsansprüche ganz weltlicher Mächte und Staaten und damit auf politische und gesellschaftliche Widersprüche der Zeit zurückzuführen sind, ist doch sehr fraglich. Aber schon die bloße Reflexion über das Verhältnis von philosophischem Denken und friedfertigem Verhalten der Menschen kann als Beitrag der Wissenschaft zu einer Idee des Friedens verstanden werden. Eindeutigkeit und Widerspruchsfreiheit sind die deutlichen Kennzeichen der neuen Wissenschaft: Was die cartesische Philosophie von sich behauptet zu leisten, muss darum ebenso für die Naturwissenschaft gelten. Auch naturwissenschaftliches Forschen kann zu friedfertigem Verhalten beitragen. Aber wie?

Für diesen Zusammenhang kann es in den Wissenschaften des 17. Jahrhunderts wohl kein anschaulicheres Beispiel als Kepler geben. Was Descartes angedeutet hat, wird von Kepler deutlich ausgesprochen, bildet den Kern seiner Ethik, zu der ihn seine wissenschaftliche Arbeit schließlich hingeleitet hat. Er ist davon überzeugt, dass die Kenntnis der Gesetze der Natur die Menschen zu einer friedlicheren Ordnung führen kann. Die Naturforschung ist unparteiisch, sie dient den Menschen, sie leitet

> das Sinnen von Ehrgeiz und Eigennutz, aus denen die Kriege und andere Übel hervorgehen, zur Friedensliebe und Mäßigung in allen Dingen hin.[35]

In dieser moralischen Kraft kommt die Naturwissenschaft der Religion gleich:

> Je mehr einer die Mathematik liebt, je inniger seine Hingabe an Gott ist und je mehr er sich der Dankbarkeit, die die Krone der Tugenden ist, befleißigt, desto eifriger wird er mit mir seine Gebete zum barmherzigen Gott vereinigen: er möge die Kriegswirren niederschlagen, die Verwüstungen beseitigen, den Haß auslöschen, den goldenen Frieden wieder heraufführen[36].

Kepler, der ja eigentlich Theologe werden wollte, sah in der Naturforschung eine andere Form der Lobpreisung Gottes. Wer sich der Natur als

34 Specht a.a.O., 285.

35 Zitat nach Walther Gerlach/ Martha List, *Johannes Kepler – Dokumente zu Lebenszeit und Lebenswerk*, München 1971, 30.

36 Kepler an die Stände von Österreich ob der Enns, Widmung der Bücher V-VII der *Epitome*, Frankfurt 1621. Übersetzung in: M. Caspar u. W. von Dyck, *Johannes Kepler in seinen Briefen*, Vol. II, München u. Berlin 1930, 180.

Forscher zuwendet, der muss den Krieg verabscheuen, der kann nur den Frieden herbeiwünschen. So stellt Kepler als „Priester am Buch der Natur" eine Gemeinsamkeit zwischen der Schöpfung, ihrem Schöpfer und dem Menschen her, und die Erkenntnis der Natur wird zur religiösen Handlung erhoben.

Sein Friedensbegriff als Ausfluss seiner ethischen Einstellung, ist zunächst ganz praktisch-politisch gemeint: Die Waffen sollen schweigen, das Volk braucht den Frieden. Aber er geht einen Schritt weiter und. verfolgt im Gebrauch des Wortes einen positiven Sinn. Kepler, wahrscheinlich katholisch getauft, Angehöriger der lutherischen Kirche und Anhänger der Augsburger Konfession, zur calvinistischen Abendmahlslehre tendierend, freundliche Beziehungen zu Vertretern aller Konfessionen pflegend, gehörte im Grunde keiner der drei Konfessionen an, sondern stand zwischen ihnen und sehnte nichts so sehr herbei wie die Eintracht der zerstrittenen Parteien[37].

Er ist davon überzeugt, dass jede Konfession einen Teil der einen Wahrheit besitzt. Frieden bedeutet daher für ihn vor allem auch konfessioneller Frieden, in diese Richtung geht auch sein Einfluss auf die *Tuba pacis* von Bernegger. So leidet Kepler unter der „dreifachen Dissonanz"[38], den Feindseligkeiten zwischen den Katholiken, Lutheranern und Calvinisten, denen er sich doch allen verbunden fühlt. Diese schrille Dissonanz in den weltlichen, d. h. gesellschaftlichen Verhältnissen steht für Kepler im krassen Gegensatz zur kosmischen Harmonie, die er in Rückbesinnung auf pythagoreisch-neuplatonische Vorstellungen aus der Zeit der Renaissance heraus ergründen wollte und in seinem Jugendwerk *Mysterium Cosmographicum* (1596) sowie in dem „Werk seines Lebens", der *Harmonice Mundi* (1619), darzustellen suchte. Unter dem Missklang zwischen himmlischen und irdischen Verhältnissen litt Kepler unsäglich:

> Allein was wird der Preis der Mühe sein, wenn ich im Streben nach Harmonie als einzelner Rufer das allgemeine Getöse mit meiner schwachen Lungenkraft nicht übertöne und die Pein durch den sinnlosen einhelligen Lärm in meinen Ohren nur noch vermehre? [39]

Den religiösen Frieden hat Kepler nicht gefunden, weder für sich im Schoß der Kirche, noch für die Welt. Seine Idee des Friedens, in Briefen und Widmungen seiner Werke den Freuden, Königen und Kaisern immer wieder nahe gebracht, blieb ohne große Resonanz und ließ sich vor dem Hintergrund der Interessengegensätze und Machtansprüche der verschiedenen Parteien und Staaten, aber auch angesichts der Engstirnigkeit und des

---

37 Siehe hierzu: Jürgen Hübner, *Johannes Kepler als theologischer Denker*, in: Kepler-Festschrift Regensburg, 1971, 21-44.

38 *Harmonice Mundi*, Linz 1619, Widmung an Jakob I., König von Großbritannien.

39 *Ibid.* Anm. 38.

Fanatismus der christlichen Konfessionen, nicht verwirklichen. Für ihn als Mathematiker und theoretischen Astronomen kam eine militärische Verwertung seiner Entdeckungen, ganz anders als bei dem vor allem mit Problemen der Mechanik und einer praxisverbundenen Wissenschaft beschäftigten Galilei, nicht in Betracht.

Ähnlich wie Leibniz wusste er sich keiner Konfession ganz zugehörig, suchte den Ausgleich der Gegensätze aber nicht durch eine weltliche Macht, sondern durch die versöhnende Kraft eines Konzils. Das Ziel, die Konfessionen in Eintracht zusammenzuführen, entspricht der politischen Situation jener Zeit und lässt einen gemäßigten Pazifismus anklingen: Frieden als Beendigung der Kriegshandlungen im christlichen Europa. Aber anders als seine mehr politisch denkenden Zeitgenossen hat Kepler sich auch von Erfahrungen seiner naturwissenschaftlichen Untersuchungen bei den Überlegungen zum Thema Frieden motivieren lassen, um im Sinne von Descartes wissenschaftliches Denken und menschliches Handeln in Übereinstimmung zu bringen.

Schlussbemerkung: Zum modellhaften Charakter der Friedensideen

Betrachten wir die hier kurz skizzierten Ideen zum Thema Frieden und Entwürfe zu seiner Verwirklichung nochmals als Ganzes, so lässt sich feststellen, dass es ein bestimmtes bevorzugtes Modell der Friedenssicherung im 17. Jahrhundert nicht gegeben hat. Der anthropologische Ansatz von Hobbes konnte ebenso wenig wie der philosophische Anstoß von Descartes und Leibniz, Gegensätzliches durch die Einsicht der menschlichen Ratio versöhnen zu wollen, die wirklichen Kriegsursachen aufdecken und Mittel zur Beendigung der Kriege bereitstellen. Denn die Ursachen der Kriege der Neuzeit sind nicht allgemein menschlicher Natur, liegen nicht so sehr in der Psyche des Menschen begründet, sondern sind vielmehr ökonomischer und machtpolitischer Art.

Der aus dem Geist christlicher Toleranz geborene Pazifismus fand insbesondere in Penn einen politischen Vertreter, dessen Einfluss auf die Verhältnisse in Europa freilich viel zu gering war, um den weit reichenden Plan eines Völkerbundes schon um 1700 Wirklichkeit werden zu lassen. Politische Erwägungen vor allem haben die Pläne über Friedenskonferenzen inspiriert, so bei Crucé und Grotius.

Einem für den weiteren historischen Verlauf bedeutsamen Modell des Friedens entspricht die Verbindung von christlich-tolerantem und politisch motiviertem Friedensideen am ehesten, auch wenn dieser Entwurf vor allem durch die stillschweigende Voraussetzung von der christlichen (heute: abendländischen) Vormachtstellung ideologisch gefärbt ist und zeitgebunden erscheinen muss. Die Beiträge von Naturphilosophen und Naturforschern zu diesen Vorstellungen, zumeist ohne erkennbaren Kontext zu anderen pazifistischen Ideen, lassen wohl die persönliche Bedrängnis der Menschen erkennen, sind aber im politischen Fundus nicht gewichtig. Noch zwingt die Wissenschaft, da sie erst wenig der Kriegstechnik dienstbar gemacht ist, den Forscher nicht zu einer persönlichen Entscheidung bei der militärischen Nutzbarmachung seiner Ergebnisse.

Das Verhältnis des Naturforschers zur Frage von Krieg und Frieden hat überwiegend außerwissenschaftlichen Charakter und kann daher für das 17. Jahrhundert kaum über die komplexen Beziehungen zwischen Wissenschaft und Gesellschaft näher aufklären. Der aus der Erfahrung unserer Zeit genommene Anstoß, das Verhältnis von Wissenschaft und Frieden in einem zurückliegenden Jahrhundert näher zu untersuchen, ist aber durchaus geeignet, die Besonderheit unserer eigenen zeitgeschichtlichen Situation auch in diesem Verhältnis sichtbar werden zu lassen.

2.
Mechanisches Gleichgewicht, Balance of Power und friedliche Koexistenz[1]

Einführung: Politisches Gleichgewicht und wissenschaftliche Statik

Seit dem ausgehenden Mittelalter spielt der Gedanke des Gleichgewichts zwischen den Staaten in den Konzeptionen der politischen Beziehungen eine wichtige Rolle. In der Mitte des 15. Jahrhunderts hatte sich in Italien mit Mailand, Venedig, Florenz, dem Kirchenstaat und Neapel ein System von Mittelstaaten herausgebildet. Gegen das übermächtige Venedig verbündeten sich die nachstehend Mächtigen und suchten so, ein zu starkes Übergewicht dieses einen Staates auszugleichen. Im 16. Jahrhundert wurden die Prinzipien einer derartigen Politik auf die europäische Staatenwelt übertragen. Dazu heißt es in einer Schrift aus dem Jahr 1584:

> Alle Staaten werden für stark oder schwach gehalten im Vergleich zu der Stärke oder Schwäche ihrer Nachbarn; deshalb suchen weise Fürsten gegen ihre Nachbarstaaten ein Gegengewicht zu bilden, soweit sie dazu imstande sind. Solange es ihnen gelingt, können sie in Frieden leben. Gerät das Verhältnis der Gegengewichte ins Wanken, so haben Frieden und Freundschaft ein Ende, denn diese beruhen zwischen Fürsten nur auf gegenseitiger Furcht und Achtung.[2]

Die politische Konzeption von Übergewicht, Gegengewicht und Ausgleich ist der Begriffs- und Vorstellungswelt der Statik entlehnt; deren theoretische Grundlagen im 16. Jahrhundert gelegt wurden. Mit dem Ausbau der Statik zur Wissenschaft und mit der bewussten Übertragung von theoretischen Grundsätzen der Mechanik auf Prinzipien des praktisch-politischen Handelns wurde für die Konzeption vom Gleichgewicht politischer Kräfte eine erste theoretische Begründung vorgelegt.

Zunächst vermittelte die Statik nur einige Kenntnisse über das Gleichgewicht bei den fünf einfachen Maschinen. Ein wichtiges methodisches und instrumentelles Mittel stellte dabei die Waage dar. Bereits bei Cusanus fungierte die Waage als wichtiges Hilfsmittel naturwissenschaftlicher Untersuchungen. Im Dialog über statische Experimente, 1530 zu Straßburg gedruckt, dient die Waage dazu, die Natur der Körper zu erkennen. Einzelne Untersuchungen zur Statik, so über den Schwerpunkt eines Systems, über

---

1 Überarbeiteter Beitrag zum XVI. Internationalen Kongress für die Geschichte der Wissenschaft, Bukarest 26.8.-3.9.1981.

2 *Discours au Roy Henry III., sur les moyens de diminuer l'Espagnol, du 24 Avril 1584. Memoires de la Ligue.* Neuausgabe, Amsterdam 1758, I, 598 ff. Zitiert nach: E. Kaeber, *Die Idee des europäischen Gleichgewichts in der publizistischen Literatur vom 16. bis zur Mitte des 18. Jahrhunderts*, Berlin 1907, 22 f.

das Gleichgewicht von verbundenen Körpern an schiefen Ebenen sowie über das Gleichgewicht und den Auftrieb von Flüssigkeiten, wurden im 16. Jahrhundert u. a. von Nicolo Tartaglia (1546), Guido Ubaldo (1555, 1577), Giovanni Battista Benedetti (1585) und von Galileo Galilei (um 1590) vorgenommen.[3]

Stets spielte die Waage eine wichtige Rolle zur Untersuchung und Veranschaulichung des Gleichgewichts eines Kräftesystems. Galilei vergleicht natürlich bewegte Körper mit den Gewichten einer Balkenwaage, um aus dieser einfachen Analogie neue Aufschlüsse über die Bewegung von Körpern und über den Auftrieb in Flüssigkeiten zu erhalten. So vermag das Holz, da es leichter ist als Wasser, dieses nicht nach oben zu drücken. Anderenfalls würde sich der eingetauchte Körper abwärts bewegen.

Noch weitergehende Analogien, aber noch innerhalb der Physik, knüpft Johannes Kepler an die Bewegung einer Balkenwaage. Bekannt ist die Veranschaulichung der Planetenbewegung anhand der Waage, bei der die Bewegung der Waagschalen mit der Bewegung des Planeren durch die Anziehung der Sonne verglichen wird.[4] In einem anderen Zusammenhang betrachtet er die Gleichgewichtslage der gleicharmigen Waage bei ungleicher Belastung, um die Brechung des Lichtes an der Oberfläche eines dichteren Mediums zu erklären.[5]

Gleichgewichtstheorie von Simon Stevin und Prinzip der Waage

Dem niederländischen Mathematiker und Ingenieur Simon Stevin (1548-1620) gelang es, die Statik weiter auszubauen und theoretisch zu vertiefen. Er schrieb einige Bücher über das mechanische Gleichgewicht und trug dazu bei, dass die Idee des Gleichgewichts als eines ausgleichenden Prinzips zwischen den wirkenden Kräften eines Systems von Technik und Natur auf gesellschaftliche Zustände und Beziehungen übertragen wurde. Hier sind insbesondere seine 1586 veröffentlichten Werke zur Wägekunst und zur Hydrostatik[6] sowie die zuerst 1649 von seinem Sohn Hendrick Stevin aus dem Nachlaß herausgegebenen *Materiae Politicae* zu nennen.

---

3 Nicolo Tartaglia, *Quesiti et Inventione Diverse*, Venedig 1546; Marquis.del Monte Guido Ubaldo, *Mecanicorum liber*, Venedig 1555 u. Pesaro 1577; Giovanni Battista Benedetti, *Diversarum speculationum mathematicarum et physicarum liber*, Turin 1585; Galileo Galilei, *De Motu* (um 1590), *Naz.Ed.* (ed. A. Favaro) Vol. I, 1890 (nach der englischen Übersetzung von I. E. Drabkin, Madison 1960).

4 Kepler, *Epitome Astronomiae Copernianae*, Lib.V (Frankfurt 1621), pars I in: *Johannes Kepler Ges. Werke*, Vol. 7 (hrsg. v. Max Caspar), München 1953, 363 ff.

5 Kepler, *Paralipomena in Vitellionem* (Frankfurt 1604), Prop.XX, in: *Johannes Kepler Gesammelte Werke* Vol. 2 (hrsg. v. Franz Hammer), München 1939, 27 f.

6 Das sind: *Beghinselen der Weeghconst* (Grundlagen der Wägekunst); *De Weegdaet* (Praxis des Wiegens); *Beghinselen des Waterwichts* (Grundlagen der Hydrostatik).

In seinem bekanntesten Werk *Beghinselen der Weeghconst* setzt Stevin unter Bezugnahme auf Federigo Commandino die theoretische Behandlung der Statik durch Archimedes fort, ohne jedoch auf wichtige Beiträge der Araber, wie beispielsweise die Erörterung der Waage durch al-Khazini, einzugehen. Er legt noch nicht eine umfassende Theorie des Gleichgewichts eines Kräftesystems, das auf einen starren Körper einwirkt, vor, sondern behandelt einzelne Themen als Vorstufen zu einer derartigen Theorie.

Im Besonderen untersucht er das allgemeine Problem des Gleichgewichts eines festen Körpers unter der Einwirkung von vertikal gerichteten Kräften und betrachtet dabei die Verhältnisse an einem prismatischen Körper mit dreieckigem Querschnitt. Er kommt dabei zu dem Satz, dass sich drei wirkende Kräfte das Gleichgewicht halten, wenn sie in Größe und Richtung sich wie die Seiten eines solchen Dreiecks verhalten, dessen Ebene senkrecht und dessen Basis parallel zum Horizont verläuft. Dieser Satz beinhaltet bereits eine erste Formulierung des Satzes vom Parallelogramm der Kräfte. Für die Richtigkeit seiner Erkenntnis gibt er als indirekten Beweis seinen Kugelkranzbeweis an: Träfe dieser Satz nicht zu, so würde, wenn man sich um das Dreieck eine Kette mit Kugelgliedern geschlagen denkt, diese ständig herumlaufen. Das anzunehmen aber ist widersinnig.[7] Des Weiteren gibt Stevin in seinem Werk De *Weeghdaet* praktische Anwendungen der Wägekunst auf Werkzeuge und Maschinen.[8] Er betrachtet die Bedingungen des Gleichgewichts und untersucht dabei die Lage des Schwerpunktes zu der des Aufhängepunktes des Systems, d.h. er trifft Unterscheidungen in den möglichen Zuständen des Gleichgewichts an einer Balkenwaage.

Stevins Beitrag zur wissenschaftlichen Durchdringung der praktischen und theoretischen Statik lässt sich aus dem allgemeinen wissenschaftlichen Aufschwung begreifen, der aus dem Wohlstand und industriellen Aufstieg der Städte der Niederlande und Norditaliens resultierte. Für Stevin, der sich vielfach mit administrativen, finanztechnischen und militärtechnischen Angelegenheiten befasste und in entsprechenden Kreisen der politischen Verwaltung verkehrte, musste es naheliegend sein, Resultate aus seinen mechanischen Untersuchungen auch auf nichtwissenschaftliche Bereiche seiner Tätigkeit anzuwenden.

Eine derartige Übertragung liegt in der Behandlung der *Materiae politicae* oder der *Burgherlicke stoffen* vor. Zu diesen Erörterungen gehören Themen wie Organisation und Hierarchie verschiedener Verwaltungskörper, administrative Ethik, Vergeltungsmaßnahmen in Friedenszeiten sowie

---

7 Stevin, *Vande Beghinselen der Weeghconst*, Leyden 1586, 41 ff. In: Simon Stevin, *The principles Works* (holländ.-engl. Ausgabe), Vol. I, Amsterdam 1955, 177 ff.

8 Simon Stevin, *De Weeghdaet*, Leyden 1586. In: *The principles works*, Vol. I.

nichtmathematischen Teile der Militärkunst.[9] Dabei geht Stevin von dem Gedanken aus, dass die aristotelische Vorstellung von dem ständigen Antrieb einer auftretenden Bewegung in unserer Welt falsch gewesen sei und dass das Prinzip des Gleichgewichts in den menschlichen Angelegenheiten durchgehend zur Wirkung gelange. In dieser Weise ist Simon Stevin als ein wichtiger Vertreter des Prinzips, das als *Mechanisierung* der frühen Neuzeit bezeichnet wird, anzusehen. Immer mehr dringen Resultate der neuen Wissenschaft in das gesellschaftliche Leben ein und bestimmen hier zusehends stärker das Denken und Handeln der Menschen.

Folgerichtig wird zu dieser Zeit das Prinzip der Waage auch auf Probleme der Erkenntnistheorie angewandt. In seiner *Einleitung zur Vernunftslehre* aus dem Jahr 1691 benutzt Christian Thomasius, Jurist und Philosoph der frühen deutschen Aufklärung, das Bild der Waage, um für den menschlichen Verstand die wahrscheinlichen von den unwahrscheinlichen Dingen zu unterscheiden und sie nach vernünftigen Ursachen hin gegeneinander abzuwägen.[10] Es ist die Waage, die schon lange in der Hand der Justitia die abwägende und ausgleichende Gerechtigkeit versinnbildlichte und im 17. Jahrhundert als Anzeiger des Gleichgewichts zwischen den verschiedenen politischen Kräften Eingang in die Konzeption der internationalen Beziehungen fand.

„Der, der die größte Macht hat, der ziehet auch die größte Resistenz wider sich“, heißt es in einer 1678 posthum herausgegebenen Schrift des italienischen Beamten der Kurie Traiano Boccalini.[11] Aus dem Gleichgewicht der Parteien folgt für Boccalini, dass es im Kriegsfall nicht leicht sein wird, sich zu bereichern oder viel zu erobern. Darum werde es sich letztlich nicht lohnen, viel Blut zu vergießen, also einen Krieg anzufangen.[12]

Konzeption des Balance of Power und ihre Krise

Auch im 18. und 19. Jahrhundert spielte der Gedanke des Gleichgewichts der Kräfte als Leitlinie eines *Balance of Power* in der europäischen Politik eine wichtige Rolle. Im 18. Jahrhundert verfolgte Frankreich außenpolitisch

---

9 Simon Stevin, *Materiae Politicae of Verhandelinge vande voernamste Hooststukken, speeterende tot de Politie, Militie, Finantie als mede de Architecture*, Leyden 1686, Teile 3 bis 8.

10 Christian Thomasius, *Einleitung zur Vernunftslehre*, Halle 1691 (Hildesheim1969), 10. Hauptstück, Abschnitte 7-15, S. 221 , 223. Den Hinweis auf Thomasius verdanke ich Herrn E. Papadimitriu.

11 *Deß Apollinis neuer Probierofen, wie die bisherige Europäische Kriegs-Consilia auf der Waag der Gerechtigkeit und Klugheit bestehen möchte.* Aus dem Parnasso herausgegeben durch Tr. Boccalini, 1678.

12 *Ibid.*, 104 f.

die beiden Ziele, die Vormachtstellung in Europa zu erringen und ein koloniales Imperium aufzubauen. In der Gegnerschaft zu einer derartigen Politik wurde Großbritannien zum Hüter des europäischen Gleichgewichts.[13] Dazu bemerkt der politische Denker David Hume in einem 1752 veröffentlichten Essay, Großbritannien habe sich in diese Verteidigerrolle gegenüber Frankreich derart intensiv hineinbegeben, dass die verbündeten Staaten die militärische Stärke Englands als ihre eigene ansehen würden.[14]

Die Theorie des politischen Gleichgewichts, wie sie um 1800 vom politischen Beamten und Publizisten Friedrich Gentz skizziert wurde, ging von einer Verfassung nebeneinander bestehender Staaten aus, in der die Unabhängigkeit eines Staates durch einen anderen Staat ohne Gefahr für die eigene Existenz nicht angetastet werden durfte.[15] Die Lehre vom *Balance of Power* in der politischen Welt Europas umfasst nach *Gentz* vier Maximen:[16]

I. Keine europäische Macht darf so mächtig werden, dass sie durch die übrigen Staaten nicht mehr bezwungen werden könnte.

II. Jeder Staat, der das europäische Staatensystem verletzt, sollte bereits von einer Mehrheit der Staaten in seiner Machtausdehnung begrenzt werden können.

III. Es sollte bereits die Furcht vor dem gemeinschaftlichen Widerstand oder der gemeinschaftlichen Rache der Staaten jeden Staat vor der willkürlichen Unterdrückung eines anderen zurückhalten und so die Gefahr endloser Kriegsgänge von vornherein gebannt sein.

IV. Eine neue Macht, die vorhandene Bündnisse gefährdet, ist als Feind aller zu behandeln.

Die Gültigkeit der auf diesen Maximen beruhenden Theorie des politischen Gleichgewichts ist schon durch Geschehnisse im Zeitalter Napoleons fragwürdig geworden. Die Theorie musste im 19. Jahrhundert durch die umwälzenden sozioökonomischen Vorgänge und die Herausbildung des Proletariats als des neuen geschichtlichen Trägers des gesellschaftlichen Fortschritts im gleichen Maße ins Zwielicht geraten, wie die bürgerliche Gesellschaft selbst als eine von Kapitalinteressen der besitzenden Klasse dominierte Formation in Frage gestellt wurde. Die Vorgänge in den interna-

---

13 Jerzi Krasuski, *Probleme des europäischen Gleichgewichts in historischer Sicht.* Carl von Ossietzky-Vorlesung, Bonn-Bad Godesberg 1975, 12.

14 David Hume, Essay VII: *Of the Balance of Power. Essays, Moral, Political and Literary, Part II* (1752). In: David Hume, *Philosophical Works* (ed. T.H. Geen/ T.H. Grose), Vol. IV, London 1875,. 354.

15 Friedrich Gentz, *Fragmente an der neuesten Geschichte des politischen Gleichgewichts in Europa*, St. Petersburg 1806, 1.

16 *Ibid.*, 6 ff.

tionalen Beziehungen der Staaten und Staatensysteme ließen sich nicht länger durch die Regulative der tradierten politischen Theorie beherrschen; kam doch in den immer präziser formulierten Zielen der Arbeiterklasse auch ihr durch keine Staatsgrenzen aufzuhaltendes internationales Prinzip des solidarischen Handelns zum Ausdruck. Jene von Hegel eingebrachte Diktion von Geschichte als dem „wissenden, sich vermittelnden Werden"[17] hieß, vom Geist auf die Materialität der historischen Prozesse gewendet, dass das Proletariat sich als Subjekt begreifen, sich seiner selbst als politische Macht vergewissern musste. Die Epoche, in der das arbeitende Volk nur lediglich einen Stein im Spielplan der Herrschenden darstellte, schien unwiderruflich zu Ende gegangen zu sein.

Im weiteren Geschichtsverlauf ist schließlich die Konzeption vom politischen Gleichgewicht durch die welthistorischen Ereignisse selbst mehrfach widerlegt worden. In unserem Jahrhundert hat einerseits das europäische Gleichgewichtssystem gegenüber der Großmachtpolitik des Deutschen Reiches in den Weltkriegen gleich zweimal versagt; zum anderen ist mit dem realen Sozialismus eine neue weltgeschichtliche Macht in Erscheinung getreten, die das auf das kapitalistische Wirtschaftssystem bezogene Konzept des *Balance of Power* ad absurdum geführt hat.

Das Gleichgewicht des Schreckens

Gleichwohl ist auch heute die Idee des Gleichgewichts aus den politischen Konzeptionen und Strategien nicht getilgt, sondern vielmehr in neuer Gestalt zurückgekehrt. Heute sind es nicht mehr politische Kräfte und Staaten, die gegeneinander auszubalancieren wären, wie in der europäischen *Pentarchie* (Fünferherrschaft) nach dem Wiener Kongress im 19. Jahrhundert. Bereits von Gentz wird die Furcht vor der Rache der anderen als Mittel der Kriegsverhütung angesprochen.

In unserer Epoche soll die Strategie der militärischen Abschreckung ein Gleichgewicht der Vernichtungspotentiale und damit ein *Gleichgewicht des Schreckens* herstellen, das beide Seiten von einem nuklearen Krieg abhalten soll. Zu diesem Prinzip der Weltpolitik haben sich immer wieder Staatsmänner bekannt.

Beispielsweise führte der Bundeskanzler der Bundesrepublik Deutschland in seiner Regierungserklärung vom 24. November 1980 vor dem Parlament aus:

---

17 G.W.F. Hegel, *Phänomenologie des Geistes*. Theorie Werkausgabe Suhrkamp Bd. 3, Frankfurt/M. 1970, 590.

> Ohne Gleichgewicht gibt es in der Welt keinen verlässlichen Frieden. Wir können uns sicher fühlen, weil die Atlantische Allianz das Gleichgewicht wahrt, zu dem wir unser volles politisches und militärisches Gewicht in die Waagschale des Westens gelegt haben.[18]

Im Grunde genommen wird in einer derartigen Gleichgewichtsstrategie die totale Vernichtung des Gegners angedroht und so durch die moderne Hochrüstung eine tödliche, kaum kontrollierbare Balance geschaffen. Aber um welche Art von Gleichgewicht handelt es sich wirklich?

Kehren wir nochmals zum historischen Ausgangspunkt unserer Betrachtungen zurück. Das Gleichgewicht als Ordnungsprinzip bezeichnet entweder ein stationäres System, in dem sich Kräfte und gegenläufige Momente ausgleichen, oder in der dynamischen Form die Entwicklung von einem früheren zu einem neuen stabilen Zustand. In jedem Fall handelt es sich um eine Kategorie des mechanistischen Denkens. Der Zustand des Gleichgewichts betrifft stets nur ein bestimmtes Merkmal eines in sich komplexen Systems. Wird in einer derartigen Betrachtungsweise das Merkmal in bezug auf das System isoliert und schließlich verabsolutiert, geht vollends die Komplexität des Systems verloren. Ob es nun um die Balance zwischen Kräften, zwischen Staaten oder zwischen nuklearen Vernichtungspotentialen geht, stets herrscht das abstrakte Denken vor, das von rein äußerlichen Bestimmungen des Objekts ausgeht. Indem die Gleichgewichtsidee zur Maxime des politischen und des militär-strategischen Denkens erhoben wird, wird der Status quo in den internationalen Beziehungen als unantastbar angesehen.

Von einer derartigen Gleichgewichtsdoktrin geht in unserer Zeit eine tödliche Gefahr aus. Die Ideologie vom Gleichgewicht der Abschreckung nimmt nicht Rücksicht auf den Willen der Völker, ohne Angst und Bedrohung ihre Lebensbedingungen selbst gestalten und verbessern zu wollen. Sie demaskiert sich vielmehr zu einer gefährlichen Politik der Stärke, wenn die beschleunigte Aufrüstung mit dem vermeintlichen Übergewicht der anderen Seite begründet wird. Damit ist die gegenwärtige Situation angesprochen. Auch der von der derzeitigen Regierung der USA eingeschlagene Kurs der neuen Hochrüstung und der Absicht, einen Teil der Vernichtungsmaschinerie nach Westeuropa zu verlagern, wird mit dem Nebel der Gleichgewichtsdoktrin umgeben.

Gewisse Anhaltspunkte für die wahren Absichten der USA, die mit der gegenwärtigen Phase der Aufrüstung verbunden sind, könnte ein Artikel in der amerikanischen Zeitschrift „Foreign Policy“ bieten, der im Sommer

---

[18] Bulletin des Presse- und Informationsamtes der Bundesregierung, Nr. 124, Bonn 25.11.1980.

1980 unter der Überschrift *Victory is possible* erschien.[19] Darin wird für die Vorbereitung eines offensiven Atomschlags der USA gegen die UdSSR und für die rationale Führung des anschließenden Atomkrieges plädiert. Aus der Lehre von Augustinus vom *gerechten Krieg* wird die Botschaft für die amerikanische Politik herausgelesen, eine strategische Überlegenheit anzustreben mit dem Fernziel, die UdSSR militärisch zu besiegen und eine zufrieden stellende Nachkriegs-Weltordnung sicherzustellen, eine Weltordnung, die den westlichen Wertvorstellungen entspräche. Wie diese Wertvorstellungen nach der Verwüstung eines erheblichen Teiles unserer Welt noch aussehen sollen – selbst der Tod von 20 Millionen Amerikanern wird einkalkuliert –, verheimlichen die Autoren allerdings.

Nimmt man den zitierten Artikel ernst als Ausdruck eines bestimmten Denkens in den USA, ja als Muster bestimmter, bisher weitgehend im Verborgenen gediehener Pläne von Politikern und Militärstrategen, so bleibt von der Doktrin des militärischen Gleichgewichts nichts übrig als ein Netz, mit dem der Widerstandswillen der Völker vor ihrer Vernichtung gebändigt werden soll. Es dient gegenwärtig vor allem dazu, die neue Phase der Aufrüstung der USA auf ein qualitativ neues Niveau zu begründen und so die *militärische superiority* sicherzustellen.

Diese Politik im Zeichen der Doktrin vom militärischen Gleichgewicht im Atomzeitalter ist ein später Abkömmling der Theorie des politischen Gleichgewichts. Sie führt die Staaten zu immer größeren Rüstungsanstrengungen und macht die Möglichkeit des Ausbruchs eines nuklearen Krieges und damit die Möglichkeit der Zerstörung eines Großteils der bewohnten Erde immer wahrscheinlicher. Die zutiefst inhumanen Züge einer derartigen politischen Konzeption liegen nicht allein in der Androhung der Massenvernichtung und in der Ausarbeitung entsprechender militärischer Strategien, sondern bereits in den psychologischen und materiellen Begleiterscheinungen bei der Entwicklung der modernen Waffensysteme.

Für bewusst lebende Menschen wird es immer schwerer, die Gefühle von Furcht und Angst vor der drohenden Katastrophe zu verdrängen und den neuen heranwachsenden Generationen den erforderlichen Lebensoptimismus zu vermitteln. In allen entwickelten Ländern verschlingt die militärische Hochrüstung einen erheblichen Teil des produzierten Nationaleinkommens, das sind gewaltige finanzielle Mittel, die der Volkswirtschaft entzogen werden. Sie könnten besser dazu eingesetzt werden, in den entwickelten Staaten das soziale Niveau weiter anzuheben, so beispielsweise zur

19 Colin S. Gray/ Keith Payne, *Victory is possible*, in: Foreign Policy Nr. 39, 1980. Deutsche Wiedergabe in: Blätter für deutsche und internationale Politik 12/1980, 1502-1509.

Behebung der Massenarbeitslosigkeit, die ja zu einem erheblichen Teil eine Folge jener Hochrüstungspolitik ist. Ebenso wären die Entwicklungsländer materiell besser zu unterstützen. Nur ein kleiner Teil der jährlichen weltweiten Rüstungsausgaben würde ausreichen, um bei ihnen Hunger, Krankheit und Analphabetenrum erfolgreich zu bekämpfen.

Die Konzeption der friedliche Koexistenz

Die einzige politische Konzeption, die gegenwärtig die weltweiten Probleme zu lösen hilft und der Komplexität der gesellschaftlichen Strukturen und Beziehungen adäquat erscheint, wird von den Prinzipien der friedlichen Koexistenz vertreten. Sie knüpft an die humanistischen Errungenschaften der Menschheit an und bietet so ein ganz anderes System eines möglichen Interessenausgleichs an, nämlich ein System, in dem die Staaten in ihren friedlichen Absichten auf der Grundlage internationaler Verständigung miteinander wetteifern und zu einer gegenseitigen Ausgewogenheit geführt werden können.

In der Terminologie der frühen Neuzeit würde Johannes Kepler hier von einem harmonischen Mittel sprechen. Wir können vielleicht den Ausdruck *harmonisches Gleichgewicht* verwenden und bezeichnen damit einen anzustrebenden Zustand in den internationalen Beziehungen, der den Wünschen der Menschen nach Frieden und sozialem Fortschritt am ehesten entspricht.

Die Konzeption der friedlichen Koexistenz geht von dem Nebeneinander von Staaten mit gegensätzlichen sozial-ökonomischen Verhältnissen aus. Sie beinhaltet nicht nur den bewussten Verzicht auf den Krieg als Mittel zur Lösung strittiger Fragen, sondern sie verfolgt konsequent die stufenweise allseitige Abrüstung. Angestrebt wird also nicht, wie bei der Strategie des militärischen Gleichgewichts, die Anpassung der Rüstung an ein immer höheres Niveau, sondern gerade die allmähliche Senkung dieses Niveaus.

Frieden wird nicht als Abwesenheit von Krieg, sondern als ein positiver Wert in den internationalen Beziehungen verstanden. Dementsprechend bietet die Konzeption der friedlichen Koexistenz keine bloße Strategie der Kriegsvermeidung an, wie im besten Fall die Konzeption des *Balance of Power* oder die daraus abgeleitete Doktrin vom militärischen Gleichgewicht. Vielmehr verfolgt sie den Aufbau und Ausbau von politischen, wirtschaftlichen und kulturellen Beziehungen zwischen den Staaten – auch zwischen Staaten verschiedener Gesellschaftsordnung – auf der Grundlage völliger Gleichberechtigung.

Bei der Konzeption der friedlichen Koexistenz handelt es sich nicht um eine unerfüllbare politische Utopie der Menschheit, sondern um eine realistische Basis des Zusammenlebens der Völker. Das ist durch die Praxis der internationalen Beziehungen auf der Grundlage zahlreicher Vertragsabschlüsse in den zurückliegenden Jahrzehnten bewiesen worden. Das wichtigste Dokument einer vernünftigen Realpolitik stellt in diesem Zusammenhang die *Charta der Vereinten Nationen* dar, die in den Artikeln 1 und 2 die Grundsätze der UNO als zugleich grundlegende Normen des gegenwärtigen Völkerrechts formuliert hat.[20] Daraus geht vor allem hervor, dass die Organisation der Vereinten Nationen ihre Hauptaufgabe darin sieht, den Weltfrieden und die internationale Sicherheit zu wahren, freundschaftliche Beziehungen zwischen den Nationen zu entwickeln sowie die internationale Zusammenarbeit wirtschaftlicher, sozialer, kultureller und humanitärer Art zu fördern. Die hier festgelegten grundlegenden Völkerrechtsnormen besitzen heute allgemeine Verbindlichkeit, sei es dadurch, dass die Mitgliedsstaaten der UN-Charta zugestimmt haben, oder sei es, dass Nichtmitglieder durch politische Grundsatzerklärungen diese Prinzipien anerkannt haben.

Die Vertreter einer Hochrüstungspolitik, die gegenwärtig wieder unter dem Deckmantel der Doktrin vom militärischen Gleichgewicht agieren, verstoßen demnach bereits gegen geltende Völkerrechtsnormen. Heute ist es mehr denn je dringend erforderlich, die in der UN-Charta formulierten Ziele verstärkt durchzusetzen. Es ist deutlich, dass für die gegenwärtige Epoche die Konzeption der friedlichen Koexistenz die einzige vernünftige Alternative darstellt gegenüber jener Strategie, die unter Rückgriff auf die überholte mechanistische Konzeption des militärischen Gleichgewichts in den internationalen Beziehungen zu einer ernsten Bedrohung des Weltfriedens geführt hat.

---

20 Herbert Kröger/ Harry Wünsche, *Friedliche Koexistenz und Völkerrecht*, Berlin 1975, 57 ff.

3.
Vom Nationalstaat zur Weltregierung?

Kritische Anmerkungen im Anschluss an Kants Entwurf "Zum ewigen Frieden" aus Anlass des 350. Jahrestages des Westfälischen Friedens

Drei Postulate für einen möglichen Frieden

In dem Memorandum anlässlich des 350. Jahrestages des Westfälischen Friedens heißt es:

> Triebkräfte und Motive für Kriege sind sehr vielfältig. Das Erkennen von Kriegsursachen und die öffentliche Auseinandersetzung damit ist Voraussetzung für die künftige Verhinderung von Kriegen. Für die gegenwärtigen Kriege und das damit verbundene Elend in anderen Teilen der Welt tragen die reichen und nur scheinbar friedlichen Industriestaaten die Hauptverantwortung. Ihr Macht- und Gewinnstreben reproduziert und verschärft immerfort die ungerechten Strukturen der Weltwirtschaft, deren Gesetze von einem ungezügelten Kapitalismus bestimmt werden.

Im Grunde genommen enthält dieses Zitat bereits eine begründete Antwort auf die hypothetische Frage, ob wir von einem Zusammengehen der Nationalstaaten zu einer größeren politischen Einheit oder zu einer repräsentativen politischen Vertretung eine dauerhafte Lösung der Friedensfrage erwarten können. Es sind also einige besondere Postulate als Bedingungen der Möglichkeit eines weltweiten Friedens zu erörtern:

1. Trotz der Dominanz der egoistischen Handlungsweise in der Welt muss sich schließlich ein föderatives Staatenbündnis errichten lassen, um die internationale Rechtsordnung zu einer Friedensordnung auszubauen. Es fragt sich, ob ein derartiges, von Kant entworfenes Modell einer globalen Friedensstiftung bereits in der UNO realisiert ist.
2. Ist das jedoch nichts anderes als eine ferne Utopie, so stellt sich als Minimalforderung der Vernunft, wenigstens den Atomkrieg auf Dauer zu verhindern. In dieser Herstellung eines negativen Friedens sieht Bertrand Russell die große Aufgabe einer zu bildenden Weltregierung.
3. Ein stabiler Weltfrieden lässt sich indessen erst dann erreichen, wenn bei Einschränkung der nationalstaatlichen Souveränität die strukturelle Unvernunft des ganzen Systems aufgebrochen wird.

Es sollen nun nacheinander diese drei Postulate erörtert und einige Schlussfolgerungen aus den Erfahrungen unserer Zeit gezogen werden.

Erstes grundlegendes Postulat

Das Völkerrecht ist um das Friedensrecht zu erweitern und so die internationale Ordnung zu einer Friedensordnung auszubauen.

Nach den rechtsphilosophischen Vorarbeiten von *Jean Bodin*, *Francisco Suarez* und vor allem von *Hugo Grotius* setzt mit dem Westfälischen Frieden von 1648 die Epoche des klassischen Völkerrechts voll ein. Dieser billigt den Landesherren die höchste Staatsgewalt zu. Als ein wesentlicher Bestandteil ist darin auch das Recht des Souveräns, einen Krieg zu führen, – das *ius ad bellum* – enthalten. Das sich dann herausbildende klassische Völkerrecht hat über drei Jahrhunderte lang, nämlich bis zu den einschränkenden Bestimmungen von Völkerbund und UNO, dem Staat das Recht zum Krieg zugebilligt, insofern also die Unvermeidlichkeit des Krieges anerkannt – trotz aller völkerrechtlichen Ansätze zur Eindämmung des Krieges und des Votums für eine Humanisierung der Kriegführung.

Völkerrecht im klassischen Sinn schreibt also in erster Linie Grenzen des ius ad bellum fest. In Anbetracht dieser Einseitigkeit hat Kant anderthalb Jahrhunderte nach dem Westfälischen Friedensschluss den Versuch unternommen, das internationale Recht um das Friedens-Völkerrecht zu ergänzen. Dementsprechend enthält sein berühmter Traktat *Zum ewigen Frieden* (1795/96) drei Paragraphen, die Definitivartikel, als die positiven Bedingungen für die Herstellung eines zwischenstaatlichen Rechtszustands.

Zu diesen Bedingungen gehört vor allem der Vorschlag, den Weltfrieden durch einen Zusammenschluss der Staaten wahrscheinlich zu machen. Die Idee des Föderalismus an sich, des Zusammenschlusses der menschlichen Gattung als einer Notwendigkeit der Geschichte, würde nach *Kant* eigentlich die Schaffung einer Weltrepublik, eines Weltstaates, aus dem dann eine Weltregierung hervorgehen könnte, erfordern. Realpolitisch ist dieser aber nur durch einen Staatenbund anzunähern.

Für dieses "negative Surrogat" sprechen für Kant zwei noch immer umstrittene Gründe:

(a) Zum einen würden in einem föderativen Weltstaat die Staaten *in praxi* keine über ihnen stehende gesetzgebende Gewalt anerkennen, weil dies dem Prinzip der Souveränität widersprechen würde. Bis heute sind die Staaten nur mit Einschränkung bereit, ihre Souveränitätsrechte in Fragen nationaler Sicherheit einer über ihnen stehenden Organisation zu übertragen.

(b) Zum anderen müsste ein gemeinsames rechtsmoralisches Bewusstsein der Bürgerinnen und Bürger entstehen, das erst durch ein Weltbürgerrecht zu erzeugen wäre. Ohne entsprechende vertragliche Regelungen lässt sich in der Umgangsweise der Menschen wie der Staaten der an den Gewaltbegriff gebundene Naturzustand nicht überwinden. Sonst bricht im Konfliktfall für Kant immer aufs Neue das radikal Böse im Menschen durch. Erst eine Rechtsordnung kann diesen Zustand überwinden. Die Stiftung eines positiven Friedens ist also ebenso an die Anthropologie gebunden.

Zwischenbetrachtung: Ist die UNO bereits eine Friedensordnung?

Es stellt sich die Frage, ob mit der allgemeinen Anerkennung der Bestimmungen der UN-Charta eine internationale Rechtsordnung im Sinne einer Friedensordnung bereits verwirklicht ist. In der Tat ist in der UN-Charta das Friedensgebot der Leitfaden und ein allgemeines Gewaltverbot, so in Art. 1.1 und 2.3, ausgesprochen. Damit ist an sich eine Umkehrung der traditionellen Zweck-Mittel-Relation der internationalen Politik im völkerrechtlichen Sinn erreicht: Krieg ist nicht mehr das Mittel, um bestimmte Ziele zu erreichen, also nicht mehr - wie es Carl von Clausewitz nur wenige Jahrzehnte nach Kant formuliert hat - die Fortsetzung der Politik mit anderen Mitteln. Vielmehr ist, den Bestimmungen und dem Geist der UN-Charta zufolge, Frieden das oberste Ziel des politischen Handelns, und alle Mittel der Politik sind dementsprechend einzurichten.

Nun belehrt uns die Realpolitik leider eines Besseren. Bereits in der Konstituierung des UN-Sicherheitsrates ist von dem Prinzip der Einschränkung nationalstaatlicher Souveränität zugunsten der internationalen Organisation abgewichen worden. Hier verfügen die fünf ständigen Mitgliedsstaaten über ein Veto-Recht auch in eigenen Angelegenheiten und haben so ihre souveränen Rechte ohne Einschränkung behalten. Das ist in der Nachkriegsordnung des Kalten Krieges immer wieder deutlich geworden.

Daher ist immer wieder eine Reform der UNO gefordert worden. So hat Johan Galtung im Jahr 1988 vorgeschlagen, den Sicherheitsrat ganz abzuschaffen und als Ergänzung eine neue Volksversammlung zu bilden, für die die Delegierten in direkten weltweiten Wahlen gewählt werden. Auf diese Weise sollen schließlich Weltinteressen in neuen Weltinstitutionen innerhalb der UNO durchgesetzt werden.

Es müsste demnach erforderlich sein, die Weltinteressen zu artikulieren und sie gegen den seit 1990 verstärkt praktizierten Egoismus der G7-Staaten und gegen die aktuelle Weltherrschaftsstrategie der USA durchzusetzen.

Zweites, einschränkendes Postulat

Ist eine Weltfriedensordnung gegenwärtig nicht erreichbar, so ist wenigstens der Atomkrieg zu verhindern. Dafür ist eine Weltregierung zu bilden.

In Anbetracht der offensichtlichen Mängel der UNO als einer Organisation, die eine Welt-Friedensordnung verwirklichen könnte, wurde immer wieder eine Reform der UNO oder sogar die Neugründung einer anderen Institution für notwendig gehalten.

Ein prominenter Vertreter dieser Forderung ist Bertrand Russell. Er legte nach der Kuba-Krise des Jahres 1962, die die Welt an den Rand eines Atomkrieges führte, den Plan vor, den Zustand des nuklearen Friedens nicht mehr zu akzeptieren. Das Gleichgewicht des Schreckens dürfe nicht länger aufrechterhalten werden. Ein Nuklearkrieg müsse durch eine allgemeine Abrüstung unmöglich werden.

Im Vergleich zu Kant ist also nicht die Friedlosigkeit der Zeit, sondern die waffentechnische Entwicklung, die Totalität der Zerstörungskapazität der wissenschaftlichen Kriegsmaschine, der Ausgangspunkt der Überlegungen von Russell. Das Ziel, den Nuklearkrieg von den kriegstechnischen Mitteln her zu verhindern, ist im Vergleich zur Kantischen Idee einer Friedens-Rechtsordnung bescheiden, für das wissenschaftlich-technische Zeitalter aber die erste Existenzbedingung.

Als äußerstes und sicherstes Mittel der Kriegsverhinderung schlägt Russell durch die Fortschreibung des Völkerrechts die Einrichtung einer Weltregierung vor. Sie soll über das Monopol aller hauptsächlichen Kriegswaffen verfügen, ferner das Besitzrecht über alle für die Waffenherstellung relevante Rohstoffe erhalten und schließlich bewaffnete Truppen unterschiedlicher Staaten und ideologischer Lager befehlen. Internationale Gerichte unterstützen das Bemühen der Kriegsverhütung auf dem Weg der Täterverfolgung und der Rechtssprechung.

Viele formale Fragen des in moralischer Hinsicht bewundernswerten Russellschen Vorschlages bleiben offen. Doch greifen die Überlegungen prinzipiell, wie mir scheint, zu kurz in zweierlei Hinsicht:

(a) Dem Wesen des Krieges, auch eines Atomkrieges, ist nicht allein durch den Gewaltaspekt beizukommen. Nicht die Waffen als solche bedrohen die Menschheit und die Erde, sondern die Absichten und Strategien von Politikern und Militärs für einen Einsatz der Waffen. Hinter den Absichten stehen vorrangige machtpolitische und wirtschaftliche Interessen.

(b) Ließe sich auch ein atomarer Weltkrieg durch das Gewaltmonopol einer Zwangsregierung verhindern, so würde das wenig an der Interessenlage in der Welt ändern, die doch letztlich für eine Disposition zum Krieg entscheidend ist.

Drittes, erweitertes Postulat:

In unserer zusammenwachsenden Welt müssen die Gewaltstrukturen bloßgelegt und aufgebrochen werden, um den Krieg ursächlich, d. h. der Disposition nach, zu verhindern.

Am Ende unseres Jahrhunderts zeichnet sich in der weltweiten Vernetzung kommunikativer, politischer und ökonomischer Verbindungen auf den verschiedenen Ebenen menschlicher Beziehungen immer deutlicher die Herausbildung einer gesellschaftlichen Menschheit ab. Carl Friedrich v. Weizsäcker erkennt bereits in den weltgeschichtlichen Prozessen seit dem 19. Jahrhundert eine deutliche Tendenz der Vereinheitlichung der Welt mit der Herausbildung überregionaler und schließlich überstaatlicher Strukturen. Damit hat sich die Außenpolitik früherer kleiner politischer Einheiten in die Innenpolitik einer jeweils größeren politischen Einheit verwandelt, so dass schließlich die bisherige Außenpolitik der Staaten der Tendenz nach in eine Welt-Innenpolitik überführt wird.

Erfüllt sich hier also die Kantische Erwartung, dass sich die menschliche Gattung aus Naturnotwendigkeit zusammenschließen muss und damit die wesentliche Bedingung der Möglichkeit einer globalen Friedensordnung vorliegen wird? Ist also doch ein Weltstaat in Sicht, in dem von einer einsichtigen Regierung die globalen Probleme nach Prinzipien der Vernunft gelöst werden?

Nun sind allerdings die republikanisch-demokratischen Ordnungsprinzipien eines Staates, die Kant als grundlegend auch für eine Konstituierung multistaatlicher und überstaatlicher politischer Einheiten erkannte, immer mehr hinter andere Regularien zurückgetreten. Die seit Mitte der 70er Jahre in Gang gesetzten und nun weiter durchorganisierten Prozesse der Globalisierung sind von den internationalen Konzernen bestimmt und laufen auf eine Entstaatlichung des Gemeinwesens und auf eine Entrechtlichung seiner Bürgerinnen und Bürger hinaus.

Die neueste Variante gegenwärtiger Machtergreifung durch die internationalen Konzerne stellt das *M.A.I.* dar, das geplante *Multilateral Agreement on Investment*. Darin werden alle Formen von Kapitalanlagen in einem Land der staatlichen und juristischen Kontrolle sowie der politischen, wirtschaftlichen und ökologischen Steuerung entzogen. Hier droht ein weiterer Einbruch für eine noch so vage Möglichkeit eines gesellschaftlichen Fortschritts. Mit der weiteren Entmachtung des Staates und der Preisgabe sozialer Errungenschaften der Gesellschaft an die Profitgier internationaler Konzerne wird sich die strukturelle Gewalt weiter verstärken und verfestigen. Pazifistische Handlungsspielräume werden so immer weiter eingeengt.

Wenn Kant fordert, für den Aufbau einer Friedensordnung den republikanischen Geist in die internationalen Beziehungen hineinzutragen, so kann das heute nur heißen, sich gegen den Abbau demokratischer Rechte zur Wehr zu setzen und die Basisbewegungen für eine Kultur des Friedens zu stärken. Wir sollten realistisch genug sein, um festzustellen:

Von der Verfasstheit des kapitalistischen Systems her, gegenwärtig gekennzeichnet nicht nur von dem Vorrang ökonomischer Interessen, sondern auch von militärischem Wahnwitz, ist allenfalls eine internationale Zwangsordnung mit dem Ausbau der Gewaltstrukturen zu erwarten. Nicht die Bilanzen der internationalen Konzerne, nicht die Schaustellungen der Gipfeltreffen der G7-Staaten sind der Garant des Friedens. Allerdings sollten die Rudimente eines vernünftigen Handelns in den internationalen Beziehungen sorgfältig beachtet und in friedenspolitischer Absicht weiterentwickelt werden. Letztlich aber können nur die demokratische Mitbestimmung, die Partizipation von unten an der allgemeinen Wertschöpfung und die Teilhabe der Peripherie an der Prosperität des Zentrums die Bedingungen herstellen, die einmal eine weltweite Friedensordnung zu errichten gestatten.

Literatur

Johan Galtung, *Visionen einer friedlichen Welt* (1988), in: Dieter Senhaas (Hrsg.), *Den Frieden denken*, Frankfurt/M 1995, 385-418.

Immanuel Kant, *Zum ewigen Frieden. Ein philosophischer Entwurf* (1795/96), in: *Kant Werkausgabe* Bd.XI, hrsg. von Wilhelm Weischedel, Frankfurt/M 1968, 193-251.

Bertrand Russell, *Unarmed victory* (1963). Deutsche Ausgabe: *Sieg ohne Waffen. Was ein Einzelner zu tun vermag*, Darmstadt 1987.

Carl Friedrich v. Weizsäcker, *Bedingungen des Friedens* (1963), in: *Der bedrohte Friede. Politische Aufsätze 1945-1981*, München 1981.

II. BEGRIFFLICHKEIT UND WERTGEFÜGE

Einführung: Der Zusammenhang von Frieden und Gerechtigkeit

Herkunft und Verwendung des Wortes Frieden (griechisch: *Eiréne*, lateinisch: *pax*) lassen seine vielfältige, schon seit mehr als zwei Jahrtausenden gewachsene Bedeutung erkennen. Nach langjährigen kriegerischen Auseinandersetzungen in Kleinasien und in Griechenland galt bereits in griechisch-hellenistischer Zeit der Krieg als positives Mittel der Politik. Indem er letztlich das erklärte Ziel verfolgen soll, den Frieden herbeizuführen, wird ihm so seine Rechtfertigung zugewiesen.

Dementsprechend lässt *Aristoteles* den Krieg um des Friedens willen zu, wie eben das Notwendige und Nützliche um des Edlen willen zu betreiben ist.[1] Nicht viel anders soll im antiken Rom die Expansion des Staates dem Frieden dienen, wenn in der *Pax Romana* dem Besiegten auferlegt wird, sich gleichermaßen Rom zu unterwerfen wie auch römischen Schutz gegen andere Fremdvölker in Anspruch zu nehmen.

Es hat den Anschein, als ob der Begriff Frieden den Zusammenhang zu Gewalt und Krieg, nach deren Überwindung oder Beendigung er sich einstellt, mit Notwendigkeit erfordere. Insofern scheint für ihn das Moment der *Negativität* seit den Anfängen der europäischen Geistesgeschichte bestimmend gewesen zu sein.

Frieden in der Negativität bestimmt sich hiernach als Rechtfertigung für einen Krieg und als dessen Beendigung, als Diktat des Siegers und Herstellung eines neuen Rechtsverhältnisses nach dem Krieg. Jedoch wird Frieden ebenso als die ursprünglich von numinosen Mächten empfangene *positive Qualität* in der Gewährung und Stiftung von Eintracht in den menschlichen Beziehungen, in denen Gerechtigkeit herrscht, und darüber hinaus in der Wiederherstellung der kosmischen Ordnung verstanden – das sind wichtige kategorialen Momente, wie sie aus der Etymologie des Wortes sichtbar werden.[2] Besonders hervorzuheben ist hieran, dass die soziale Welt des Menschen in einen kosmischen Zusammenhang gestellt ist, der soziale und politische Frieden also mit der kosmischen Ordnung verknüpft ist.

Dass die Welt erst zur Gerechtigkeit geführt werden muss, ehe Frieden wirklich wird, ist kein Glaubenssatz der Moralität, sondern ein durch geschichtliche Erfahrung begründetes Diktum. Darin ist Gerechtigkeit zuallererst in ihrer sozialen Dimension herzustellen.

Zu unserer Zeit resultiert das den realen Herrschaftsverhältnissen widersprechende Postulat nach gleichberechtigter Partizipation an den internatio-

---

1 *Arist. polit.* 1333a.

2 Nähere Ausführungen dazu vom Autor in: *Frieden*, Bibliothek dialektischer Grundbegriffe, Heft 2, Bielefeld 1998.

nalen Beziehungen aus der realen Ungleichheit der Völker der ehemals *Dritten Welt*. In allgemeiner Form wurde es bereits 1970 von der Generalversammlung der UNO in die Prinzipien der souveränen Gleichheit der Staaten, der Gleichberechtigung und Selbstbestimmung der Völker sowie der Pflicht zur friedlichen Zusammenarbeit als zu den Grundsätzen Prinzipien des internationalen Völkerrechts gehörig gefasst.[3] Der Zusammenhang zu den weiteren Prinzipien – Gewalt- und Interventionsverbot, Pflicht zur friedlichen Konfliktbeilegung – belegt den positiven, friedensstiftenden Charakter dieser Völkerrechtsprinzipien, die allerdings bis heute nicht als allgemein rechtsverbindlich in die Politik umgesetzt werden konnten.

An der historischen Stelle des weltgeschichtlichen Bruchs von 1990 stellt sich nun die Frage nach den verbliebenen oder nach den sich neu eröffneten Möglichkeiten bewusster Geschichtsgestaltung durch das vernünftige Subjekt. Für ein gegenüber der Idee des *positiven Friedens* sich verpflichtet wissendes Handeln geht es um nichts weniger als um die Beseitigung und Vermeidung der großen Beschädigungen des Systems Mensch-Erde: die Beendigung von menschlicher Ausbeutung, von Verdinglichung und sozialer Verelendung, die Rücknahme der in der Sinn- und Wertekrise sich widerspiegelnden geistig-seelischen Verelendung und die Beendigung der Deformation der Natur. Mit den Prinzipien von Gerechtigkeit einer neu zu strukturierenden Weltwirtschaft, von Sicherheit einer auszubauenden internationalen Rechtsordnung und von Partizipation des Einzelnen am gesellschaftlichen Handeln sind die normativen Parameter für die Stiftung des positiven Friedens bezeichnet.

Zu jener bereits früher umrissenen Gefahr der Entrechtlichung des Subjekts und der totalen Herrschaft eines mächtigen Instrumentariums struktureller Gewalt ist eine *Welt-Rechtsordnung* die einzige vernünftige Alternative. Sie impliziert letztlich eine höhere Stufe der Vergesellschaftung auf dem Weg zu einer Weltgesellschaft, die Frieden zur ersten Konstitutionsbedingung erhoben hat. Dies führt zu der Frage, ob der Entwicklungsprozess der *Europäischen Union* sich in diesen positiven Vorgang einordnen lässt oder ob daran nicht vielmehr die widersprüchlichen Momente einer neuen auf Prämissen des negativen Friedens beruhenden Herrschaftsordnung sichtbar werden.

---

3 Bernhard Graefrath, *50 Jahre internationale Strafgerichtsbarkeit. Von Nürnberg über Den Haag zu einem Ständigen Internationalen Strafgerichtshof*, in: Wissenschaft und Frieden 1/97, S.48-52. Vgl. hierzu insbesondere: Peter J. Opitz (Hrsg.), *Forum der Welt. 40 Jahre Vereinte Nationen*, München 1988, 353 ff.

4.
Die Disposition zu Krieg und Frieden. Über einige widersprüchliche und einige notwendige begriffliche Veränderungen

So begann Clerambault sich eine
Weltanschauung, ein absurdes,
paradoxes Ideal zu fabrizieren, das die
Widersprüche irgendwie auflistete,
indem er sich sagte: Der Krieg gegen den
Krieg, der Krieg für den Frieden,
für den ewigen Frieden.

Romain Rolland

Die formal-völkerrechtliche Bestimmung

Nicht ist der Krieg der Vater von allem, und ganz gewiss nicht der Vater vom Frieden, der nährenden Mutter, die – wie es in einem Gedicht des Jahres 1648 heißt[1]– Wein und Brot bringt, Mut und Gut. Krieg und Frieden, aus der leidvollen Geschichtserfahrung am *fin de siècle* letztlich als das Böse und das Gute schlechthin zu begreifen, scheinen in der Menschheitsgeschichte einander abzulösen, jedenfalls auf den ersten Blick: Wenn nicht Krieg ist, dann ist Frieden. Krieg, der gesellschaftliche Normalzustand für Jahrhunderte schlechthin, gab dem klassischen Völkerrecht Anlass genug, ihn und nicht etwa auch den Frieden dem Begriff nach festzuschreiben; so etwa im Anschluss an die Genfer Fünfmächtevereinbarung vom Dezember 1932, in der jede bewaffnete Auseinandersetzung zwischen Völkerrechtssubjekten als Krieg zu bezeichnen ist.[2]

Im Völkerrecht heute wird Krieg mehr und mehr durch den Begriff der Aggression ersetzt, bei der von einem Staat bewaffnete Gewalt gegen die Souveränität, territoriale Integrität oder politische Unabhängigkeit eines anderen Staates eingesetzt wird.[3] Frieden, als Gegensatz von Krieg oder als dessen Abwesenheit aufgefasst, ist negativ bestimmt.

Bereits Thomas Hobbes bezeichnet in seinem Levithian (1651) Frieden als die gegenüber dem Krieg „andere Zeit", wie die Zeit überhaupt, in der die Kriegsbereitschaft erkennbar ist, zum Krieg schon gehört. So liegt das

1 Justus Georg Schottelius, *Friedens Sieg. Ein Freudenspiel.* Auszug in: Christoph Stoll, *Sprachgesellschaften in Deutschland des 17. Jahrhdts.*, München 1973, 144.
2 Stichwort *Kriegsrecht*, in: Görlitz (Hg.), *Handlexikon der Rechtswissenschaft* 1972.
3 Gerhard Köbler/ Heidrun Pohl, *Deutsches Rechtswörterbuch*, München 1991.

Wesen des Krieges „nicht im eigentlichen Kampf", sondern in der erkennbaren Disposition dazu:

> Das Wesen des Krieges besteht nicht in tatsächlichen Kampfhandlungen, sondern in der bekannten Disposition dazu während der ganzen Zeit, in der man sich des Gegenteils nicht sicher sein kann. Jede andere Zeit ist Frieden.[4]

Frieden umfasst die Zeit des Nicht-Krieges, aber auch die Zeit einer fehlenden Bereitschaft zum Krieg – eine bemerkenswerte Feststellung, auf die noch zurückzukommen sein wird.

Neben der militärischen Gewalt ist auch die Pluralität der sich der Gewaltmittel bedienenden Parteien für den völkerrechtlichen Kriegsbegriff konstitutiv. Bloße Akte militärischer Aggression ohne eine militärisch organisierte Gegenwehr des Angegriffenen wären dann nicht unter Krieg zu subsumieren. Staaten organisieren den Krieg, das ist wesentlich. Entfällt auf einer Seite die zum bewaffneten Kampf bereite Staatsmacht, schrumpft die Kriegshandlung zu einem bewaffneten Konflikt.[5]

Bereits der negative Friedensbegriff hat angesichts der Totalität des modernen Krieges auch als einschränkender Begriff eine gewisse Berechtigung. Sind doch, solange die Waffen schweigen, noch nicht alle Möglichkeiten vertan, zu einem gesellschaftlichen Leben im gutnachbarlichen Verhältnis der Völker ohne Androhung der Apokalypse überzuleiten. So bietet der nukleare Frieden der Menschheit zumindest eine Überlebensfrist und die Chance für eine andere Koexistenzform, die den nuklearen Genozid als letztes, dann nicht mehr zu registrierendes Ereignis der Menschheitsgeschichte definitiv ausschließt.[6]

Jahrzehntelang war es diese „Möglichkeit der apokalyptischen Wendung" in der bipolaren, hochgerüsteten Welt, die – wie es Hans Heinz Holz zu der Zeit der Massenproteste der westeuropäischen Friedensbewegung gegen die Stationierung der Pershing-Raketen formulierte – die Kompossibilitat des Gegensätzlichen zur ersten Existenzbedingung des Zeitalters machte.[7] Ist der Frieden, hier schon begrifflich positiv gewendet, das Prinzip der Koexistenz der Völkergemeinschaft, dann ist „angesichts der Vernichtungskraft der modernen Waffen diese Existenz nur noch zu erhalten in friedlicher Koexistenz".[8] Somit ist die Erhaltung des Weltfriedens als Existenzbedingung der menschlichen Gattung ein „Postulat von absoluter Geltung", an dem auch nach Wegfall des einen Machtblocks an-

---

4 Thomas Hobbes, *Leviathan*, hrsg. von I. Fetscher, Frankfurt/M 1984, 96.

5 Frank R. Pfetsch (Hg.), *Konflikte seit 1945: Europa*. Freiburg/ Würzburg 1991, 8.

6 Dieter Henrich, *Nuklearer Frieden*, in: Dialektik 4, Köln 1982, 11-20.

7 Hans Heinz Holz, *Zur Logik der Koexistenz*, in: Dialektik 4, Köln 1982, 62-74.

8 *Ebd.*, 69.

gesichts der weiterhin bestehenden atomaren Hochrüstung bedingungslos festzuhalten ist. Allerdings ist nun zu fragen, ob der frühere Koexistenzbegriff der neuen Weltsituation noch gerecht werden kann.

Die veränderte Situation im Nuklearzeitalter

Offensichtlich kann die traditionelle völkerrechtliche Fassung der Krieg-Frieden-Problematik dem Nuklearzeitalter nicht mehr genügen. Hier hat sich in dem Dilemma, Gewalt anzudrohen, um ihren „Ausbruch" gerade verhindern zu wollen, der Kriegsbegriff merklich modifiziert in den des Kalten Krieges, der die Kriegsideologie in ihrer konkreten Form schlechthin war.[9] Umgekehrt gefragt: Die Menschheit als Unterpfand einer gewaltigen Drohgebärde mit dem atomaren Abgrund als letztem Vollzug menschlicher Unvernunft – kann dieser Zustand überhaupt noch als Frieden bezeichnet werden?

Hinzu kommt ein weiteres. Unter dem Schirm der nuklearen Rüstung blüht nicht nur die Blume des Bösen an sich, sondern hier lässt sich auf dem Bodensatz der Politik der Stärke auch Verwandtes heranziehen mit dem profitablen Programm nichtnuklearer militärischer Rüstung, das sich – Unvernunft noch nicht genug – nach den ökonomischen Regularien eines staatlich subventionierten Marktes entwickelt hat. Daher war die Ideologie des Kalten Krieges stets auch den beteiligten Rüstungskonzerne zu Diensten. Bis heute ist dieses Interesse am Geschäft mit dem Tod ein makabrer Wirtschaftsfaktor geblieben, gerade auch in dem zur europäischen Großmacht angewachsenen Deutschland.

In dem Zusammenspiel von Außenpolitik, militärischem Apparat und Geheimdiensten sind die USA gemäß den Vorgaben ihrer wirtschaftlichen und strategischen Interessen auch vor bewaffneten Konflikten nicht zurückgeschreckt. Die Geschichte der internationalen Beziehungen auf dem amerikanischen Doppelkontinent stellt ein einziges Buch der Interventionen der USA in ihrem deklarierten „Hinterhof" dar. Für die Mehrheit der Völker musste daher die westliche Floskel von der Verteidigung der Freiheit gegenüber dem Osten nichts anderes sein als eine Propagandahülse des Kalten Krieges, die den permanenten Kriegszustand außerhalb des lokalen Zentrums des Ost-West-Antagonismus nicht kaschieren konnte und wohl auch nicht wollte. Wenn in den Außenpolitischen Richtlinien der Bundeswehr nunmehr „vitale Interessen" der Bundesrepublik benannt werden, die weltweite militärische Einsätze nicht mehr ausschließen, dann soll hierzulande

9 Wolfgang Scheler, *Kriegsideologie-Friedensideologie. Substanz und Gestaltwandel nach dem Kalten Krieg*. Beitrag vom April 1994 für das Projekt „Globale Friedensordnung", publiziert in: Utopie kreativ, Heft 56 (Juni 1995), 24-32.

nur das hoffähig gemacht werden, was beim großen Verbündeten schon lange gang und gäbe gewesen ist.

Die Konkretisierung des Kriegsbegriffs – ein historischer Exkurs

Insofern umfasst der bloße Gewaltaspekt das Wesen des Krieges noch nicht zur Gänze; es sind in die Begrifflichkeit des Krieges auch die dahinter stehenden kriegleitenden Interessen und die vorbereitende militärische Rüstung, eben jene Hobbessche *disposition*, einzubeziehen. Diese Konkretisierung des Kriegsbegriffs ist umso dringlicher, als sich dann die Frage der Überwindung des Krieges auch in größerer Schärfe stellt.

Mit gewisser Berechtigung kann Kant als der dem Pazifismus am weitestgehend verpflichtete Philosoph der Neuzeit gelten. Kant fasst in seiner Schrift *Zum ewigen Frieden* (1795) die tendenzielle Kriegsbereitschaft begrifflich als „inhospitales Betragen". Darunter fällt gerade jene schwerwiegende Verletzung des Weltbürgerrechts, das Kant als dritte notwendige Bedingung für die Sicherung einer internationalen Rechtsordnung begründet sehen und aus praktisch-politischen Erwägungen auf die Hospitalität beschränken will. Insbesondere die europäischen Handel treibenden Staaten haben sich dieses Vergehens vornehmlich aus wirtschaftlichen Gründen schuldig gemacht. [10]

Allerdings stimmt Kant nicht überall in seinem Werk mit der Position eines unbedingten Pazifismus überein. In seiner *Kritik der Urteilskraft* von 1790 sieht er im Krieg etwas „Erhabenes", wenn er nur „mit Ordnung und Heiligachtung des bürgerlichen Rechts" geführt wird; dagegen „erniedrigt" ein langer Frieden „die Denkungsart eines Volkes"[11]. Kant anerkennt den Krieg als eine Triebkraft für den zivilisatorischen Fortschritt, wörtlich: als eine

> Triebfeder mehr..., alle Talente, die zur Kultur dienen, bis zum höchsten Grade zu entwickeln"[12].

Vor dem Hintergrund dieser den radikalpazifistischen Standpunkt Kants relativierenden Äußerungen ist auch die angebliche Kriegsapologetik Hegels in einem anderen Licht zu sehen, nämlich als geschichtsphilosophische Deutung zu begreifen. Gehören Kriegshandlungen in Permanenz offenbar zum Wesen der Menschheitsgeschichte, so stellt der Krieg einen evolutionären Antrieb für die Entwicklung der bürgerlichen Gesellschaft dar. In diesem Geschehen verhält sich der Staat – auch im Verein mit anderen

---

10 I. Kant, *Zum ewigen Frieden*, 3. Definitivartikel. Werkausgabe Bd. XI, Frankfurt/M 1968, 213-217.

11 Kant, *Werkausgabe* Bd. X, 187.

12 *Ibid.*, 392.

Staaten als „Familie von Staaten" – wie ein Individuum. Indem in der Individualität die Negativität wesentlich enthalten ist, kreiert sie einen Gegensatz und erzeugt einen Feind.[13] So erfolgt im Krieg ein Durchbrechen sich isolierender Systeme des Gemeinwesens, das zwar „die innere Ordnung verwirrt", aber schließlich zur Kräftigung des „sittlichen Daseins" führt.[14]

Hans Heinz Holz sieht in der Rechtsphilosophie Hegels – im Anschluss an § 338 – Frieden als übergreifenden Gattungsbegriff bestimmt, den Frieden also als das Allgemeine des Krieges.[15] Es bleibt Hegel zufolge

> „auch im Krieg, dem Zustande der Rechtlosigkeit, der Gewalt und der Zufälligkeit", zwischen den Staaten ein Band, „in welchem sie an und für sich seiend füreinander gelten", und enthält so „die völkerrechtliche Bestimmung, dass in ihm die Möglichkeit des Friedens erhalten" werde .[16]

Im Zusammenhang mit der Betrachtung der poetischen Prosa spielt für Hegel schließlich das ästhetische Moment in den Kriegen der Völker die Rolle des treibenden *movens*, hier nun in offensichtlicher Übereinstimmung mit der früheren Auffassung von Kant. Der Krieg besitzt dann aus universalhistorischer Perspektive eine Berechtigung, wenn Völker, „in Sitte, Religion, Sprache, überhaupt im Inneren und Äußeren verschieden", gegeneinander antreten und ein „höheres über das untergeordnete Prinzip" den Sieg davonträgt.[17] Es ist also offenbar ein kultureller Krieg, den Hegel am Werke sieht, wenn sich ein „höheres" ästhetisches Prinzip in der Weltgeschichte durchsetzt. Es ist dies auch ein Prinzip, das, positiv gewendet, für Hegel zugleich das entscheidende Hemmnis für einen Krieg zwischen europäischen Nationen darstellt.

Für radikal-kritische Analysen, die sich bis in die neue Zeit des vom Faschismus hervorgebrachten totalen Krieges erstrecken, ist das Kantsche Friedenskonzept kaum mehr als eine abstrakte Utopie. Ist es bei Kant der Handelsgeist, der die Völker aus Gründen des allgemeinen Nutzens vom Krieg abhalten soll, so ist es für Marx gerade der Geist des Kapitalismus oder der Antagonismus der Eigentumsverhältnisse als dessen Wesen, der über die gegensätzlichen Interessen der Klassen gerade zum Krieg drängt.

Daher ist für Ernst Bloch „der Friedenstraum kapitalistisch so wenig erfüllbar wie der von Menschenliebe überhaupt"[18]. Indem sich die an sich kriegslose Zeit durch Hochrüstung und ständige Drohung – eben durch die

---

13 G.W.F. Hegel, *Grundlinien der Philosophie des Rechts*, § 324, Zusatz, in Theorie Werkausgabe Bd. 7, Frankfurl/M 1980, 494.

14 Hegel, *Phänomenologie des Geistes.* Werkausgabe Bd. 3, 335.

15 Holz *ibid..*, 72 (s. Anm. 7).

16 Hegel Theorie Werkausgabe Bd.7, 502.

17 Hegel, *Vorlesungen über Ästhetik III*, in: Theorie Werkausgabe Bd. 15,. 353.

18 Ernst Bloch, *Prinzip Hoffnung*, Frankfurt/ M 1979, Bd. 2, 1050.

ihm wesenseigene Disposition des Kapitalismus zum Krieg – vom Zustand des Friedens in den des Nicht-Krieges verwandelt, bilden für Bloch Krieg und Frieden keine Gegensätze mehr:

> Der moderne Krieg selber kommt aus dem kapitalistischen Frieden und trägt dessen schreckliche Züge. Kampf um Absatzmärkte, Konkurrenzkampf mit allen Mitteln sind dem Kapital eingeschrieben, so kann es keinen ewigen Frieden halten, so bilden die Imperialismen notwendig die Explosionsatmosphäre eines dauernden Vorkriegs." [19]

Dieses Diktum von der Aufhebung des formalen Gegensatzes von Krieg und Frieden in der Welt des 20. Jahrhunderts – wohlgemerkt: unterhalb der Schwelle zum Atomkrieg, also noch im „nuklearen Frieden" – ist durch das Scheitern des europäischen Real-Sozialismus, der seinerseits nicht den allgemeinen Frieden als „Menschheitssache par excellence" (Bloch) durchsetzen konnte, keineswegs außer Kraft zu setzen. Das real-kapitalistische System läßt sich auch durch das Ausmalen eines wenig attraktiven gesellschaftlichen Gegenbildes, wie es für die Tiefzeit des Kalten Krieges charakteristisch war, nicht als ein in seinem Wesen friedensfähiges System begründen.

Eine wundersame Metamorphose

Wer gehofft hatte, es würde sich nach dem Ende der Blockkonfrontation eine Lösung der großen Menschheitsprobleme abzeichnen, sah sich bald bitter enttäuscht. Die drohende Gefahr der militärischen Zerstörung der bewohnten Erde ist kaum geringer geworden und nun eher verdrängt als gebannt. Wider Erwarten ist nach Auflösung des Warschauer Paktes ein allseitiger und umfassender Abrüstungsprozess nicht in Gang gekommen; vielmehr ist die Hemmschwelle zur Kriegsbereitschaft deutlich niedriger geworden. Regional begrenzte Kriege, nun ganz offiziell unter Beteiligung der NATO, werden wieder für führbar und gewinnbar gehalten.

Wider Erwarten? Ist es wirklich so überraschend, dass das westliche Militärbündnis auf der Politik der Stärke beharrt? Neben anderen kritischen Denkern hat Ernst Bloch als Grund für die prinzipielle Nicht-Friedlichkeit des entwickelten Kapitalismus die Eigentumsverhältnisse genannt, eine Feststellung im übrigen, die bereits Rousseau für seine Zeit getroffen hat und bis heute gültig geblieben ist. Allerdings haben sich nun die Außenbeziehungen des Systems der führenden westlichen Industriestaaten verschoben, als Folge auch des Konkurrenzkampfes um die Neuaufteilung des Weltmarktes unter neoliberalem Vorzeichen. Ursächlich hängt also die

19 *Ibid.* S. 1049.

prinzipielle Disposition zum Krieg im Kapitalismus mit den ökonomischen Interessen zusammen.

Allerdings muss im Kriegsfall die Bereitschaft zur Anwendung staatlich organisierter Gewalt hinzukommen, einer Gewalt, die, wie Ernst Bloch dargelegt hat, Herrschaft verdinglicht und sich als Militarismus verselbständigt.[20] Dieser Zusammenhang beider Elemente in der Disposition zum Krieg, die letztlich im ökonomischen liegende Motivation und der in den Kriegshandlungen vollzogene Akt militärischer Gewalt, ist in der Legitimationsdebatte um NATO und Bundeswehr, um Ausweitung des exterritorialen militärischen Operationsgebietes und um die qualitative Fortschreibung der militärischen Aufrüstung zumeist zugedeckt worden. Da in einer westlichen Demokratie die militärische Option als Mittel äußerer Macht- und Wirtschaftspolitik zumindest der formalen Rechtfertigung bedarf, sich aber nach Wegfall der „kommunistischen Bedrohung" neue Feindbilder so rasch nicht produzieren ließen, wurden für die Militarisierung der Außenpolitik der Bundesrepublik nur noch hehre Motive angeführt. So soll die kritische Öffentlichkeit zum Schweigen gebracht werden.

Auf einmal handelt es sich bei staatlich organisierter militärischer Gewaltanwendung nicht mehr um Kriegshandlungen, sondern um „humanitäre Interventionen" und „Friedensmissionen". Hinter dieser sprachlichen Verbiegung und begrifflichen Fälschung verbirgt sich ein Euphemismus, also solcher Worte, die eine gute Vorbedeutung zu haben scheinen. So wandelt der Krieg sich wenigstens in sprachlicher Hinsicht zum Frieden.

Derartige Euphemismen bezwecken nichts anderes, als in einer veränderten Weltlage die wahren Beweggründe für die Kriegsbereitschaft eines in Legitimationsnot geratenen Militärbündnisses zu verschleiern. In dieser Situation haben die USA konsequent die Instrumentalisierung der UNO und ihres Sicherheitsrates betrieben. Nun werden von der einzigen Supermacht Bedrohungen der internationalen Sicherheit festgestellt und „friedenserhaltende Maßnahmen", eben Kriegseinsätze, vorbereitet. Es wird so getan, als ob die UN-Charta die rechtliche Grundlage für eine neue Weltordnungspolitik darstellen würde und nicht von einem allgemeinen Gewaltverbot und der Pflicht zur friedlichen Beilegung von Konflikten (z.B. in Art.1.1 u. 2.3) erfüllt wäre.

Ihrem Geist und Wesen nach zeichnet sich die UN-Charta jedoch gerade durch die Umkehrung der traditionellen Zweck-Mittel-Relation bei der Lösung internationaler Konflikte aus. Krieg ist völkerrechtlich nun nicht mehr das Mittel, um bestimmte politische Zwecke durchzusetzen. Vielmehr ist die Erreichung und die Einhaltung des Friedens das oberste Ziel in den

20 Ernst Bloch, *Widerstand und Friede* (1968), in: Dieter Senghaas (Hrsg.), *Den Frieden denken*, Frankfurt/M 1995, 44.

internationalen Beziehungen, und alle Mittel der Politik sind diesem Ziel entsprechend einzurichten. Daher ist nach der UN-Satzung die Lehre vom „gerechten Krieg" durch die allgemeine Friedenspflicht ersetzt.[21] Es ist also völkerrechtswidrig, Krieg für den Frieden zu führen. „Gerechte Militäreinsätze" im Namen der UNO sind dem Begriff nach eine *contradictio in adjecto*, der Realität nach jedoch unübersehbares Signum einer sich Militärischer Mittel bedienenden neuen Weltordnungspolitik.

Wird somit die UNO durch die gegenwärtige Hegemonie der einzigen Supermacht missbraucht, so ist es allerdings verfehlt, in Anbetracht der neuen Unsicherheit in den internationalen Beziehungen die Gefährdungen und Mängel einer aus dem Gleichgewicht geratenen Welt der UNO anzulasten. Die Politik der Weltorganisation erschöpft sich ja nicht in der Durchsetzung der Beschlüsse ihres Sicherheitsrats; vielmehr vollbringt sie in ihren Unterorganisationen eine kontinuierliche Arbeit für die internationale Gemeinschaft, eine Arbeit, durch welche die Tätigkeit der UNO wahrhaft vertrauenstiftend und friedensfördernd wirkt. In diesen Aufgaben erkennt Hans Heinz Holz positive Zielsetzungen, die notwendigerweise auf die Menschheit bezogen sein müssen:

> Solche Aufgaben und Dienste können nicht partikularisiert werden, weil sie aus der Verbundenheit der Gesamtheit aller Staaten und Menschheit in einer global vernetzten Weltgesellschaft entspringen.[22]

Wege zum erfüllten Frieden

Der Frieden, der „uns ernehret und uns singen lehrt"[23], dieser erfüllte Frieden kommt nicht von allein und auch nicht als eine Notwendigkeit. Sein Widerpart ist immer konkret, nun vor allem in Gestalt eines neu definierten Sicherheitsinteresses der westlichen Welt nach Maßgabe der ökonomischen Interessen. Unter den gegenwärtigen Bedingungen der Globalisierung des kapitalistischen, aber eines deregulierten Marktes scheint es ganz unmöglich, ein alternatives Weltmodell, es sei denn als eine ferne Utopie, noch entwickeln zu können.

---

21 Otto Kimminich, *Der gerechte Krieg im Spiegel des Völkerrechts*, in: Reiner Steinweg (Hrsg.), *Der gerechte Krieg: Christentum, Islam, Marxismus,* Frankfurt/ M 1980, 206-223.

22 Hans Heinz Holz, *Gedanken zu Krieg und Frieden*, in: Volker Bialas/ Hans- Jürgen Häßler (Hrsg.), *200 Jahre Kants Entwurf „Zum ewigen Frieden". Idee einer globalen Friedensordnung*, Würzburg 1996.

23 Schottelius, *ibid.* (s.. Anm. 1).

Indessen, Phantasie für eine nicht-utopische Weltveränderung aufzubringen, ist eine aktuelle Forderung an das allzu gern ignorierte Vernunftgebot der Philosophie geblieben, eine Forderung, die für den Diskurs über Bedingungen der Möglichkeit einer globalen Friedensordnung in der Blochschen Kategorie des Real-Möglichen durchaus eingelöst ist.[24] Insofern die philosophische Reflexion in der Form des vernünftigen Denkens stets einem Ganzen, insofern einem noch nicht Abgeschlossenen, verpflichtet ist, weist es über das Gewordene hinaus auf ein Kommendes. Dieses Real-Mögliche ist nicht blind ausmalende Utopie, sondern bleibt an das Reale gebunden, ist partiell Bedingtes. Inwieweit auch das allgemeine Prinzip der Unmöglichkeit, das insbesondere F. J. Hinkelammert herausgearbeitet hat,[25] für die Erschließung des Horizontes des Real-Möglichen nutzbar zu machen ist, wird die weitere kategoriale Arbeit auszuloten haben.

Innerhalb dieses hier nur grob umrissenen kategorialen Rahmens seien nun noch einige Bedingungen der Möglichkeit eines erfüllten und damit begrifflich erweiterten Friedens genannt.[26]

Postulate als notwendige methodische Voraussetzungen, die nicht eines Beweises, aber der näheren Erläuterung bedürfen.

1. Allein die Beendigung aller Kriegshandlungen sowie die Nichtangriffsfähigkeit der Staaten führen zu einem dauerhaften Frieden.

Dieses Postulat scheint bereits dem gewünschten Resultat nahezukommen, aber es sei daran erinnert, dass Krieg und Frieden keinen einfachen Gegensatz bilden. Die Überwindung des Krieges kann nur erreicht werden, wenn er den Ursachen nach ausgemerzt wird. Insofern wird hier einem radikalen Pazifismus das Wort geredet.

Es würden die Waffen schweigen, da wäre schon viel gewonnen. Dass dieser Frieden nicht einfach negativ ist, werden diejenigen zu bestätigen wissen, die in einem Krieg noch einmal davon gekommen sind und doch so vieles verloren haben, was ihnen lieb und teuer gewesen ist. Die Vorbereitung eines Krieges unmöglich machen durch wirksame militärische Abrüstung und Umrüstung der Produktion; Achtung von Massenvernichtungswaffen; Spannungsgebiete entmilitarisieren – das ist hier auszuführen.

---

24 Bloch, *Prinzip Hoffnung*, Bd. 1, 256 ff.

25 Franz J. Hinkelammert, *Kritik der utopischen Vernunft. Eine Auseinandersetzung mit den Hauptströmungen der modernen Gesellschaftstheorie*, Luzern/ Mainz 1994.

26 Dafür geben die Artikel und Zusätze in Kants *Entwurf Zum ewigen Frieden* zwar nicht mehr die Vorlage, aber doch wichtige Anregungen.

2. Der Frieden ist kein Zustand, sondern ein Prozess, der nur schrittweise durch politischen und sozialen Kampf einzuleiten und durchzusetzen ist.

Entscheidend ist nicht, ob diejenigen, die den Friedensprozess voranzubringen helfen, sich als Friedenskämpfer oder Pazifisten verstehen. Wesentlich sind die Ziele, das Programm des sozialen Kampfes und die Mittel, die dabei eingesetzt werden. Es gilt stets zu bedenken: Gewalt beendet keine Gewalt, sondern legt den Grund zu späterer Gewalt, der *Revanche*. Dieser Prozess muss von vielen getragen werden, und eine Mehrheit muss bereit sein, ihn zu unterstützen. Dafür sind Aufklärung und Bildungsarbeit auch unter zweckmäßiger Nutzung moderner Medien zu leisten von denen, die heute schon imstande sind, die Notwendigkeit des Friedens für die gefährdete Welt zu erkennen. Das schließt die Pflicht zur Selbstaufklärung ein.

3. Der Friedensprozess ist kein Vorgang der Homogenisierung, sondern ein bewusster Prozess im Spannungsverhältnis von Diversität und Universalität.

Eine Weltordnung, die auf dem Frieden als ihrer wesentlichen Seinsbedingung basiert und diesen erst qua Koexistenz und Kooperation des in sich Verschiedenen realisiert, kann nicht aus der Dominanz einer einzigen Zivilisationsauffassung hervorgehen. Ihr Wesen wäre despotisch; sie würde den Keim des gewaltsamen Zerbrechens in sich tragen. Ebenso darf die Diversität weder isoliert noch verabsolutiert werden, sonst artet sie aus zu Partikularismus und Nationalismus. Das Verhältnis von Diversität und Universalität – auf den verschiedenen gesellschaftlichen Ebenen konkretisiert als Verhältnis von Minderheit und Gesamtgesellschaft, Nationalstaat und Staatengemeinschaft, Regionalkultur und Weltgesellschaft – dieses Verhältnis muss im dialektischen Sinn offen bleiben. Erst die Einheit beider ermöglicht es den Menschen, ihre kulturelle und gesellschaftliche Identität herzustellen und im eigenen sozialen Kampf bewusst den globalen Friedensprozess zu fördern.

Notwendige Bedingungen als Realisierungsgrundlage eines möglichen Friedens.

1. Die Staaten sollen demokratisch verfasst sein und sich aus der freien Selbstbestimmung ihrer Bürgerinnen und Bürger legitimieren.

Eine lebendige, nicht-formale Demokratie darf nicht hinter die Errungenschaften von Gewaltenteilung, Menschenrechten und politischer Mitbestimmung zurückfallen. Selbstbestimmung setzt ein menschenwürdiges Leben voraus. Daher kann das westliche Demokratiemodell, in dem die Fremdbestimmung des Menschen durch eine profit-orientierte Ökonomie, durch eine der Ökonomie zuarbeitende Politik, durch eine entfremdete Arbeit, durch Manipulation von Bedürfnissen und Information den gesellschaftlichen Normalzustand beschreibt, nur ein vorläufiges Stadium sein. Aber bereits hier ließe sich die politische Clique für ihre Amtshandlungen haftbar machen.

2. Es soll weltweit eine gerechte Wirtschaftsordnung durchgesetzt werden.

In einer polyzentralen Welt genügt das Koexistenzprinzip der bipolaren Welt nicht mehr, um den Friedensprozess von den Ursachen her über den Status quo hinauszuführen. Eine gleichberechtigte Teilhabe insbesondere der Drittweltstaaten am Wirtschaftsgeschehen und an wesentlichen politischen Entscheidungen der entstehenden Weltgesellschaft muss sich – wie hier vorgeschlagen werde – vom Prinzip der ausgleichenden Kooperation leiten lassen.

Dazu gehören als wesentliche ökonomische Voraussetzungen: Verfügungsrecht über eigene Rohstoffe; ihre Verarbeitung in eigener Produktion; unbehinderter Zugang zu regionalen Märkten und zum Weltmarkt; gerechte Austauschverhältnisse in den Handelsbeziehungen; gerechter Interessenausgleich in Fragen von Währung und Finanzen. Erst die Tilgung der Schulden vermag den Drittweltstaaten erträgliche Startbedingungen für eine gleichberechtigte Teilhabe am veränderten internationalen Wirtschaftsgeschehen zu gewähren und schließlich den Verelendungsprozess ursächlich zu beenden.

Die Rolle der Weltbank und des Internationales Währungsfonds ist zu überdenken. Beide Institutionen stehen im Dienst der Wirtschafts- und Finanzinteressen der G7-Staaten, also des kapitalistischen Zentrums. Ihre Politik von Kreditgabe, Umschuldung und struktureller Anpassung verhindert den Aufbau einer gerechten Wirtschaftsordnung.

3. Es soll eine institutionell gesicherte internationale Rechtsordnung eingerichtet werden.

Soll sich das Prinzip Frieden in den internationalen Beziehungen normativ durchsetzen, muss es völkerrechtlich über das gegenwärtige Maß hinaus abgesichert werden. Es muss also der Abbau von Gewalt mit dem Aufbau gewaltloser Streitschlichtungs- und Konfliktlösungsmechanismen einhergehen.[27] Indem, wie Hugo Grotius postuliert hat, die verpflichtende Kraft des Völkerrechts nur aus dem Willen der Völker selbst kommen kann, müssen die das Völkerrecht wahrenden und durchsetzenden internationalen Organisationen, wie UNO und Internationaler Gerichtshof, auf der Grundlage der gleichberechtigten Selbst - und Mitbestimmung der Völker ausgebaut und gestärkt werden. Unter dieser Voraussetzung ist dann auch die

27 Kimminich, *ibid.*, 217 (s.. Anm. 21).

universelle Anerkennung der Zuständigkeit der UNO [28] einschließlich der Anerkennung des Gewaltmonopols der Völkergemeinschaft unabdingbar.

4. Der umwälzende Prozess zum Aufbau einer weltweiten Friedensordnung bedarf ethischer Kriterien.

Letztlich sind, eingedenk der Würde des Menschen in der praktischen Beziehung zum anderen, ethische Zwecksetzungen für Handlungszusammenhänge bestimmend. Werte, die erst in den lebendigen Prozessen zu konkretisieren sind, geben Richtung und zulässige Mittel des Handelns an, ohne dieses selbst zu ersetzen.

Gleichwohl unterliegt das moralische Prinzip in seiner konkreten Ausformung nicht einer Beliebigkeit. Die Konstituierung eines veränderten, dem Friedenswillen der Völker adäquaten Wertsystems fängt nicht am Nullpunkt des sittlichen Handelns an, sondern kann am kulturellen Reichtum der Völker, am Ethos der Weltreligionen und an den historischen Erfahrungen sozialer Kämpfe anknüpfen.[29]

Bei der Formulierung notwendiger Bedingungen eines möglichen Friedens wird eine konzeptionelle Grenze zum *Reformpazifimus* sichtbar. Dieser wirkt zwar auf einer Handlungsebene von bemerkenswerter moralischer Integrität, aber er verbleibt „im Bannkreis reformerischer Ideen“[30]. Ihm geht es in seiner immer aufs Neue erfahrenen Ohnmacht darum, die Wirkungen einer gewaltsamen Konfliktlösung abzuschwächen oder zu beenden. Kriegshandlungen aber nur auf den Gewaltaspekt zu begrenzen, abstrahiert von der Disposition zum Krieg. So bleiben letztlich die Wege versperrt, die in die Richtung seiner ursächlichen Überwindung weisen.

28 Holz . *ibid.* (s. Anm.22).

29 Vgl. für weitere Einzelheiten den Beitrag Nr. 8 in diesem Buch.

30 Alfred H. Fried, *Was ist ursächlicher Pazifismus?* In: Wolfgang Benz, *Pazifismus in Deutschland. Dokumente der Friedensbewegung 1890-1939,* Frankfurt/ Main 1988, 96-98.

5.
Thesen zu Gewalt und Gerechtigkeit

Persönliche Vorbemerkung

Ernst Woit, mit dem mich eine mehr als 20jährige kollegiale Beziehung und persönliche Freundschaft verbindet, gehört zu den wenigen mir persönlich bekannten Menschen aus der ehemaligen DDR, die unter den geänderten gesellschaftlichen Verhältnissen ungebrochen an den Idealen *Humanismus* und *Frieden* festgehalten haben und sich für sie auch weiterhin tatkräftig einsetzen. Für Ernst Woit impliziert die Idee des Humanismus als zentralen Begriff die Würde des Menschen, die dann *in concreto* in enger Beziehung zu den Menschenrechten steht. In dem unermüdlichen Einsatz für die Einhaltung der Menschenrechte in der Bundesrepublik Deutschland und im Freistaat Sachsen hat er ein erstes großes gesellschaftspolitisches Arbeitsfeld gefunden. Diese Aktivitäten sind an anderer Stelle der Jubiläumsschrift ausführlich gewürdigt.

Darum möchte ich in meinem Beitrag an sein zweites wichtiges Arbeitsgebiet, die bereits zu DDR-Zeiten durchgeführte Friedens- und Konfliktforschung, anschließen. Auf diesem Gebiet hat sich Ernst Woit in den zurückliegenden 10 Jahren weiter profilieren können und gehört heute zweifellos zu den sachkundigsten Konfliktforschern der BRD. Als wir vor einigen Jahren gemeinsam mit Wolfgang Scheler und Hans Heinz Holz das Arbeitsprojekt *Idee einer globalen Friedensordnung* entwickelten, war der Jubilar von Anfang an mit großem Elan dabei. Seine wichtigsten Beiträge in dem Projekt sind der theoretischen Durchdringung der Idee des gegenwärtigen Zeitalters wie der größeren politischen und gesellschaftlichen Praxisbezogenheit unserer begrifflichen Analysen und visionären Entwürfe gewidmet.

Die Überlegungen von Ernst Woit zu dieser globalen Fragestellung lassen sich vielleicht so zusammenfassen: Mit dem Ende der globalen Bipolarität und mit der intensivierten neoliberalen Globalisierung macht er einen Epochewechsel aus. Die bisherige Berechenbarkeit der Außen- und Militärpolitik hat ihr Ende gefunden.[1] Gleichwohl sieht er noch immer reale Chancen, die Jahrtausende alte Tradition einer kriegerischen Konfliktaustragung Schritt um Schritt zu beenden. Eine die gesamte Menschheit umfassende Friedensordnung würde allerdings auf einen gesellschaftlichen Zustand abzielen,

---

1 Ernst Woit, *Friedens-Chancen nach dem Epochenwechsel?* In: Volker Bialas/ Hans-Jürgen Häßler/ Ernst Woit (Hrsg.), *Die Kultur des Friedens. Weltordnungstrukturen und Friedensgestaltung,* Würzburg 1999, 87-95.

> für den es in der ganzen bisherigen Geschichte der Menschheit keine Erfahrung und keine Tradition gibt.[2]

Das umfassende, sich an der Idee des Friedens orientierende Programm einer humanen Neuordnung des Planeten bleibt in seinen politischen und wirtschaftlichen, in seinen sozialen, ethisch-moralischen und ökologischen Dimensionen eine notwendige Vision des vernünftigen Denkens – gerade wegen der Brüche in der jüngsten Geschichte, wegen der sich verschärfenden weltweiten Probleme und wegen der zerstörerischen neokolonialen Politik des Zentrums.

Drei Thesen zu Gewalt und Gerechtigkeit

Die folgenden Thesen zu Gewalt und Gerechtigkeit schließen an Überlegungen unserer Friedensdiskussion der letzten Jahre an und werden vorrangig in Hinblick auf die seit Herbst 2001 instabile Weltlage und verschärfte Kriegsdisposition der USA erörtert.

These 1: Gewalt ist für die Furchtsamen, die kein Vertrauen haben.

Diese These betrifft zunächst eine sozial-psychologische Befindlichkeit: Militärische Gewalt als Potenzierung physischer Gewalt mittels technisch-wissenschaftlicher Mittel sieht im Gegenüber das Böse schlechthin, das es zu bekämpfen, ja zu vernichten gilt. Sie ist von einem blinden Hass getragen, der nicht weiter sieht als bis zum Feind.

Dieser Affekt, der primär nicht von den Soldaten ausgeht, die aus großer Höhe von Flugzeugen Bomben abwerfen, sondern zu den psychologischen Mitteln militärischer Kriegsführung gehört, zeigt in seiner möglichen raschen, massenhaften Verbreitung eine ernsthafte *Störung des Humanum* in dem Selbstsein an. Erschüttert ist das die menschliche Handlungsweise tragende Fundament des Vertrauens, des Vertrauens zu den anderen, aber auch zu den eigenen Fähigkeiten und Möglichkeiten. Diese Vertrauenskrise ist zugleich Zeichen einer Sinnkrise, welche die Gesellschaft erfasst hat. Sie äußert sich in der widerstandlosen Bereitschaft, militärische Gewalt anzuwenden oder hinzunehmen.

Das angewandte Argumentationsmuster, leidlich bekannt aus der Zeit des Kalten Krieges, lautet entsprechend: Wir sind die Guten, weil die anderen die Bösen sind. Diese müssen sich uns anpassen oder unterwerfen; anderenfalls bleiben sie die Feinde, die uns bedrohen. In der arroganten Sichtweise des Westens sind die Friedensstörer immer diejenigen, die andere kulturelle Werte vertreten und sich an nichtwestlichen gesellschaftlichen Prämissen orientieren.

---

2 Ernst Woit, *Chancen für eine globale Friedensordnung. Einführung, ibid.*, 76 f.

Kriegerische Gewalt ist auch nach 1945 nicht geächtet und gebannt worden. Das betraf zunächst vor allem Staaten der Peripherie, die noch nach 1945 in Kämpfe zur Befreiung von kolonialer Unterdrückung verwickelt waren (Indochina 1946-54, Algerien 1954-62), von gewaltsamen Konflikten der postkolonialen Ära heimgesucht wurden (Indien/Pakistan seit 1947) oder in den Ost-West-Konflikt der Nachkriegsära hineingezogen wurden (Korea 1950-53, Vietnam 1957-75). Schon bald wurde in den USA und den westeuropäischen Staaten gegen den vermeintlichen Feind „im Osten“ vehement aufgerüstet, der seinerseits seine militärischen Potentiale ausbaute. Die Rüstungsspirale begann sich zu drehen, und in diesem Prozess der gegenseitigen Bedrohung wurde die Bereitschaft zum Einsatz auch der Massenvernichtungsmittel signalisiert.

Die Androhung gegenseitiger atomarer Vernichtung ist von Konfliktforschern euphemistisch als „nuklearer Frieden“ bezeichnet worden, obwohl sich seither die bewohnbare Erde in der Gefahr der totalen Vernichtung befindet. Von der Konfliktforschung her gesehen kann eine ständig fortgeschriebene Disposition zum Krieg den Friedensprozess nicht in Gang bringen und natürlich auch nicht als Frieden bezeichnet werden. Insofern ist die Ära des Kalten Krieges, auch wenn der nukleare Krieg ausblieb, eine friedlose Zeit.

Seit dem Ende des Realsozialismus in Europa um 1990 hat sich für friedenspolitisches Denken die weltpolitische Lage ein weiteres Mal verschlimmert. Nun ist überhaupt die Gewalt in die internationalen Beziehungen zurückgekehrt, obwohl ja nach der Auflösung des östlichen Militärbündnisses sich die Möglichkeit einer weltweiten militärischen Abrüstung auftat. Diese für die gesamte Menschheit hoffnungsvolle Situation hat 1992 der UN-Generalsekretär Boutros-Ghali als die *zweite Chance* bezeichnet, die Welt im Sinne des Friedensgebots der Charta der Vereinten Nationen neu zu gestalten.[3] Dazu ist es nicht gekommen. Die herrschenden Kreise des Westens waren nicht bereit, die Kriegsdisposition zugunsten einer universellen Option für den Frieden aufzugeben. Vielmehr wurde die Schimäre vom gerechten Krieg wieder hervorgeholt, zunächst als Euphemismus der „humanitären Intervention“.

Ursprünglich war die Idee des gerechten Krieges von der Absicht mitbestimmt, durch die genaue Festlegung der rechtfertigenden Bedingungen die ausufernden kriegerischen Gewalttaten zu begrenzen. Die Vorstellung des *bellum iustum* bei Augustinus (354-430) legte die Betonung auf die rechte Gesinnung der Kriegführenden, um die Grausamkeiten der Soldateska einzudämmen. Daran schloss der für die mittelalterliche Theologie und Philosophie besonders einflussreiche Thomas von Aquin (ca. 1225-1274)

3 Boutros Boutros-Chali, *Agenda für den Frieden*, NewYork/ Wien 1992, 53.

an. Doch ging es nun verstärkt auch um die ideologische Rechtfertigung des Krieges. Nicht zuletzt dadurch wird den Befehlsempfängern von der als rechtmäßig geltenden Obrigkeit eine Gewissensentlastung angeboten.

In den 90er Jahren des 20. Jahrhunderts sollten nun unter dem Signum angeblicher Humanität Kriegshandlungen der NATO regionale Kriege begrenzen und beenden helfen (Jugoslawien) oder eine Aggression eines Staates gegen einen anderen Staat bestrafen und den Folgen nach rückgängig machen (Irak nach der Aggression gegen Kuwait). Abgesehen davon, dass im Falle einer tatsächlichen Aggression nach 50 Jahren völkerrechtlicher Gültigkeit der UN-Charta der UN-Sicherheitsrat aktiv werden und nach ihren völkerrechtlich verbindlichen Artikeln entscheiden müsste, besteht de facto eine ungleiche Behandlung von Aggressionsakten eines Staates, wie das Beispiel Israel zeigt, dessen Kriegshandlungen gegen Palästina und daran anschließende Landbesetzungen *in praxi* nicht geahndet worden sind.

Grundsätzlich muss sich die Frage stellen: Ist militärische Gewalt das geeignete Mittel, regionale Kriege zu beenden? Krieg also dem Krieg?

These 2: Krieg vermag kein Problem der Ursache nach zu lösen.

Gegen die als „humanitäre Interventionen" kaschierten Kriegshandlungen bleiben zwei grundsätzliche Einwände bestehen:

Zum einen decken sich die der Öffentlichkeit zur Beschwichtigung mitgeteilten Motive nicht mit den tatsächlichen Zielen der Intervention. Kriegleitende Interessen der Intervenierenden, also der USA und ihrer Verbündeten in den letzten zehn Jahren, sind vorrangig ökonomischer und strategischer Art. Die vorgegebene Absicht, den Frieden wiederherzustellen und die internationale Sicherheit zu gewährleisten, steht im krassen Widerspruch zu den tatsächlichen Kriegsabsichten und auch zu dem Verlauf der Kriegshandlungen, durch die das beschossene, bombardierte Land in der Infrastruktur schwer getroffen wird und viele Opfer auch in der Bevölkerung zu beklagen hat.

Zum anderen kann Kriegsgewalt keine ausgleichende und vorausschauende Politik ersetzen. Politisches, von vernünftigen Erwägungen geleitetes Handeln als die Kunst des Möglichen wird im Krieg mit der Mobilisierung unkontrollierter Emotionalität und Gewalt außer Kraft gesetzt. Kriegshandlungen kennzeichnen vielmehr ein Versagen von Politik, Konflikte auf friedliche Weise unter Beteiligung aller Betroffenen zu lösen.

Für diesen ausgleichenden Lösungsweg wird bekanntlich bei sozialen oder partnerschaftlichen Konflikten das Mittel der *Mediation* praktiziert, bei dem es darum geht, einen mittleren Weg zu finden, der alle Parteien das Gesicht wahren lässt. Im Nordirland-Konflikt führte die Mediation zu sichtbaren Fortschritten im Friedensprozess, bis ihn die Traditionalisten vor allem auf der britischen Seite zumindest vorübergehend wieder rückgängig gemacht haben.

Seit den Anschlägen von New York und Washington vom Spätsommer 2001 hat sich die Argumentationslinie der USA und ihrer Verbündeten zur rechtfertigenden Begründung von militärischer Gewalt ein weiteres Mal geändert. Nun ist es der „Kampf gegen den internationalen Terrorismus", der als Argument zur massenwirksamen Rechtfertigung von Kriegen herhalten muss, und offensichtlich scheint dieses Konzept noch wirksamer zu sein als der Euphemismus von der „humanitären Intervention".[4] Zu Recht weist Ernst Woit in seinem Beitrag auf dem 10. Dresdner Friedenssymposium darauf hin, dass die Behauptung der USA, gegen den Terrorismus Krieg zu führen, suggerieren soll, Krieg habe mit Terror nichts zu tun.[5]

Was aber überhaupt erstaunt ist die Ausblendung jeglichen politischen und sozioökonomischen Zusammenhangs der Motive, die ursächlich zu terroristischen Gewaltakten geführt haben. Dabei müssten die ehemaligen Kolonialmächte Europas, Amerikas und Asiens aus ihrer unheilvollen Geschichte der Eroberung und Versklavung anderer Länder wissen, dass eine derartige Unterdrückungspolitik auch zur Verarmung dieser Gebiete führt und mit der ökonomischen Ungleichheit die Verzweiflung und die Wut der Verelendeten immer mehr anwachsen. Heute ist es die von den G7-Staaten praktizierte neoliberale Politik, welche die globale Ungerechtigkeit weiter vertieft und neokolonialistische Ausmaße in der Verarmung von Ländern der Peripherie erreicht hat. Nun ist das Verdikt vom „Kampf gegen den internationalen Terrorismus" ein neuer Vorwand, die Re-Kolonialisierung unter Regie der USA und der transnationalen Konzerne beschleunigt voranzutreiben.[6]

These 3: Erst wenn es gelingt, die strukturelle Gewalt zu durchbrechen, wird Frieden möglich sein.

In unseren Diskussionen mit Ernst Woit über die Bedingungen für einen möglichen globalen Frieden hat der Begriff der strukturellen Gewalt eine entscheidende Rolle gespielt. Dazu sei hier nur kurz resümiert, dass es sich dabei um eine indirekte Gewaltform handelt, die im wesentlichen die Kapital- und Herrschaftsinteressen der führenden kapitalistischen Länder zum Aus-

---

4 Ernst Woit, *Gegen Terrorismus und Krieg – für gemeinsame Sicherheit in einer gerechteren Welt.* Beitrag zum Zehnten Dresdner Friedenssymposium am 16. Februar 2002, DSS-Arbeitspapiere, Heft 61/ 2002, 19.

5 *Ibid.*, 12.

6 Vgl. dazu: Maria Mies, *Die neuen Kolonien des Westens. Globaler Freihandel als neokoloniales Kriegssystem.* Vortrag bei der IPPNW aus Anlass ihres 20jährigen Bestehens, in: Freitag, 17. Mai 2002, 18.

druck bringt.[7] Die wirtschaftlichen und sozialen Strukturen unserer Welt stellen sich heute so dar, dass in großen Teilen der Erde Armut und Not, Hunger und Krankheit vorherrschen. Zu dieser Verelendung vieler Länder der Peripherie hat die Politik der „ersten Welt" ursächlich erheblich beigetragen.

An dieser Stelle soll aus einer Schrift der deutschen Bischöfe zitiert und so darauf aufmerksam gemacht werden, dass das humanistische Eintreten für eine gerechte Welt ohne Krieg auch in der offiziellen Kirche einen wichtigen Vertreter hat. In der Schrift „Gerechter Friede" der deutschen Bischöfe heißt es zur strukturellen Gewalt:

> Eine Welt, in der den meisten Menschen vorenthalten wird, was ein menschenwürdiges Leben ausmacht, ist nicht zukunftsfähig. Sie steckt auch dann voller Gewalt, wenn es keine Kriege gibt.[8]

Erst Gerechtigkeit als die zu realisierende Zielvorstellung schafft Frieden. Nochmals sei daran erinnert: Frieden als ein politisch-sozialer Prozess wird erst wirklich

- in dem Maße, wie die strukturelle Gewalt abgebaut wird und die Mit- und Selbstbestimmung der betroffenen Länder und Menschen eingesetzt hat;

- in dem Maße, wie die Schätze der Erde und die produzierten Güter allen Menschen zukommen und sie einen gerechten Anteil an Bildung und Arbeit besitzen;

- in dem Maße, wie das Friedensgebot der UN-Charta als staatenübergreifende Selbstbindung in der internationalen Rechtsordnung von allen Staaten anerkannt und realisiert wird.

Ein derartiger Frieden ist ein erfüllter Frieden, nicht einfach nur ein kriegsloser Zustand, ein negativer Frieden. Ihn zu erreichen wird auch davon abhängen, inwieweit zwei ursprünglich aufeinander bezogene Polaritäten wieder miteinander versöhnt werden können: der Makrokosmos und der Mikrokosmos, Kosmos und Erdbewohner, Natur und Mensch. Es darf nicht übersehen werden: Ein wesentliches Moment am Frieden ist auch der anzustrebende humane Umgang mit der Natur, die Achtung vor unserem Planeten, unsere Kosmosfreundlichkeit. Schließlich wird die Überwindung der Naturentfremdung den so dringend erforderlichen Frieden des Menschen mit sich selbst begünstigen. Frieden mit sich selbst heißt, sich auf das Wesentliche seines Daseins einlassen und sich über dessen Schönheiten freuen, heißt schließlich, Vertrauen dem anderen entgegenbringen, damit der Teufelskreis von Hass und Gewalt aufhört, das menschliche Denken und Handeln zu verdunkeln.

---

7 Zum Begriff der strukturellen Gewalt hat vor allem Johan Galtung wichtige Beiträge vorgelegt. Vgl. dazu etwa sein Buch: *Strukturelle Gewalt. Beiträge zur Friedens- und Konfliktforschung*, Reinbek 1975.

8 *Gerechter Friede. Schriftenreihe der deutschen Bischöfe*, Heft 66, Bonn 2000, 35.

6.
Zivilgesellschaftliche Krisenprävention - Aktivitäten und Hindernisse

Eine aktuelle Bilanzierung nach der Jahrtausendwende

Aktivitäten der UN

Nimmt man Verlautbarungen, offizielle Dokumente und Tagungsberichte von Unterorganisationen der UNO zur Frage der Gewaltprävention zur Kenntnis, so stellt sich insgesamt ein positives Bild ein. Demnach ist in den zurückliegenden fünf Jahren das Bewusstsein für eine vorbeugende Konfliktverhütung in der internationalen Gemeinschaft weiter entwickelt worden. Ebenso sind von seiten der Vereinten Nationen in den Klärungsprozess um geeignete Strategien vermehrt Vertreter der Zivilgesellschaft miteinbezogen worden.

Einen wichtigen Impuls zur Weiterentwicklung ziviler Instrumente der Konfliktprävention gab Generalsekretär Kofi Annan. Er legte im Jahr 2001 einen Bestandsbericht zur „Prävention bewaffneter Konflikte“ vor, in dem er darauf intendierte, eine internationale Konferenz von Nichtregierungsorganisationen zum Thema Konfliktprävention abzuhalten.

In den folgenden drei Jahren wurde von Teilen der Zivilgesellschaft, die von den NGOs[1] repräsentiert werden, das interaktive Netzwerk „Globale Partnerschaft für die Prävention bewaffneter Konflikte“ (*GPPAC*) gebildet. Verteilt über den gesamten Erdglobus, wurden 15 regionale Agenden oder Aktionsprogramme von den regionalen Vertretern formuliert und zu einer „Globalen Aktionsagenda“ zusammengeführt. Vertreter für das nördliche und westliche Europa ist das „European Center for Conflict Preventation“ (*ECCP*) mit Sitz in Utrecht/ Niederlande, das zugleich die Funktion des Internationalen Sekretariats übernommen hat. Die Agenden wurden dann, wie es Kofi Annan angeregt hatte, auf einer Weltkonferenz der UN in New York im Juli 2005 präsentiert.[2]

---

1 Hier verwendete Abkürzungen sind:
EECP European Center for Conflict Preventation (EuropäischesZentrum für Konfliktprävention; *GPPAC* Global Partnership of Prevention of Armed Conflict (Globale Partnerschaft für die Prävention globaler Konflikte; *IGO* International Government Organisation; *NGO* Non Government Organisation (Nichtregierungsorganisation); *TRC* Truth and Reconcilliation Commission (Wahrheits- und Versöhnungskommission); *UNCOPAC* UN-Commission for Peace and Prevention of Armed Conflict (UN-Kommission für Frieden und Konfliktprävention).

2 Joan Bernstein: *Partnerschaft für Kriegsverhütung (GPPAC)*, in: Friedensforum (Bonn) 4/2005, 36; ausführlich bei ECCP/ Utrecht (ed.): *DRAFT – check against delivered.* (20. September 2005)

Diese Konferenz steht stellvertretend für zahlreiche andere, damit zusammenhängende Bemühungen, die Zusammenarbeit der UN mit Teilen der Zivilgesellschaft zu verstärken und diesen Prozess als Teil der notwendigen Reform der Vereinten Nationen zu verstehen. Dazu gehörte beispielsweise die Bildung eines Gremiums bedeutender Persönlichkeiten der verschiedenen Kontinente – das *Panel on Civil Society* – mit dem Ziel, Empfehlungen für die Zusammenarbeit der Zivilgesellschaft mit der UN in den Jahren 2003 und 2004 auszuarbeiten. Der abschließende Bericht, der „Cardoso-Bericht" – benannt nach dem Leiter Fernando Henrique Cardoso, dem früheren Präsidenten von Brasilien – wurde als ein offizielles UN-Dokument im Juni 2004 in New York und Genf vorgelegt.[3]

Auf einige Ansätze und Resultate der „Globalen Aktionsagenda" vom Juli 2005 sei im Folgenden näher eingegangen.

Verändertes Sicherheitsparadigma

In programmatischer Absicht wird der Agenda ein verändertes Sicherheitsparadigma zugrunde gelegt. Internationale Sicherheit, in der Nachkriegsordnung seit 1945 hauptsächlich als ein Gleichgewicht der Kräfte und der militärischen Bündnisse verstanden, also stets aus militärisch-strategischer Sicht formuliert, soll nun von dem fast visionären Begriff *Human security* getragen sein. Damit ist vor allem der Zusammenhang von Sicherheit für den Menschen mit der gegenseitigen Abhängigkeit und Kooperation der Menschen, Staaten und Regionen gekennzeichnet. Sicherheit ist hier mit der Entwicklung unterentwickelter Länder und Regionen sowie mit der Geltung und Einhaltung der Menschenrechte gekoppelt.

Besonders hervorzuheben an diesem veränderten Sicherheitsparadigma ist ebenso der damit verbundene Begriff der Prävention. Hier geht es nicht um bloße Konfliktprävention, also nicht mehr darum, den drohenden Ausbruch gewaltsamer Konflikte zu verhindern. Vielmehr wird die Betonung auf die Ursachen der Konflikte gelegt. In einem umfassenderen Sinn als „Konfliktprävention" wird damit das Augenmerk auf die *Krisenprävention* gelegt. Eine Krise, so wie sie hier verstanden wird, ist im Vorfeld von Konflikten zu orten und zunächst nur von mittelbarer Wirkung für die internationale Gemeinschaft.[4] Sie hat verschiedene Ursachen, die oft nicht wahrgenommen oder absichtlich übersehen werden. Zumeist wird erst dann, wenn

3 Vgl. dazu die ins Internet gestellte Information: *Reform at the UN. Panel on Civil Society*, unter: www.un.org/reform/panel.html.

4 Davon unterschieden ist die andere Bedeutung von Krise, als gefährliche Zuspitzung eines schwelenden Konflikts, wie z.B. die Kuba-Krise 1962/63.

die Krise zum Konflikt eskaliert, über Prävention nachgedacht, um das Schlimmste zu verhindern. Beispielsweise kann eine Ernährungskrise, etwa ausgelöst durch Trockenheit, Missernten und Raubbau an der Natur in einen Konflikt münden, bei dem ein Streit um den Zugang zu Wasserreserven entbrannt ist, wie in der Sahelzone am Rand der Sahara. Jedenfalls gibt es mehr Krisen als Konflikte, wobei die im Stillen wirkende Tätigkeit eines erfolgreichen Krisenmanagements, wie der UNO, oft nicht sichtbar wird.[5]

Bildung einer Peacebuilding Commission

Ausgehend von dem vor rund 60 Jahren in der Charta der Vereinten Nationen am 26. Juni 1945 an erster Stelle verkündeten Hauptzweck der UN, nämlich „künftige Geschlechter von der Geißel des Krieges zu bewahren", soll eine „Friedenschaffende Kommission" (*Peacebuildung Commission*) gebildet worden. In dieser programmatischen Absicht liegt ein weiterer Schwerpunkt der „Globalen Aktionsagenda".

Friedenschaffen mit friedlichen Mitteln ist, wenn von den humanitären Aufgaben der Unterorganisationen einmal abgesehen wird, von der UNO institutionell nicht wirklich realisiert worden. Die Aufgaben einer den Frieden schaffenden oder zumindest fördernden Kommission sind daher vielfältig. In konfliktträchtigen Regionen sollten im Rahmen einer entsprechenden Infrastruktur Systeme eingesetzt werden, die bei einer Zuspitzung des Konflikts frühzeitige Warnungen an die internationale Gemeinschaft geben. Ebenso sollten für die betreffenden Länder Einrichtungen mit gut ausgebildeten Friedensarbeitern geschaffen werden, die sich zwischen die verfeindeten Parteien stellen und sich um friedliche Konfliktlösungen etwa durch *Mediation* bemühen, wie sie teilweise im Nordirland-Konflikt praktiziert wurde.

Schließlich geht es auch darum, nach der Beendigung eines Konflikts Mechanismen zu entwickeln, die eine Versöhnung zwischen den verfeindeten Gruppen ermöglichen könnten, wie etwa durch die Wahrheits- und Versöhnungskommission (*TRC*) in Südafrika nach Ende der Apartheid. Diese Versöhnung beruhte letztlich auf den Prinzipien der *Restorative Justice*, der wiedergutmachenden Gerechtigkeit und des afrikanischen *Ubuntu*, der Menschlichkeit in der Gemeinschaft. Bei der in Südafrika praktizierten Gerechtigkeit geht es anders als bei Vergeltung und Bestrafung der Täter um Heilung der durch das Verbrechen zerbrochenen Menschen und Beziehungen. Täter und Opfer muss bei der Aussöhnung geholfen werden. Zwar soll

---

5 Christoph Bertram, *Die Völkergemeinschaft als Konfliktverhüter*, in: Dieter Senghaas (Hrsg), *Frieden machen*, Frankfurt/M 1997, 132-146.

den Tätern die Schwere ihrer Verbrechen anhand der Strafhöhe bewusst werden, doch werden sie nicht dauerhaft aus der Gemeinschaft ausgeschlossen.[6]

In die gleiche Richtung wie die vorgesehene Paecebuilding Commission geht auch der von österreichischen und deutschen Politologen und Konfliktforschern entwickelte Vorschlag, eine UN-Kommission für Frieden und Krisenprävention, abgekürzt *UNCOPAC*, zu bilden. Diese Kommission soll nach gegenwärtigem Plan aus 20 Mitgliedern bestehen, die von den NGOs, die bei der UNO akkrediert sind, also einen konsultativen Status haben, vorgeschlagen werden.[7] Sie soll Empfehlungen für frühzeitige nichtmilitärische Präventionsmaßnahmen an die Generalversammlung und den Generalsekretär der UN aussprechen. Auf der Grundlage des veränderten Sicherheitsparadigmas sollen die Sicherheit der Bevölkerung und die Menschenrechte in Krisensituationen geschützt werden, auch dann, wenn der Konflikt unvermeidlich zu sein scheint. Vor allem sind die zivilen Mechanismen zur friedlichen Lösung eines Konflikts rechtzeitig in Gang zu setzen. So wäre beispielsweise im Kosovo 1992/93 eine friedliche Lösung möglich gewesen, ohne dass sie versucht wurde.[8]

Allerdings bleibt bei derartigen Vorschlägen und Analysen die Frage nach den Interessen der ausländischen Mächte, insbesondere der USA, ausgeblendet. Wie wir wissen, standen hinter der „Balkanisierung" Jugoslawiens hauptsächlich die strategischen und finanziellen Interessen Deutschlands und der USA wie auch der Auslandsgläubiger und internationaler Finanzorganisationen. Die schwelenden sozialen und ethnischen Konflikte Jugoslawiens wurden vor allem aus wirtschaftlichen Gründen durch die westlichen Mächte über das globale Finanzsystem entfacht, um Jugoslawien zu zerschlagen und die Nachfolgestaaten umso leichter in das neoliberale Wirtschaftssystem des freien Marktes und Unternehmertums eingliedern zu können.[9]

---

6 Desmond Tutu, *Einzigartige Versöhnung in Südafrika. Mit dem Verzicht auf Sühne haben die Menschen am Kap die Schrecken der Apartheid überwunden*, in: Süddeutsche Zeitung, 19.1.2006, 2.

7 Reiner Steinweg, *Prävention ist eine Frage des Zeitpunkts. UNCOPAC – ein Vorschlag zur Stärkung der early-action Kapazität der UNO*, in: Friedensforum, Hefte zur Friedensarbeit (Österr.) 2004/5-6, 36-38; Mohssen Massarat: *UNCOPAC. Prävention von unten. Utopie oder echte Chance?* In: Friedensforum (Bonn) 4/2005,. 33-35.

8 Steinweg *ibid.*, 38.

9 Michel Chossudovsy, [2]*Global brutal. Der entfesselte Welthandel, die Armut, der Krieg*, Frankfurt/M 2002, 279 f.

Die Rolle der Zivilgesellschaft

In der „Globalen Aktionsagenda" und in den sie begleitenden Initiativen und Konferenzen wird von der zunehmenden Bedeutung und einer neuen Rolle der Zivilgesellschaft ausgegangen. Ihr wird eine weitgehende staatliche und militärische Unabhängigkeit zugebilligt, und, repräsentiert durch die NGOs, besitzt sie bei entstehenden Konflikten bei den Konfliktparteien eine weit größere Akzeptanz als internationale Regierungsorganisationen (*IGOs*). Als Beispiel seien die von Frauen organisierten Friedensmärsche in Liberia genannt. Den Organisatorinnen gelang es schließlich, zwischen den verfeindeten Bürgerkriegsparteien einen Waffenstillstand und schließlich sogar eine Friedensvereinbarung herbeizuführen.[10]

So stehen in den Arbeitspapieren der GPPAC die NGOs als Repräsentanten der Zivilgesellschaft im Mittelpunkt des Interesses. In Beziehung zur friedlichen Konfliktlösung werden sie als bedeutende politische Akteure anerkannt.[11] Bereits seit 1995 existiert eine NGO-Arbeitsgruppe des UN-Sicherheitsrates, in der ein Dialog zwischen etwa 30 NGOs und Mitgliedern des Sicherheitsrates stattfindet, um gemeinsam nach möglichen Auswegen aus Konflikten zu suchen.

Eine derartige weltweite Zusammenarbeit zwischen staatlichen und nichtstaatlichen Akteuren firmiert seit den 90er Jahren unter dem Begriff *global governance.* Dieses Konzept, etwa mit globaler Ordnungspolitik zu übersetzen, soll in der normativen Orientierung am globalen Weltgemeinwohl ein Kontrastmodell zu hegemonialen Weltordnungskonzepten darstellen.[12] Positiv gesehen erfolgt infolge der Beteiligung internationaler Institutionen und NGOs am politischen Prozess der Entscheidungsfindung eine Verknüpfung verschiedener Politikebenen.

Ob so allerdings eine „ordnungspolitische" Zähmung des globalisierten Kapitalismus und seiner von Gewalt erfüllten Strategien erreicht werden kann, ist höchst fraglich. Zu eng sind mittlerweile die Beziehungen der zivilen Akteure zu den Regierungen und Konzernen. So gibt es beispielsweise seit den 80er Jahren ein „Weltbank-Komitee", in dem auch NGOs mitarbeiten, um etwa das globale Problem „Armut" zu erörtern. Oder – ein anderes Beispiel – in England arbeiten seit Mitte der 90er Jahre Friedens- und Hilfsorganisationen mit offiziellen Regierungsstellen, darunter auch dem Verteidigungsministerium, zusammen, um Analysen über Konflikte zu er-

---

10 Draft *ibid* (s. Anm. 2).

11 Mari Fitzduff, *Civil society and peacebuilding – the new fifth estate?* Ed. by ECCP Utrecht 2004 (im Rahmen von *GPPAC*).

12 Dirk Messner/ Franz Nuscheler, *Global Governance. Herausforderungen an der Schwelle zum 21. Jahrhundert.* In: Dieter Senghaas (Hrsg.), *Frieden machen*, Frankfurt/M 1997, 337-361.

arbeiten.[13] Diese Zusammenarbeit ist natürlich höchst problematisch und geht auf Kosten der Unabhängigkeit der zivilen Akteure. Insgesamt gesehen lässt das Konzept von „global governance" jedenfalls keine grundsätzliche Alternative zu den realen Machtverhältnissen zu und muss aus zivilgesellschaftlicher Sicht als gescheitert erklärt werden, weil die Zivilgesellschaft hierin zu wenig vertreten ist.

Hier soll nun endlich auf den Begriff *Zivilgesellschaft* näher eingegangen werden. Ihm kommt eine doppelte Bedeutung zu:[14]

Auf der einen Seite muss sich zivilgesellschaftliches Handeln daran messen lassen, in welchem Maße es zur Zivilisierung der Gesellschaft beiträgt. Hier ist also die demokratische Frage neu zu stellen, also die Frage, in welcher Weise und in welchem Maße die Abhängigen und Beherrschten an den politischen Entscheidungsprozessen, in unserem Zusammenhang in der Frage von Krieg und Frieden, so fällt die Bilanz mit der unaufhörlichen Militarisierung des Politischen denkbar schlecht aus.

Auf der anderen Seite ist das zivilgesellschaftliche Konzept als ein revolutionstheoretisches Konzept der *società civile* in allgemeiner Form bereits um 1930 von dem italienischen Philosophen Antonio Gramsci (1891-1937) skizziert worden und hat bis heute nur wenig von seiner Bedeutung verloren.[15] Gramsci bestimmt die Zivilgesellschaft vor allem durch den Gegensatz zur etablierten Klasse mit dem Machtapparat des Staates. In den sozialen Auseinandersetzungen mit dieser kommt es zu einer *Hegemonie*, also zu einer politischen, geistigen und kulturellen Führung, der herrschenden Klasse. Die Hegemonie besteht dann vor allem darin, einen Konsens der Beherrschten mit den Herrschenden zu bewirken, also die Zustimmung breiter Schichten zur Politik der Herrschenden so herzustellen, dass die Beherrschten die herrschende Ideologie als ihre eigene akzeptieren. In diesem Sinne haben schon die Ideologen des Neoliberalismus, wie Hayek und Friedmann, die Gedanken Gramscis für ihre eigene Konzeption der „Großen Ordnung" und der schrankenlosen Marktfreiheit sich zunutze gemacht.

Demgegenüber bemüht sich die Zivilgesellschaft um eine *Hegemonie von unten*, also ideologisches Terrain selbst zu besetzen und damit eine Basis zu schaffen für eine andere intellektuelle und moralische Ordnung, auf der dann eine zivilgesellschaftliche, am Gemeinwohl orientierte Handlungsweise basiert. Für Gramsci realisiert sich Hegemonie vor allem über die Kultur im weitesten Sinn, insbesondere im Alltagsverstand, der die Denk- und Lebensweise vieler Menschen bestimmt. Auf unsere Zeit und

13 Fitzduff *ibid.* (s. Anm. 11).

14 Ulrich Brand et al., *Global Governance. Alternativen zur neoliberalen Globalisierung*, Münster 2000, 72 ff.

15 Uwe Hirschfeld/ Werner Rügemer (Hrsg.), *Utopie und Zivilgesellschaft*. Edition Sonntag Bd. 1, Berlin 1991.

auf das vorliegende Thema von Krise und Konflikt übertragen, könnte das etwa heißen, scheinbare Gewissheiten neoliberaler Ordnungsmuster in Frage zu stellen und Handlungskonzepte einer *Alltagskultur des Friedens* zu erarbeiten.

Das Universalproblem nicht aus den Augen verlieren

Krisenprävention, die dem UN-Sicherheitsrat zuarbeitet, akzeptiert stillschweigend die bestehenden politischen Macht- und ökonomischen Herrschaftsverhältnisse. Sie kommt dort nicht in Gang, kann dort nicht eingreifen, wo die Interessen der Veto-Mächte, speziell die der USA, tangiert sind. An dieser Situation würde auch die Einrichtung eines *World Future Council*, eines Weltzukunftsrates, wie er von Jakob von Uexküll, dem Stifter des Alternativen Nobelpreises vorgeschlagen wurde, grundsätzlich nichts ändern.[16] Denn in diesem „globalen Rat der Weisen" würden dem vorliegenden Plan nach industrienahe NGOs mit dem Führungsanspruch europäischer Lebenskultur dominieren. Vielleicht ließe sich damit die Stimme globaler Verantwortung verstärken. Eine Demokratisierung und Zivilisierung der Politik auf globaler Ebene wäre jedoch kaum zu erwarten.

Die der Krisenprävention nahestehende Konfliktprävention ist letztlich kaum mehr als ein Tropfen auf dem heißen Stein, der unter dem Druck des global agierenden Kapitalismus im Feuer bleibt. Insofern zielt eine Prävention der vorliegenden Art lediglich auf ein Partikularproblem, auf das Problem der lokalen oder regionalen Verhütung einer Krise, an deren Verschärfung die USA und ihre Verbündeten kein Interesse haben. Dagegen bleibt das *Universalproblem*, dass nämlich der entfesselte globale Kapitalismus seine Profit- und Herrschaftsinteressen mit *allen Mitteln* durchsetzt, außer Betracht.

Eine fundamentale zivilgesellschaftliche Krisenprävention müsste sich vor allem dem Universalproblem der ökonomischen Einvernahme und ökologischen Zerstörung unseres Planeten durch das Kapital zuwenden. Dazu wäre es erforderlich, den grundsätzlich neuen Schritt von der Vorbeugung zur Verhinderung, von der *Prävention* zur *Impedition*, zu gehen. Denn letztlich geht es ja längst nicht mehr um Vorbeugung drohender Gewalt, die längst unsere Welt im Griff hält. Vielmehr muss sich auf allen Ebenen der Zivilgesellschaft der Widerstand gegen die eskalierende Gewalt formieren, die im Namen von Demokratie und Freiheit neue Kriege vom Zaum bricht, strukturell neue Armut verursacht und Menschen wie Völkerrecht mit Füßen tritt.

---

16 Jakob von Uexküll, *Gegen die Kultur der globalen Gier. Warum wir einen Weltzukunftsrat brauchen*, in: *Friedensforum* (Österr.) 5-6/2005, S. 13-17.

7.
„Sicherheitsarchitektur" und Abrüstung

Anmerkungen zu einer aktuellen Paradoxie

Neue „Sicherheitsarchitektur"

In den zurückliegenden zwei Jahrzehnten hat es zu den propagandistischen Mitteln der NATO-Staaten gehört, Kriegseinsätze und strategische Ziele hinter beschönigenden Begriffen zu verbergen. Bei derartigen verhüllenden begrifflichen Umschreibungen oder *Euphemismen* nimmt der Begriff „Sicherheitsarchitektur" eine prominente Stelle ein.

Im Vergleich zu anderen den wahren Sachverhalt verschleiernden oder sogar völlig verdrehenden Begriffen, wie „humanitäre Intervention" für einen selbst mandatierten Kriegseinsatz aus Eigennutz oder „Partnerschaft für den Frieden" für die Heranführung osteuropäischer Staaten an die Gefechtsbereitschaft und das militärische Rüstungsniveau der Nato-Staaten, enthält der Begriff „Sicherheitsarchitektur" einen doppelten Euphemismus, nämlich den von „Architektur" und den von „Sicherheit". Eine Auseinandersetzung mit derartigen Euphemismen und deren Entschleierung soll zur Aufklärung über die wahren Ziele der NATO beitragen, die ja nicht nur fremde Länder und Regionen unter ihre Kontrolle bringen, sondern in diesem Zusammenhang auch unsere Sprache kontrollieren, verfälschen und okkupieren möchte.

Bereits vor mehr als zehn Jahren sprach der frühere deutsche Staatssekretär für Verteidigung und Politikwissenschaftler Lothar Rühl von der Notwendigkeit, eine „umfassende europäische Sicherheitsarchitektur" aufzubauen. Sie sollte eine Neuordnung der europäischen Staatenwelt durch die Aufnahme der osteuropäischen Staaten in NATO und EU herbeiführen. Dabei sollte die neue „Sicherheit" dieser Staaten durch einen – wie es Rühl nannte – „Stabilitätstransfer" von West nach Ost gewährleistet werden, d.h. durch Ausweitung des insbesondere von den Interessen der USA bestimmten „Sicherheitsraumes".[1]

Vor der Jahrtausendwende galt noch immer Russland als der hauptsächliche Unsicherheitsfaktor für die Herbeiführung einer europäischen Neuordnung, ja als hochgerüstete, wenn auch danieder liegende Antipode, die möglichst maßgerecht „eingebunden", d.h. neutralisiert werden sollte. Der Übertritt ehemaliger Staaten des Warschauer Paktes in die NATO sollte von

---

1 Lothar Rühl, *Deutsche Interessen auf dem Prüfstand. Neue Aufgaben für die europäische Sicherheitsarchitektur.* In: Internationale Politik, Juli 1998 (www.internationalepolitik.de).

Russland als „Grundbedingung gemeinsamer Sicherheit" hingenommen, ja anerkannt werden.[2]

Dem etymologischen Wortsinn nach ist der Architekt ein Baumeister, also derjenige, der Bauwerke entwirft und gestaltet. Entsprechend bezeichnet Architektur den Aufbau und die Gestaltungskunst von Bauwerken.[3] Doch wie könnte durch die Integration neuer Staaten in einen aggressiven Militärpakt ein „neues Haus" Europa errichtet werden? Worin sollte hier die künstlerische Gestaltung bestehen?

Zwar bestand das Projekt „Sicherheitsarchitektur" aus zwei Komponenten, aus NATO- und EU-Beitritt, doch sollte stets die NATO Priorität vor der EU haben, diese also den Absichten des Militärpaktes untergeordnet sein. Nachdem es also zuerst bei der Projektierung der „Sicherheitsarchitektur" um ein „neues Europa", also um die räumliche Ausdehnung von NATO und EU bis nahe an die Grenzen Russlands gegangen ist, wird heute – ohne dass der Expansionsprozess schon abgeschlossen wäre – die Betonung mehr auf „Sicherheit" gelegt. Dies erschien nach den Anschlägen von New York und Washington insofern praktikabler, als mit dem „internationalen Terrorismus" ein neues und endlich auch mehr vermittelbares Feindbild gefunden war.

Diese seit 2001 in der Sichtweise von USA und Nato veränderte internationale Sicherheitslage wird mit geringer Verzögerung auch in Deutschland an neu definierten Aufgaben der Bundeswehr erkennbar. So plädiert beispielsweise Anfang 2006 der Präsident der „Bundesakademie für Sicherheitspolitik" Rudolf Georg Adam dafür, angesichts neuer diffuser Gefahren, wie Terrorismus, organisierter Kriminalität und Proliferation von Massenvernichtungsmitteln, das militär-strategische Konzept der Bundeswehr grundlegend zu ändern. Nicht mehr die in der Verfassung der Bundesrepublik Deutschland festgeschriebene Landesverteidigung soll angesichts der abhanden gekommenen Feinde Hauptaufgabe der Bundeswehr sein, sondern die „sicherheitspolitische Vorsorge" in Anbetracht dieser aufgespürten „asymmetrischen Bedrohungen".

Anstatt also daran zu gehen, über die Auflösung der NATO mangels Feinde nachzudenken, wird ein neues Bedrohungsszenarium konstruiert und dieses als Motivation der neuen „Architektur" ausgegeben. Da sich in dieser Logik die Realität stets nach dem Wünschbaren richten und entsprechend umgebogen werden soll, wird eine merkliche Diskrepanz der gegenwärtig beschworenen Bedrohungslage gegenüber jener der Zeit der Grundgesetzformulierung ausgemacht. Ohne jede Hemmung wird von dem Präsi-

---

2 Rühl *ibid.*

3 Dudenredaktion (Leitung: Günther Drosdowski), *Das große Wörterbuch der Deutschen Sprache*, Bd. 1, Mannheim/Wien/Zürich 1976, 185.

denten der „Bundesakademie für Sicherheitspolitik“ eine entsprechende „Überarbeitung der Verfassung“, also die Änderung des Grundgesetzes gefordert. Im neuen Zeitalter „präventiver Sicherheit“ – so Präsident Rudolf Georg Adam – stelle sich für die Bundeswehr weniger die Aufgabe der Landesverteidigung; vielmehr gehe es um „pro-aktiv gestaltende Operationen“, also um präventive Militäreinsätze außerhalb des Nato-Bereichs.[4]

Das Bedeutungsvolles anzeigende Kunstwort „pro-aktiv“ soll mit dem Präfix *pro* (= voran, voraus) ein vorausschauendes Moment dieser Strategie suggerieren.

Mit der Begründung der diffusen „asymmetrischen Bedrohungen“ sind die Kriegseinsätze von NATO und Bundeswehr in Afghanistan erfolgt. Seither wird die BRD „am Hindukusch verteidigt“. Nun ist auch im Weißbuch der Bundeswehr vom Herbst 2006 von einer „wirksamen Sicherheitsvorsorge“ die Rede, bei der die Bundeswehr im nationalen wie internationalen Rahmen präventiv operieren kann. Indem nun diese Bedrohungen die Grenzen zwischen Innen und Außen der staatlichen politischen Ordnung verschwinden lassen, führen sie nach Ansicht des deutschen Bundesministeriums der Verteidigung zu „Verflechtungen von innerer und äußerer Sicherheit“; und so könnte nach der auch an dieser Stelle geforderten Grundgesetzänderung die Bundeswehr zur Gefahrenabwehr vermehrt auch im Landesinneren eingesetzt werden und dann auch „militärische Kampfmittel“ im Innern zum Einsatz bringen.[5]

Für die Anmahnung einer „neuen Sicherheitsarchitektur“ ist also eine weitere Militarisierung des politischen Handelns projektiert. Einige wichtige ideologische Versatzstücke möglicher militär-strategischer Planungen sind „asymmetrische Bedrohungen“, „präventive Sicherheit“ und „pro-aktive“ Kriegseinsätze. Von dem Paradigma eines derartigen Sicherheitsdenkens dürfte auch die neue US-Regierung kaum abrücken. Zwar spricht der US-Sicherheitsberater James Jones noch von einer Überprüfung der Gesamtstrategie der USA, hält aber zugleich an der Konzeption des „proaktiven“ militärischen Handelns fest. Konflikte sollen so bereits bei ihrer Entstehung eingedämmt werden, d.h. die Einmischung in die Angelegenhei-

4 Rudolf Georg Adam, *Fortentwicklung der deutschen Sicherheitsarchitektur – Ein nationaler Sicherheitsrat als strukturelle Lösung.* Beitrag auf der Tagung der „Deutschen Gesellschaft für Auswärtige Politik“, Berlin 13. Januar 2006, zum Thema: *Die deutsche Sicherheitsarchitektur vor dem Hintergrund der veränderten Bedrohungslage* (www.dgap.org/dgap/veranstaltungen).

5 Bundesministerium der Verteidigung, *Weißbuch zur Sicherheitspolitik Deutschlands und zur Zukunft der Bundeswehr 2006* (www.weissbuch.de).

ten anderer Länder bis hin zu ihrer militärischen Besetzung soll in Zukunft noch früher und noch öfter erfolgen.[6]

Sicherheitsparadigma und Zivilgesellschaft

Wie auch immer das Projekt einer neuen Sicherheitsarchitektur von NATO und Bundeswehr umgesetzt wird, vertritt es die Interessen von Wirtschaft und Finanzkapital und vermag nicht, den Bedürfnissen der Menschen und Völker nach einem gesicherten Leben in Frieden nachzukommen. Daran wird auch die gegenwärtige Krise des neoliberalen Turbokapitalismus nichts ändern.

Trotz aller verbalen Verschleierungen geht es doch stets primär um „militärische Sicherheit" oder, wie es in der NATO-Sprache heißt, um „flexible und vernetzte Antworten in verlässlichen Partnerschaften". Daher sind für die gegenwärtigen Wortführer in Europa (2009), Merkel und Sarkozy, NATO und EU „zwei Seiten einer Medaille". Nicht Abrüstung steht auf der europäischen Agenda – allenfalls eine Reduzierung der mächtigen Atomwaffenarsenale der USA und Russlands –, sondern die Entwicklung von noch „moderneren und mehr effizienten militärischen Fähigkeiten" im Zusammenwirken von NATO und EU. Auch weiterhin soll „am Grundsatz der nuklearen Abschreckung" festgehalten werden.[7]

Es wird von der offiziellen Politik, die sich als „Sicherheitspolitik" firmiert, in keiner Weise zur Kenntnis genommen, dass von Organisationen der Vereinten Nationen längst ein anderer Sicherheitsbegriff erarbeitet wurde und die politische Diskussion in der Zivilgesellschaft bestimmt.

Seit etlichen Jahren wird in Unterorganisationen der UNO das Thema „Konfliktprävention" bearbeitet. Von Teilen der Zivilgesellschaft, die von den Nichtregierungsorganisationen, den NGOs, repräsentiert werden, wurde das interaktive Netzwerk „Globale Partnerschaft für die Prävention bewaffneter Konflikte" (GPPAC) gebildet. Verteilt über den gesamten Erdglobus, wurden 15 regionale Agenden oder Aktionsprogramme von den regionalen Vertretern formuliert und zu einer „Globalen Aktionsagenda" zusammenge-

---

6 US-Sicherheitsberater James Jones, *Wir überprüfen in 60 Tagen unsere gesamte Strategie.* Interview aus Anlass der Münchner Sicherheitskonferenz, Süddeutsche Zeitung 9. Februar 2009, S. 6.

7 A. Merkel/ N. Sarkozy, *Wir Europäer müssen zusammenhalten.* In: Süddeutsche Zeitung 4. Februar 2009, Beilage zur Münchner Sicherheitskonferenz, S. 9.

führt. Die Agenden wurden dann auf einer Weltkonferenz der UN in New York im Juli 2005 präsentiert.[8]

In programmatischer Absicht wird dieser Agenda ein verändertes Sicherheitsparadigma zugrunde gelegt, das sich merklich von der Programmatik der „neuen Sicherheitsarchitektur“ unterscheidet. Internationale Sicherheit, bis heute stets aus militär-strategischer Sicht aufgefasst und formuliert, wird in der *Globalen Aktionsagenda* von dem fast visionären Begriff *Human Security* getragen.

Damit ist der Begriff „Sicherheit für den Menschen“ in das Zentrum aller politischer Überlegungen und Aktivitäten gerückt. Eine Verwirklichung des Rechts auf ein Leben in Frieden hängt im Zeitalter der nicht mehr rückgängig zu machenden Globalisierung wesentlich mit der Kooperation der voneinander abhängigen Staaten und Regionen des gesamten Planeten zusammen. Nicht die egoistische Durchsetzung von wirtschaftlichen Interessen mit allen Mitteln zugunsten einzelner Staaten und Staatengruppen steht hier auf der Tagesordnung, sondern die gemeinsame unteilbare Sicherheit in dem Bewusstsein der alles Leben gefährdenden globalen Probleme durch ein Verharren auf dem alten, mit dem Begriff von „militärischer Sicherheit“ besetzten Denken. *Human Security* ist so vor allem an die Verwirklichung und Einhaltung der politischen und sozialen Menschenrechte sowie an die angemessene Entwicklung unterentwickelter Länder und Regionen gekoppelt.

In der „Globalen Aktionsagenda“ und in den sie begleitenden und aus ihr hervorgehenden Initiativen wird von der zunehmenden Bedeutung und einer neuen Rolle der Zivilgesellschaft ausgegangen. Ihr wird eine weitgehende staatliche und militärische Unabhängigkeit zugebilligt, und, repräsentiert durch die NGOs, besitzt sie bei entstehenden Konflikten bei den Konfliktparteien oft eine größere Akzeptanz als internationale Regierungsorganisationen (IGOs). Bereits seit 1995 existiert eine NGO-Arbeitsgruppe des UN-Sicherheitsrates, in der ein Dialog zwischen etwa 30 NGOs und Mitgliedern des Sicherheitsrates stattfindet, um gemeinsam nach möglichen Auswegen aus Konflikten zu suchen.

Für eine derartige weltweite Zusammenarbeit zwischen staatlichen und nichtstaatlichen Akteuren wird seit den 90er Jahren häufig der Begriff *global governance* verwendet. Dieses Konzept, etwa mit globaler Ordnungspolitik zu übersetzen, soll in der normativen Orientierung am globalen Weltgemeinwohl ein Kontrastmodell zu hegemonialen Weltordnungskonzepten,

---

8 Joan Bernstein, *Partnerschaft für Kriegsverhütung (GPPAC)*, in: Friedensforum (Bonn) 4/2005, S.36; ausführlich bei: European Center for Conflict Prevention“ (ECCP) (ed.), *DRAFT – check against delivered*, Utrecht 2005.

so der USA und Nato, darstellen.[9] Ob so allerdings eine „ordnungspolitische" Zähmung des globalisierten Kapitalismus und seiner von Krieg und Gewalt erfüllten Strategien erreicht werden kann, ist höchst fraglich.

„Human Security" und Abrüstung

Soweit die Äußerungen und Vorschläge zu einer „neuen Sicherheitsarchitektur" zugänglich sind, machen sie deutlich, dass sie nicht eine umfassende Abrüstung, sondern eine qualitative Weiterrüstung und vermehrte Kriegseinsätze im Sinn haben. Die Konzeption einer militärisch verstandenen Sicherheit wird auch für die nächsten Jahre in der internationalen Politik bestimmend bleiben. Es ist aber zu hoffen, dass der Vorstoß Russlands, ein neues Sicherheitsabkommen für Europa zu erarbeiten, mehr Bewegung in die Erörterung des begrifflichen Verständnisses von „Sicherheit für alle" im Sinne von „Human Security" bringen wird.

Daher dürfte auch der strategische Ansatz von Zbigniew Brzezinski – dessen Denken in fataler Weise auf Russland fixiert ist –, das Feindbild Russland neu aufzuwärmen, kaum den erhofften Zuspruch finden. In seinem im Jahr 2007 publizierten Buch „The second Chance" sieht Brzezinski nach dem Scheitern der direkten militärischen Machtausdehnung der USA im Mittleren Osten eine zweite Möglichkeit, den eurasischen Raum ökonomisch und militärisch zu kontrollieren und zu beherrschen, in der Integration ehemaliger Sowjetrepubliken in die Nato.[10] Voraussetzung einer derartigen Strategie wäre jedoch, Russland in einen von westlichem Kapital abhängigen Rohstofflieferanten zu verwandeln und außenpolitisch aktionsunfähig zu machen.

Auch derartige gegen Russland gerichtete Weltherrschaftspläne des engen außenpolitischen Beraters Brzezinski des neuen US-Präsidenten lassen erkennen, dass sich offenbar unter der Regie von Barack Obama in der US-Militärstrategie grundsätzlich nichts geändert hat. Zwar können nun die ins Stocken geratenen Verhandlungen über die Begrenzung der konventionellen Rüstungen in Europa, wie sie der KSE-Vertrag bereits vorgesehen hat, neu aufgenommen werden. Ebenso kann der KSE-Vertrag kann ohne Vorbedingung vielleicht doch noch ratifiziert werden. Doch wird das Paradig-

---

9 Dirk Messner/ Franz Nuscheler, *Global Governance. Herausforderungen an der Schwelle zum 21. Jahrhundert.* In: Dieter Senghaas (Hrsg.), *Frieden machen*, Frankfurt/M 1997, 337-361.

10 Zbigniew Brzezinski, *The second chance*, New York 2007. Vgl. hierzu: Hauke Ritz, *Die Welt als Schachbrett.. Der neue kalte Krieg des Obama-Beraters Zbigniew Brzezinski*, in: Blätter für deutsche und internationale Politik, Heft 7, 2008, S. 53-69.

ma der militärischen Sicherheit auch weiterhin das politische Denken der NATO-Staaten bestimmen.

Es bleibt in diesem Zusammenhang bemerkenswert, dass wie zu Zeiten der früheren Sowjetunion auch Russland nicht an einer Konfrontation mit „dem Westen“ interessiert ist und seinerseits die Politik der friedlichen Koexistenz reaktiviert. Zwar wird der Vorstoß Russlands, im Jahr 2009 eine Gipfelkonferenz abzuhalten, um ein neues Sicherheitsabkommen für Europa auszuarbeiten, an der gegenwärtigen Situation wenig ändern.[11] Dennoch verdient der Vorschlag von Karaganow, dem Leiter des „Rates für Außen- und Sicherheitspolitik“ in Moskau, eine „globale wirtschaftliche und politische Architektur“ zu schaffen, besondere Beachtung.[12] Die vorgeschlagene Union zwischen Russland und der EU könnte Russland als gleichberechtigten Partner in Europa zur Anerkennung verhelfen und die Spannungen zwischen Russland und der NATO weiter vermindern.

Eine wirkliche und grundlegende Änderung des politischen Denkens und Handelns in Europa und überhaupt auf unserem Planeten ließe sich nur erreichen, wenn der vorrangig militärisch verstandene Sicherheitsbegriff aufgegeben wird zugunsten von *Human Security* als dem leitenden Prinzip alles Handelns. Damit ließe sich ein von Vernunft bestimmtes Denken und Handeln zum Durchbruch verhelfen.

Die globalen Probleme, also die Probleme von militärischer Hochrüstung, von ungehemmtem Wirtschaftswachstum, Ausplünderung und Zerstörung der natürlichen Ressourcen, von Veränderung des Klimas, von Verelendung und Migration, von Unterentwicklung, Landflucht und Bevölkerungsexplosion etc., gehören lange schon auf den obersten Platz der Agenda der internationalen Politik und des globalen Handelns. Nur im Rahmen einer globalen Anstrengung, sie zu lösen, ließe sich eine europäische und damit auch eine globale Friedensordnung realisieren.

Mittlerweile anerkennt auch der gegenwärtige UN-Generalsekretär *Ban Ki-moon* die Dringlichkeit einer anderen Sicherheitspolitik, indem er den traditionell militärischen Sicherheitsbegriff um Klimaverbesserung, Weltgesundheit und Abrüstung erweitert wissen will. Aber auch für ihn steht wie für den UN-Sicherheitsrat „Counter-terrorism“, also die Abwehr von Terrorismus vor allem durch militärische Stärke, an oberster Stelle der

---

11 Vgl. dazu etwa einen Artikel im Neuen Deutschland: *Kommt eine neue Sicherheitsarchitektur? Russland und die Nato zeigen sich wieder gesprächsbereit, doch alle blicken auf Obama.* ND vom 16. Dezember 2008/ Ausland, S. 2. (www.neues-deutschland.de/artikel/140745)

12 Sergej Karaganow, *Fortschritt statt Demokratie.* Vortrag auf dem 141. Bergedorfer Gesprächskreis der Körberstiftung. Süddeutsche Zeitung vom 19.2.09, S. 2.

Sicherheitsagenda.[13] Eine radikale Änderung des Sicherheitsparadigmas müsste jedoch nach den Ursachen von Terrorismus fragen und diese abzustellen sich bemühen.

Das aber würde für USA und NATO bedeuten, aktuelle Feindbilder in Frage zu stellen, die in den Euphemismen enthaltenen Heucheleien aufzugeben und damit von den zerstörerischen und die Menschheit bedrohenden Zielsetzungen der Interventions- und Kriegspolitik der letzten zwei Jahrzehnte endlich abzurücken.

13 Secretary-General, in: *Message to Conference examining counter-terrorism policies*, New York, 22. Januar 2009.
(Vgl. www.un.org/News/Press/docs/2009/sgsml12059.doc.htm).

8.
Von der Leistungsethik des westlichen Zivilisationsmodells zum Wertsystem einer solidarischen Weltgesellschaft

Soziokulturelle Werte und Wertgefüge

Soziokulturelle Werte bilden den Orientierungsmaßstab für das menschliche Verhalten und Handeln innerhalb des Wirkungsgefüges einer bestimmten Kultur. Ohne selbst schon ein Handeln zu ermöglichen, stellen sie ein Raster für wünschenswerte Verhaltensweisen und damit die grundlegenden Leitlinien für Ziele und Mittel des Handelns dar.[1]

Das Wertgefüge einer Gesellschaft gehört zum Kern einer bestimmten Kultur: Indem es zur Identität, gesellschaftlichen Integrität und Stabilität einer Kultur wesentlich beiträgt, hat es eine kulturstiftende Funktion. Umgekehrt können sich verändernde materielle Lebensverhältnisse und neue gesellschaftliche Erfordernisse zu einem Wertewandel führen, der neben den ideellen Grundlagen der Gesellschaft auch ihre Lebensformen umfasst und mit den sinnstiftenden Orientierungen schließlich die noch vorherrschenden Traditionen betrifft.

Traditionell sind soziokulturelle Werte vorwiegend über religiöse und philosophische Systeme begründet und hier zumeist als lange Zeit gültige, in der Transzendenz verankerte Prinzipien oder als überzeitliche Ideen formuliert worden. In der Hierarchie geistiger Entitäten einer Kultur haben die Werte von vornherein einen hohen Rang eingenommen und daher sowohl der fundierten als auch allgemein anerkannten Herleitung und Absicherung bedurft.

So wurde beispielsweise im Geltungsbereich der westlichen Christenheit die mittelalterliche Feudalordnung in der Einheit von Kirche, Krone und Staat als gottgewollt hingestellt und von der Obrigkeit eine Werteordnung für die Untertanen aus der Synthese von Gebet und Arbeit begründet.[2] Die Werte von Arbeit und Ordnung in der Lebensführung sind vom Protestantismus übernommen und zu den entscheidenden Bezugsgrößen des menschlichen Handelns bei der Industriellen Revolution und bei der Konstituierung einer technisch-wissenschaftlichen Zivilisation gemacht worden. Im weiteren geschichtlichen Verlauf haben dann die Prozesse von Industrialisierung und Verwissenschaftlichung einen tiefgreifenden Wertewandel

---

1 K.-H. Hillmann,. *Umweltkrise und Wertwandel. Die Umwertung der Werte als Strategie des Überlebens*, Frankfurt/ M. 1981.

2 D. Savramis, *Wertsysteme in traditionellen und industriellen Gesellschaften*, in: Internationales Jahrbuch für Religionssoziologie 6 (1970), 7- 44.

hervorgerufen mit dem schwerwiegenden Resultat, dass sowohl die transzendente als auch die ideengeschichtliche Letztbegründung von Werten obsolet geworden ist.

Das hat zwei wichtige Konsequenzen für die weitere Geltung und Begründung der Prinzipien des menschlichen Verhaltens und Handelns zur Folge: Zum einen ist die Sanktionierung eines schwerwiegenden Verstoßes gegen das gültige Normensystem der säkularisierten Gesellschaft durch ein religiös begründetes Gebot oder Verbot weitgehend außer Kraft gesetzt. Das bedeutet, dass eine entscheidende Hemmung für die Missachtung des Normen- und Wertsystems aus dem Begründungszusammenhang der christlichen Gebotsethik herausgefallen ist: Morden und Rauben werden nicht länger glaubhaft vom jenseitigen Gott bestraft. Zum anderen: Da mit dem Funktionsverlust von Philosophie ebenso das Reich der ewigen Ideen für die Wertbegründung verschlossen bleibt, ist die wichtigste Aufgabe der Ethik, Prinzipien der Orientierung für eine allgemeine Ordnung zu begründen und zu vermitteln, schließlich an die säkularisierte Gesellschaft selbst zurückverwiesen.

Die Leistungsethik des westlichen Gesellschaftsmodells

Hier, in der ehemals „ersten" Welt der reichen, kapitalistisch verfassten Industriestaaten, die gegenwärtig durch die Gruppe der G7-Staaten repräsentiert ist, wird nur zögernd wahrgenommen, dass sich eine Wertverschiebung ereignet und sich das westliche Zivilisationsmodell in einer tiefgreifenden Wertkrise befindet.

Es ist also nicht nur mit dem weltpolitischen Abgang des zentral gelenkten Staatssozialismus sowjetischer Prägung das damit verbundene Wertsystem von Partei und Arbeiterklasse, von Leistung und Gleichheit zusammengebrochen; auch auf der vermeintlichen Siegerseite des Kalten Krieges haben die unbarmherzigen Strategien von Ökonomisierung der Gesellschaft, von ungebremster Beschleunigung des wissenschaftlich-technischen Fortschritts und von Militarisierung von Wissenschaft und Technik im Zerfall der traditionellen Wertordnungen ihre Spuren hinterlassen. Traditionelle Werte, Jahrhunderte hindurch religiös abgestützt, haben ihre absolute Geltung verloren, wie sehr sie auch immer wieder von Vertretern etablierter Parteien und von kirchlicher Seite beschworen werden.

So wird beispielsweise in der Erklärung der katholischen Bischöfe zu den „Orientierungsfragen unserer Gesellschaft" vom 7. Mai 1976 von der ungebrochenen Gültigkeit der Grundwerte ausgegangen.[3] Für ein konservatives Wertverständnis ist das Grundwertgefüge ohne weiteres mit der domi-

3 G. Gorschenek (Hrsg.), *Grundwerte in Staat und Gesellschaft*, München 1977.

nierenden Leistungsethik der westlichen Industriegesellschaft zu vereinbaren. Dafür müssen allerdings begriffliche Deutungen im Sinne der katholischen Sozialethik vorgenommen werden. So wird beispielsweise der Freiheitsbegriff einseitig auf die Möglichkeiten der personalen Selbstverwirklichung durch Leistung und deren Anerkennung bezogen. Ein zu großes Maß von sozialer Gleichheit würde hiernach den Menschen das Recht auf Individualität nehmen.

Diese in Anklängen sozialdarwinistische Auffassung des Freiheitsbegriffs lässt für die Gesellschaft keine andere soziale Perspektive zu als die einer von Natur aus gegebenen Ungleichheit, nach der sich die Fähigsten als die sozial Stärksten durchsetzen und die sozial Schwachen sich als unfähig und wenig leistungsbereit erwiesen haben. In dieser Spannung zwischen Freiheit und Gleichheit findet sich eine wichtige Voraussetzung für die Propagierung einer Leistungsethik, die in der gesellschaftlichen Realität der westlichen Industriegesellschaft bestimmend geworden ist. Nicht die Grundwerte von Wahrheit, Solidarität und Gerechtigkeit durchdringen die Praxis des sozialen Lebens, sondern die Prinzipien von Berechenbarkeit, Eigennutz und Anpassungsfähigkeit sind bestimmend.

An oberster Stelle der von der Ökonomie her begründeten Wertordnung rangieren Effizienz und Erfolgsstreben: Effizienz als optimaler Wirkungsgrad des Machens schlechthin und Erfolgsstreben als Leistungsorientierung in der Wettbewerbgesellschaft. Effizienz ist darüber hinaus auch das Optimierungsprinzip für die Verhaltensweisen in nichtökonomischen gesellschaftlichen Bereichen, wie Familie, Schule und Freizeitkultur. Maßgebend für einen Erfolg im Wirtschaftsleben sind die sozialen Normen von Arbeitsdisziplin, Pflichterfüllung und Rationalisierung der Lebensführung. Allerdings müssen so andere Grundeinstellungen im Leben, die zu einem partnerschaftlichen und solidarischen Verhalten hinleiten würden, zwangsläufig vernachlässigt und als weniger wertvoll, weil weniger effizient, eingestuft werden.

So muss die real gültige Leistungsethik der Industriegesellschaft erheblich dazu beitragen, die allgemeine Wertkrise zu vertiefen. Als oberste Maxime gilt der das Machen gebietende *technologische Imperativ*: Das, was gemacht werden kann, ist auch auszuführen, unabhängig davon, was das Machen bewirkt.

Neuer Industrialismus undWeltveränderung aus Effizienz

Unter der geltenden Norm der Effizienz und losgelöst von der Bindung an verpflichtende soziokulturelle Werte hat die Weltveränderung durch den Menschen in den Prozessen von Industrialisierung und Technisierung nunmehr ein globales Ausmaß erreicht. Traditionelle Kulturen mit ihren Wertsystemen wurden ausgelöscht, um der einen technischen Zivilisation mit ihren Verheißungen von Fortschritt und Wohlstand Platz zu machen.

Von vornherein ist zu bedenken, dass der an einen gesellschaftlichen Wertkonsens nicht mehr gebundene wissenschaftlich-technische Fortschritt eine hemmungslose Waffenproduktion in Gang gesetzt hat – mit dem einen Hauptmotiv des ökonomischen Profits. Nirgendwo kommt der Zusammenbruch traditioneller Wertsysteme in unserem Jahrhundert deutlicher und erschreckender zum Ausdruck als in der Entwicklung, Produktion, Verbreitung und Anwendung der Massenvernichtungsmittel. Im Resultat dieser unbarmherzigen Entwicklung hat die technologische Zivilisation Wissenschaft und Technik in grenzenlose Destruktivkräfte verwandelt, deren möglicher, bis heute nicht gebannter Einsatz dem *Gorbatschowdiktum*, die Menschheit sei wieder sterblich geworden, die Berechtigung gegeben hat. Diese neue Sterblichkeit der Menschheit ist das am wenigsten zu vernachlässigende Moment der technologischen Grundbefindlichkeit unseres Zeitalters. Aber auch andere Veränderungen sind für die Weltgesellschaft kaum weniger dramatisch.

Der neue Industrialismus verwandelt den Globus in ein einziges integriertes und interdependentes Wirtschaftssystem. Im Mittelpunkt der weltweiten wirtschaftlichen und sozialen Entwicklungen steht als neue Bezugsgröße die Kategorie *Information*, die zuletzt auch das G7-Ministerreffen in Brüssel im Februar 1995 mit der Propagierung einer globalen „Informationsgesellschaft" thematisch bestimmt hat. Hinter diesem soziopolitischen Leitbild verbirgt sich das Schema eines ökonomischen Umbaus mit dem Zusammenschluss internationaler Unternehmenskooperationen ohne kartellrechtliche Kontrollmechanismen.[4] Viel wird sich an der bestehenden Weltwirtschaftsordnung auch durch neue Informationsmärkte nicht ändern. Allenfalls wird sich die Macht des Zentrums gegenüber der Peripherie noch weiter verstärken, nun auch in den von den Konzernen kontrollierten Informationssystemen.

So wird sich die globale Reichweite des instrumentellen Handelns für den reichen Norden weiter erhöhen. Dagegen wird sich für die ehemals „Dritte Welt" ein weiteres Mal die Erwartungshaltung, die Technisierung könnte die Grundlage für Wohlstand und soziale Gerechtigkeit sein, als trügerisch erweisen.

Eine erste schwerwiegende Folge der Ausweitung des technologischen Zivilisationsmodells ist also in der Vertiefung der sozialen Ungleichheit der sich herausbildenden Weltgesellschaft zu sehen. Hier werden die neuen

---

4 D. Kretzen/D. Plehwe, *Gesellschaftsbluff am Gipfel. Reisebericht durch Visionen und Kritik der „Informationsgesellschaft"*, in : Forum Wissenschaft I/1995, 28-33.

technologischen Möglichkeiten von den führenden Wirtschaftsmächten dazu benutzt, den postkolonialen Entwicklungsvorsprung in Wissenschaft, Technik und Ökonomie gegenüber den in Unterentwicklung, Unwissenheit und Unselbständigkeit gebrachten Ländern weiter auszubauen.

Während die sozialökonomische Wertigkeit der Technologie noch immer gern in Abrede gestellt wird, wird dagegen die ökologische Gefahr, die von der technologischen Zivilisation ausgeht, zumindest schon wahrgenommen. Zwar ist mittels der wissenschaftlichen Erkenntnis und der darauf beruhenden technologischen Verfügung über Teilbereiche der Natur die strenge Abhängigkeit des Menschen von den Naturgewalten durchbrochen und insofern in der Tat ein größerer Handlungsspielraum als Grundlage menschlicher Freiheit gewonnen.

Was jedoch als Naturbeherrschung im Dienst der menschlichen Wohlfahrt in Gang gesetzt wurde, ist ohne den verpflichtenden Wertbezug zur Natur und ohne ihre Achtung und Pflege durch den tätigen Menschen nicht zu bewahren. Dieser Vorgang ist im Dienst einer ungleichen Güteranhäufung und sinnlosen Güterproduktion längst umgeschlagen in eine rigorose Naturausbeutung und Naturzerstörung. Die ungehemmte Entwicklung der Produktivkräfte hat das Naturverhältnis vieler Menschen deformiert und muss so eine andere, ökologische Weise des Naturgebrauchs zum Interessengegensatz des von ökonomischer Effizienz bestimmten Handelns und Verhaltens erklären.

Indem aber auch der Mensch den Naturgegebenheiten unterliegt, die er in seinem gesellschaftlichen Sein gerade in Frage stellt, muss er als affirmativer Vertreter der technologischen Zivilisation zwangsläufig in einen Selbstwiderspruch geraten. Dieser wird dort am offenkundigsten, wo aus Gründen der Effizienz die Fundamente des Menschseins angetastet werden, so beispielsweise in der Transplantationsmedizin, wenn der Tod eines Menschen über das Erlöschen der Gehirntätigkeit neu definiert und von der leiblich-seelischen Ganzheit des Menschen abgesehen wird.

Schließlich kommt der Selbstwiderspruch des Menschen auch in der Desorientierung seines Seinsverständnisses zum Ausdruck. Zwar haben die beschleunigte Industrialisierung und Verwissenschaftlichung der Welt den Menschen zur Infragestellung einer unabdingbaren Naturnotwendigkeit tendenziell befähigt, aber dieser Vorgang der „Emanzipation des Menschengeschlechts von der Erde“ (Hannah Arendt) ist für ihn kaum mehr nachvollziehbar, wohl auch deswegen, weil er damit einen Teil seiner selbst preisgibt. Das Seinsverständnis kann sich nicht mehr der Weise des Produzierens des menschlichen Seins vergewissern.

Die unumkehrbaren Prozesse der Mundialisierung

In den großen Verlaufsformen der geschichtlichen Prozesse ist am Ende des 20. Jahrhunderts die Tendenz einer Mundialisierung erkennbar, demzufolge die Erde zu einer in sich zusammengehörigen sozialen Welt (*mundus*) fortschreitet.[5] Zwar gehören weltgeschichtliche Erfahrungen für europäische Staaten seit den Entdeckungs- und Eroberungsfahrten eines Columbus mit dem daran anschließenden Aufbau eines imperialen Kolonialreiches zum Selbstverständnis neuzeitlicher Geschichte, zumal sich hieran – nicht unabhängig vom Universalismus der Aufklärung – die großräumige industrielle Umgestaltung großer Teile der Nordhemisphäre der Erde anschloss.

Die gegenwärtige Mundialisierung ist jedoch ein weltweiter Vorgang von epochaler Bedeutung und hat erst um die Mitte des 20. Jahrhunderts ihren Anfang genommen, und zwar in der grundlegenden technologischen Umwälzung mit zwei schwerwiegenden Konsequenzen:

(1) Von den industriell und wissenschaftlich am weitesten entwickelten Staaten ausgehend und von ihnen teils gesteuert, teils kontrolliert, hat sich auf der Grundlage neuer technologischer Möglichkeiten in materieller Produktion, Verkehrswesen und Informationsverarbeitung ein einziges integriertes und interdependentes Wirtschafts- und Finanzsystem herausgebildet sowie in einem weltweit vernetzten Datenaustausch der Beginn einer globalen Informationsgesellschaft markiert.

(2) Die Mundialisierung äußert sich als Folge von (1) in der weltweiten Ausbreitung der Probleme von Umweltzerstörung, Krieg und militärischer Hochrüstung, sozialer Ungleichheit (Verelendung) und Überbevölkerung. Wie auch immer die Welt des 21. Jahrhunderts sonst beschaffen sein mag, ist in dem Vorgang der Mundialisierung eine wesentliche Bedingung für die Entwicklung der Menschheit zu einer Weltgesellschaft zu sehen.

Hält man den Vorgang der Mundialisierung für unumkehrbar, so kommt es zunächst vor allem darauf an, ihn als einen bewusst zu gestaltenden und friedlichen Prozess ablaufen zu lassen, also unbedingt eine von Menschen herbeigeführte Katastrophe oder gar Zerstörung globalen Ausmaßes zu verhindern. Das bedeutet: Immer mehr muss die Menschheit selbst zum Subjekt der Weltgeschichte werden, und immer weniger darf sie Objekt, Mittel oder Geißel eines von Weltherrschaftsplänen bestimmten Handelns einer über die Herrschaftsmittelverfügenden Minderheit bleiben. Ein derartiges auf das Ganze gerichtete verantwortungsvolle Tun hat Immanuel Kant zur Forderung seines kategorischen Imperativs erhoben, nämlich so zu handeln,

5 Der Begriff Mundialisierung ist eine frühe Bezeichnung für Globalisierung, betont aber noch stärker als diese die soziale Komponente.

> dass du die Menschheit, sowohl in deiner Person, als in der Person eines jeden andern, jederzeit zugleich als Zweck, niemals bloß als Mittel brauchest.[6]

Von Kant ist ein Handeln aus Gründen der Vernunft angesprochen, einer Vernunft, die der Menschheit insgesamt zukommt und die Vorstellung einer vernünftigen Ordnung zulässt. Ein gemeinschaftliches Handeln, das sich der Verantwortung dem Ganzen gegenüber verpflichtet weiß, darf nicht partikuläre Interessen verfolgen, sondern muss das Gattungsinteresse zu seinem Eigeninteresse werden lassen. Das Prinzip dieses Handelns ist nicht Konfrontation, sondern Kooperation, durch die allein es möglich sein wird, nationalistisches, staatlich-egoistisches und hegemoniales Denken zu überwinden.

5. Die Notwendigkeit eines solidarischen Weltsystems

Sind also am Ende des 20. Jahrhunderts wesentliche Momente an den geschichtlichen Prozessen als Vorgang einer Mundialisierung zu begreifen, so führt die Frage nach dem Subjekt der Geschichte zu einer in sich differenzierten sozialökonomischen Verfasstheit der handelnden und leidenden Menschheit. Insbesondere ist zur Kenntnis zu nehmen, dass mit dem Zusammenbruch des realsozialistischen Systems und dem Ende der Systemauseinandersetzung zwischen Ost und West sich die kapitalistische Produktionsweise tendenziell weltweit durchgesetzt hat.

Das bedeutet für die Staaten der ehemals „Dritten Welt“: Wer sich wirtschaftlich und technologisch weiterentwickeln möchte, muss sich den von den westlichen Industrieländern diktierten Gegebenheiten und Mechanismen des Weltmarktes anpassen. Eine gleichberechtigte Teilhabe am Weltmarktgeschehen ist aber für die meisten Entwicklungsländer kaum möglich und bleibt zumeist auf die Zulieferung von Rohstoffen begrenzt, nicht zuletzt infolge des Diktats der ruinösen Schuldentilgungspolitik durch die reichen westlichen Industrieländer und die von ihnen beherrschten Institutionen Weltbank und Internationaler Währungsfonds.

Die Hauptursache für die „globale Armutsfalle“ liegt neben der zunehmenden Verschuldung der Entwicklungsländer in dem Verfall der Rohstoffpreise auf dem Weltmarkt. Dadurch mussten diese Länder immer mehr in eine Schere aus steigenden Schulden und fallenden Erlösen geraten. So hat sich seit Mitte der achtziger Jahre der Kapitalfluss zwischen reichen Industrieländern und Entwicklungsländern praktisch umgekehrt, indem die armen den reichen Ländern mehr Geld überwiesen als sie an Entwicklungs-

---

6 I. Kant, *Grundlegung zur Metaphysik der Sitten* (1786), in: Kant Werkausgabe VII, hrsg. v. W. Weischedel, Frankfurt/ M 1982, 61.

hilfe und Krediten erhalten haben. Schwerwiegende Eingriffe in das Ökosystem der Entwicklungsländer zur Bezahlung der Auslandsschulden sind die Folgen dieser Politik.[7]

In dieser Weise kontrollieren die Länder der „Ersten Welt“ die Entwicklungschancen der „Dritten Welt“; oder sie unterbinden diese sogar, indem die von Weltbank und Internationalem Währungsfonds verlangten Wirtschaftsreformen in den Schuldnerländern, die sie dann „Maßnahmen der strukturellen Anpassung“ nennen, eine Partizipation der unterentwickelten Länder mit ihren Industrieprodukten an der internationalen Arbeitsteilung verhindern.[8]

In einer zusammenwachsenden Weltgesellschaft werden jedoch die Krisen der „Dritten Welt“ auf die „Erste Welt“ zurückschlagen, sei es über neue Konfliktherde oder über eine weitere Verschärfung des globalen ökologischen Problems. Eine sich der Mundialisierung bewusst werdende Völkergemeinschaft wird zudem die Verelendung großer Teile der „Dritten Welt“ mit der Sinn- und Wertkrise des westlichen Zivilisationsmodells, das offenbar für die eigene Prosperität der globalen sozialen Ungleichheit bedarf, immer mehr in Verbindung bringen. Denn es muss bezweifelt werden, ob das Wertangebot unserer Zivilisation unter dem Vorzeichen der orientierungslosen Leistungsethik noch in der Lage ist, sinnvolle Inhalte zu vermitteln und angesichts des sich immer mehr ausbreitenden Wirtschaftsegoismus glaubwürdig zu bleiben.

Daraus ergibt sich eine schwerwiegende Konsequenz als eine Bedingung einer zu errichtenden globalen Friedensordnung: Das Wertsystem der zu verändernden Weltordnung kann nicht dem Effizienzgebot der westlichen Leistungsethik folgen, sondern muss eine eigene, diesem widersprechende Orientierung erhalten. Wenn die Völkergemeinschaft ohne Einschränkung akzeptiert hat, dass die Einbeziehung und nicht die Ausgrenzung der „Dritten Welt“ im Interesse der gesamten Menschheit liegt, wird sie endlich auch anerkennen, dass sie die Weltordnung in Richtung eines solidarischen Weltsystems verändern muss. Damit werden die Lebensinteressen aller – auch der bisher weitgehend ausgegrenzten – Völker als gleichberechtigt anerkannt, und darin liegt die einzige Alternative, die mittel- und langfristig eine Lösung der globalen Probleme gestatten würde.

Das Prinzip Solidarität als Orientierungsgroße eines neuen Wertsystems unterscheidet sich gleichermaßen von der üblichen Beschwörung eines

---

7 L.R.Brown et. al.(Hrsg), *Worldwarch Institut Report. Zur Lage der Welt 90/91*, Frankfurt 1990, 276 ff.

8 F.J. Hinkelammert/N. Arntz, *Das Überleben aller Menschen sichern. Ein Zwischenruf anlässlich der Weltbevölkerungskonferenz von Kairo*, in: Orientierung 58(1994), 170-175.

schal gewordenen Grundwertes wie von der Skandierung einer ehemals internationalistischen Formel. Weder ist Solidarität als Grundwert auf das bloße Person-Sein des Menschen wie in der katholischen Soziallehre zurückzuführen,[9] noch kann Solidarität heute sich noch vom Prinzip des sozialistischen Internationalismus leiten lassen. Im ersten Fall bleibt Solidarität dem bloßen Ansich-Sein des menschlichen Daseins verhaftet; im zweiten Fall ist zur Kenntnis zu nehmen, dass die politische und ökonomische Unterstützung antiimperialistischer Bewegungen der Völker durch die „Zweite Welt" ihre realpolitische Basis verloren hat.

Solidarität heute ist vielmehr der Notwendigkeit geschuldet, der Erbarmungslosigkeit des sich ausbreitenden westlichen Zivilisationsmodells gegenüber der Verelendung von Völkern der „Dritten Welt" und gegenüber der Zerstörung von Umwelt und Natur Einhalt zu gebieten. Solidarität ist die Bezugsgröße für den Gegenentwurf eines neuen Wertsystems zu der vom Prinzip Effizienz beherrschten Leistungsethik. Oberste Prinzipien einer adäquaten Ethik sind Gerechtigkeit und teilnehmende Liebe. Gerechtigkeit wird hierbei als Zustand einer Ordnung begriffen, in der nach Platon „jeder das Eigene und Seinige hat und tut",[10] in der also Gleichheit bei der Verteilung der materiellen Güter, der politischen Rechte und sozialen Pflichten erreicht beziehungsweise angestrebt wird.

Das Prinzip der teilnehmenden Liebe – ein unter anderem auch an die basistheologische Begrifflichkeit anschließender Terminus – beruht im Mitgefühl, in der Fürsorge und in der bewussten Übernahme von Verantwortung für andere. Derartige Werte werden gegenwärtig auch in feministischen Moralvorstellungen thematisiert.[11] Es bleibt offen, inwieweit hier auf sie zurückgegriffen werden kann.

Insgesamt muss die Durchsetzung eines solidarischen Weltsystems zu weitreichenden Konsequenzen für den Umbau des internationalen Wirtschafts- und Finanzgefüges führen, soll soziale Gerechtigkeit für alle Völker als Grundlage eines selbstbestimmten Lebens der Weltgesellschaft erreicht werden. Es ist der Grundwert der Menschenwürde für alle Menschen einzuklagen, also die Forderung der Charta der Vereinten Nationen zu erfüllen, dass für alle Menschen die Grundbedürfnisse eines menschenwürdigen Daseins zu sichern sind.

---

9 Gorschenek *ibid.*, 147 (s. Anm. 3).

10 Platon, *Politeia* (*Der Staat*) IV 433e-434a.

11 S. Harding, *Die auffällige Übereinstimmung feministischer und afrikanischer Moralvorstellungen. Eine Herausforderung für feministische Theorienbildung*, in: G. Nunner-Winkler (Hrsg.), *Weibliche Moral. Die Kontroverse um eine geschlechtsspezifische Ethik*, München 1995, 162-189.

Das noch näher zu entwickelnde Modell einer einzigen verbundenen Zivilisation müsste von einem neuen Koexistenzprinzip unterschiedlicher Kulturen, Völker und Rassen bestimmt sein.[12] Mit der notwendigen Aufgabe der Effizienznorm der Leistungsethik werden sich die größten Umbrüche im westlichen Wertsystem selbst ereignen müssen.

Für den Aufbau einer solidarischen Weltgesellschaft ist im Sinne von Erich Fromm der Weg vom Haben zum Sein zu beschreiten: weg vom Denken und Handeln in den Kategorien des Ego, der Privilegien und des Besitzes; hin zu den Verhaltensweisen, die von den Prinzipien der Gerechtigkeit, des Mitgefühls und der Selbstbeschränkung geprägt sind, also gerade von solchen Werten, die noch in sozialen Bewegungen, in Traditionen der Basisbewegungen der Weltreligionen und rudimentär in außereuropäischen Kulturen lebendig geblieben sind.

Die Idee, dass jedem Menschen bereits infolge seiner Zugehörigkeit zur Gattung Wert und Würde zukommt, ist bereits im Mythos schriftloser Kulturen wie in den Hochreligionen, insbesondere auch im Christentum, angelegt.[13] Von hier aus erhält das Bemühen um ein Weltethos eine umfassende Fundierung und Reichweite, wobei dessen Konkretisierung und Vermittlung allerdings noch viele Fragen offen lassen.

Ökologische Ethik und Sinnfrage

So sehr das Prinzip Solidarität die Richtung des Handelns innerhalb der zusammenwachsenden Weltgesellschaft bestimmen muss, kann für die Begründung eines universalistischen Wertsystems die Selbstreferenz einer gesellschaftlichen Menschheit allein noch nicht genügen. Denn auch das Modell einer solidarischen Menschheit ist primär dem Selbstinteresse der Gattung geschuldet und schließt von vornherein noch nicht die Idee der bewohnbaren Erde mit ein.

Zwar ist hier bereits Naturzerstörung als ein schwerwiegendes globales Problem erkannt, aber alle Bemühungen um eine Lösung werden die menschliche Gattung und ihre Lebensbedingungen zum alleinigen Bezugspunkt behalten und insofern noch immer nur partikulär verfahren. Auf ein Ganzes bezogen muss ein derartiger Wertbezug zu kurz greifen, weil die Gattung Mensch nicht aus sich selbst heraus existiert, sondern aus universalgeschichtlicher Perspektive in den Gesamtzusammenhang mit der Natur eingebettet ist.

---

12 V. Havel, *Auf der Suche nach Selbst-Transzendenz in der Postmoderne*, in: Friedensforum (Österr.) 1/2,1995, 20 f.

13 E. Schockenhoff, *Brauchen wir ein neues Weltethos? Universale Ethik in einer geschichtlichen Welt*, in: Theologie und Philosophie 2/1995, 224-244.

Es gehört bereits zur Selbstbeschränkung eines sich dem Ganzen verpflichtet wissenden Handelns, die Selbsterhebung des Menschen gegenüber der Natur in Frage zu stellen und sich die Naturbedingtheit des menschlichen Daseins bewusst zu machen. Gerade die fortschreitende Industrialisierung und Technisierung haben in unserem Jahrhundert überaus deutlich gemacht, dass Naturverlust auch einen schwerwiegenden Wertverlust anzeigt. Denn der uns zugängliche Teil der Natur ist ja auch Quelle menschlicher Innenerfahrung, ist auch die Welt, die dem menschlichen Dasein inneren Reichtum, Sinn und Wert verleiht, die emotionale Erfahrungen und Entwicklung von Phantasie ermöglicht. Insofern ist Natur auch Quelle der Selbstbestimmung des Menschen.[14]

Daher hat Naturzerstörung nicht nur die Gefährdung der natürlichen Lebensbedingungen des Menschen, sondern auch eine Verarmung seiner geistig-seelischen Seinsmöglichkeiten zur Folge. In diesem Sinne zeigt so die Entfernung des Menschen von der Natur auch eine Entfernung von sich selbst an: Naturverlust bedeutet Humanitätsverlust. Es ist also unabdingbar, in die Konstituierung eines neuen Wertsystems auch das Postulat nach einer Natur- und Kosmosfreundlichkeit der ökologischen Ethik aufzunehmen.

Kant geht noch einen Schritt weiter, indem er den Verlauf der Menschheitsgeschichte in den Gesamtzusammenhang der Natur eingebettet sieht und die Naturbedingtheit des menschlichen Daseins zu einer Absicht der Natur zuspitzt. Für Kant zeigt sich ganz zwingend: Es liegt in dem Plan der Natur, dass der Mensch sein Dasein nach den Möglichkeiten der eigenen Vernunft einrichtet, dass er sich gesellschaftlich organisiert, dabei Grundsätze der Moralität entwickelt und dass sich endlich eine „vollkommene bürgerliche Vereinigung in der Menschengattung“ ereigne.[15]

Insofern kann sich der Mensch nicht von der Naturbedingtheit lösen, es sei denn um den Preis der Verleugnung seiner selbst. So kann eine globale Friedensordnung gar nicht anders gedacht werden als von einer universellen Ordnung umschlossen und in dieser verankert. Das bedeutet, dass auch die Frage nach unserem Seinsverständnis neu aufgeworfen werden muss.

---

14 M. Rock, *Theologie der Natur und ihre anthropologisch-ethischen Konsequenzen*, in: D. Birnbacher (Hrsg.), *Ökologie und Ethik*, Stuttgart 1988, 72-102.

15 I. Kant, *Idee zu einer allgemeinen Geschichte in weltbürgerlicher Absicht*, in: Immanuel Kant Werkausgabe XI, hrsg. v. W. Weischedel, Frankfurt/ M. 1981, 47.

9.
Weltethos versus neue Weltordnung

Zum Verhältnis von gesellschaftlichem Sein und Bewusstsein unter der Bedingung des Überlebens der Menschheit.

Wenn wir danach fragen, wie ethische Standards und darauf basierende sittliche Normen, die das menschliche Verhalten zu einem erheblichen Teil steuern, zustande kommen, so lassen sich dafür sowohl der Wertebestand aus der kulturellen Tradition einer Gesellschaft als auch normative Anforderungen aus den konkreten gesellschaftlichen Veränderungen anführen.

Auf der einen Seite sind traditionell anerkannte Werte von einer überraschenden Dauerhaftigkeit und so relativ unabhängig von den großen gesellschaftspolitischen Umbrüchen des 20. Jahrhunderts und den rasanten weltpolitischen Entwicklungen, die seit etwa 1990 ablaufen. So spielen in der Tradition der westlichen, vom Christentum und von der Aufklärung gleichermaßen bestimmten Morallehre etwa das Tötungsverbot aus dem Dekalog des Alten Testaments, das Gebot der Goldenen Regel nach einem auf Gegenseitigkeit beruhenden ausgleichenden Verhalten und Kants allgemeines Vernunftgebot des Kategorischen Imperativs nach wie vor eine wichtige Rolle. In diesem Sinne könnte, sofern die Geltung der tradierten Werte gewährleistet wäre, die westliche Gesellschaft noch immer eine lebendige Wertegemeinschaft sein, die ihren Schlüsselbegriff seit Humanismus und Aufklärung in der Würde des Menschen artikuliert hat.

Auf der anderen Seite sind diese Werte jedoch infolge der großen gesellschaftlichen Veränderungen zunehmend relativiert worden und mehr und mehr zu nur äußerlichen Worthülsen verkommen. Neue schwerwiegende Fragestellungen, die sich größtenteils aus der unkritischen und profitorientierten Anwendung der Resultate des technologischen Fortschritts ergeben, sind aufgeworfen und erfordern neue, vor allem auch ethisch begründete Antworten.

In der weltweiten gesellschaftspolitischen Entwicklung der letzten 10 bis 15 Jahre ist nicht zu übersehen, dass trotz der weiteren Verschärfung der globalen Probleme das Partikularinteresse herrschender gesellschaftlicher Kreise gegenüber dem Gattungsinteresse weiterhin dominiert, indem die Prosperität einer Minderheit der menschlichen Gesellschaft wichtiger erscheint als das Wohl der ganzen Menschheit. Die zunehmende Gefährdung der labilen Weltlage und die Schwierigkeit, sie gegenwärtig zum Besseren zu wenden, beruhen in erster Linie auf dem Netz der strukturellen Gewalt, das von den herrschenden ökonomischen und finanzpolitischen Kreisen geknüpft worden ist und von der institutionellen Gewalt des Staates mittels seiner Sicherheitsapparate durch Militär, Justiz und Polizei abgesichert wird.

Die strukturelle Gewalt, hauptsächlich von den herrschenden Kreisen der reichen Länder des Nordens ausgeübt, ist Ausdruck ihrer ökonomischen Interessen, die alljährlich in den nunmehr mit polizeistaatlichen Mitteln abgesicherten Treffen der Vertreter der G7-Staaten gegenseitig abgestimmt werden. Für die Begründung, diese Interessen zu den Leitlinien des politischen Handelns zu machen, wird vorgegeben, ihre Durchsetzung nütze der Allgemeinheit, weil so das Wachstum der Ökonomie gewährleistet werde und Wohlstand und Fortschritt gesichert seien.

Für die Wertediskussion bedeutet das: Es werden sozialökonomische Parameter als maßgebende und anzustrebende gesellschaftliche Werte ausgegeben und als solche in ideologischer Absicht propagiert. Wie sonst würden sich die Notierungen der Aktienkurse in einer seriösen Nachrichtensendung rechtfertigen lassen?

Offenbar wird mittels einer einseitigen Informationspolitik und der inhaltlichen Besetzung von Leitbegriffen, mit denen die Maximen der ökonomischen Konkurrenz- und Leistungsgesellschaft zu wertmäßigen allgemeingesellschaftlichen Standards erhoben werden, eine ideologische oder, allgemeiner gesagt, eine kulturelle Hegemonie ausgeübt. In dieser Weise spiegelt die Steuerung des gesellschaftlichen Bewusstseins die ökonomischen Machtverhältnisse wider, in denen sich nunmehr umso leichter die menschlichen Verhaltensweisen nach diesen normativen Vorgaben manipulieren lassen. An dieser Stelle bestätigt sich die alte Wahrheit:

> Die Produktionsweise des materiellen Lebens bedingt den sozialen, politischen und geistigen Lebensprozess überhaupt. Es ist nicht das Bewusstsein der Menschen, das ihr Sein, sondern umgekehrt für gesellschaftliches Sein, das ihr Bewusstsein bestimmt.[1]

Es hieße jedoch die vielschichtige Seinsweise des Menschen gründlich verkennen, die Bestimmung *aller* Bewusstseinsinhalte des Menschen durch die materielle Basis der Gesellschaft annehmen zu wollen. So sind ja selbst neue Organisationsformen von Produktion und Konsumption, die in den angelaufenen Prozessen einer globalisierten Ökonomie zur Totalität des Marktes geführt haben, nicht einfach zur Steigerung der Profitrate irgendwie eingeführt worden. Vielmehr gingen ihnen rationale Konzeptionen der neoliberalen Ideologie voran, die dann mehrfach mit dem seit 1969 verlie-

1 Karl Marx, *Zur Kritik der Politischen Ökonomie*. Vorwort, in: Marx-Engels Werke, Bd. 13, 8 f.

henen Nobelpreis für Wirtschaftswissenschaften ausgezeichnet wurden.[2] Es gilt also auch umgekehrt, dass Ideen und ideologische Konzepte wirklichkeitsverändernd wirken, wenn auch nicht unmittelbar, sondern mittels gesellschaftlicher Instanzen und Institutionen. Erst in dieser gegenseitigen Bestimmung von gesellschaftlichern Sein und Bewusstsein kommt ihre dialektische Beziehung zum Ausdruck.

Natürlich reicht die bloße Vernunfteinsicht in ein notwendig anderes, von allgemeiner Verantwortung getragenes Handeln nicht aus, um die herrschenden ökonomischen und machtpolitischen Interessen zu verändern oder gar zu beseitigen. So wäre es abstrakt-utopisch, die Lösung der globalen Probleme über den idealen Entwurf einer neuen Ethik als neue sittliche Grundlage des menschlichen Handelns gleichsam im Selbstlauf erwarten zu wollen.

Wir haben aber an der oben vorgenommenen Erörterung wahrnehmen können, dass – um in der alten, immer noch eindeutigen Terminologie zu bleiben – Überbauphänomene des Bewusstseins auch auf das gesellschaftliche Sein zurückwirken. Darum ist es durchaus von Bedeutung zu überlegen, in welcher Weise sich neue Bewusstseinsinhalte artikulieren, welche Funktion sie haben und wie sie sich gesellschaftlich umsetzen lassen. Derartige Veränderungen – oder positiv gesagt Erweiterungen – des menschlichen Bewusstseins können initiiert werden durch die aus dem Grundwiderspruch der kapitalistischen Produktionsweise im Prozess der ökonomischen Globalisierung resultierenden Folgewiderspruche der sozialen Krise, der Krise des Arbeitssystems und der ökologischen Krise.

Die soziale Krise besteht hauptsächlich in der ungleichen Verteilung des mittels Technologie und materieller Produktion erwirtschafteten Reichtums. Die Krise des Arbeitssystems zeigt sich am deutlichsten in der Verminderung von Arbeitsplätzen infolge der immer weiter automatisierten Produktionsformen wie auch der Zusammenschlüsse der transnationalen Konzerne. Schließlich droht die ökologische Krise, die Verschlechterung der natürlichen Lebensbedingungen auf der Erde, sich zu einer dauerhaften Schädigung der Biosphäre zu verschärfen.[3] Diese Krisen zusammengenommen müssen zwangsläufig auch zu einer Sinnkrise im menschlichen Dasein führen, die den Nährboden für Reaktionen der Verzweiflung und der unkontrollierten Gewalt, eben auch der terroristischen Gewalt, bildet.

Eine andere, mehr dem vernünftigen Verhalten geschuldete Reaktion würde dann bestehen, die Interessen der Ausgegrenzten und Verelendeten,

---

2 So erhielt beispielsweise der österreichisch-britische Volkswirtschaftler Friedrich August von Hayek, einer der Väter des Neoliberalismus, im Jahre 1974 den Nobelpreis für Wirtschaftswissenschaften.

3 Siehe Leonardo Boff, *Ethik für eine neue Welt*, Düsseldorf 2000, 9 ff.

überhaupt aller Betroffenen, in einem erweiterten Bewusstsein von Verantwortlichkeit zum Ausdruck zu bringen. Die Artikulation dessen, was Verantwortung heißt, entspricht der gegenwärtigen Hauptaufgabe der Menschheit, die Erde als unseren bewohnbaren Planeten zu erhalten. Darin liegt so etwas wie Objektivität der mehrheitlich wahrgenommenen Gefährdung der gesamten Ökosphäre der Erde.

In den nachfolgenden Erörterungen wird ein Ansatz zur Lösung der globalen Probleme in der stringenten Begründung und Formulierung eines Weltethos, also eines gemeinsamen Wertebezugs für alle Kulturen, erkannt. Dieses Ethos, aus der Betroffenheit über die soziale und ökologische Not der Menschheit formuliert, spiegelt die Weltverhältnisse im gesellschaftlichen Bewusstsein nicht einfach so, wie sie sind, sondern weist visionär in Richtung einer neuen Handlungsorientierung. Es ermutigt in ideologischer Absicht all diejenigen, die sich mit den Gegebenheiten der neuen Weltordnung nicht abfinden wollen, sondern bereits aufgestanden sind gegen die verfeinerten Formen der Ausbeutung des Menschen und der Natur.

Neue Weltordnung als Wertegemeinschaft

Keine Erörterung der weiteren Entwicklung der Weltlage kann zum gegenwärtigen Zeitpunkt – Jahresende 2001 – von den terroristischen Anschlägen in New York und Washington im Spätsommer 2001 und von dem einen Monat später durch die USA begonnenen Krieg gegen Afghanistan absehen. Mit dem World Trade Center wurde ein Symbol der amerikanischen Wirtschaftsmacht und mit dem Pentagon die zentrale militärische Schaltstelle der US-amerikanischen Streitkräfte getroffen und so ein Doppelschlag gegen zentrale Einrichtungen von Ökonomie und Militär an scheinbar unverwundbaren Stellen geführt.

Terror als Ausbruch von physischer Gewalt kann aus friedenspolitscher Perspektive nicht akzeptiert werden, selbst wenn diese terroristische Aktion als verzweifelte Tat von politisch Ohnmächtigen und moralisch Gedemütigten zu bewerten wäre. Ebenso wenig ist terroristische Gewalt als symbolischer Akt zu rechtfertigen, der das allgemeine politische Verhalten zu beeinflussen und politische Ziele oder Hintergründe in das allgemeine Bewusstsein zu heben beabsichtigt.[4] Denn punktuelle physische Gewalt ist nicht das adäquate Mittel, um strukturelle Gewalt aufzubrechen.

Wie wir nun erfahren müssen, ist es als Gegenreaktion zu einem martialischen Ausbruch organisierter militärischer Gewalt des Weltpolizisten ge-

---

4 Siehe G. M. Bravo, *Terrorismus*, in: H. J. Sandkühler (Hrsg.), *Europäische Enzyklopädie zu Philosophie und Wissenschaften*, Bd. 4, Hamburg 1990, 570.

kommen. Letztlich ist der terroristische Akt vom Spätsommer 2001 für die herrschenden Kreise der USA ein willkommener Anlass gewesen, die Weltordnung in der Region von Zentralasien in ihrem Sinne zu korrigieren und den Interessengegensatz zwischen den drei Atommächten Russland, Pakistan und Indien auf der einen und den USA auf der anderen Seite mittels des gemeinsamen Feindbildes *internationaler Terrorismus* zu unterlaufen. Alte US-Pläne zur Erschließung der Erdöl- und Erdgasvorkommen in der kaukasisch-zentralasiatischen Region können nun in die Wirklichkeit umgesetzt werden.[5]

Hinzu kommt ein weiteres: Wieder einmal leisten die europäischen NATO-Staaten eilfertige Gefolgschaft und finden dabei eine neue Gelegenheit, die angebliche Existenzberechtigung ihrer Armeen und des Militärbündnisses unter Beweis zu stellen. In den USA selbst wurden die Anschläge von New York und Washington sogleich als Krieg gegen Amerika bewertet, der mit Kriegshandlungen gegen den internationalen Terrorismus zu beantworten sei. Da Kriegsvorbereitungen auch jetzt noch einer ideologischen Rechtfertigung bedürfen, wurden die Anschläge als Angriff auf die westliche Wertegemeinschaft, auf die Werte der christlich-demokratischen Gesellschaft verurteilt.

Aber welche Werte vertritt denn die westliche Welt in ihren politischen, ökonomischen und ideologischen Führungscliquen?

Diese Wertegemeinschaft definiert sich gegenwärtig de facto über die Ideologie des zerstörerischen Neoliberalismus und bestimmt sich wertmäßig nach Parametern des ungezügelten Kapitalismus, also nach den ökonomischen Leitlinien des totalen Marktes, nach ökonomischer Konkurrenz; wobei „ganz natürlich" der Stärkere den Schwächeren schluckt oder in die Knie zwingt, nach dem ungebremsten ökonomischen Wachstum und dem sich ständig mehrenden Profit der Großkonzerne.

Wie schon weiter vorn erörtert, sind die Kriege der USA zum Ausbau und zur Absicherung der neuen Weltordnung seit Jahren von den politischen Beratern des Pentagon ideologisch und strategisch vorbereitet.[6] Neben Brzesinski ist nochmals auf Huntington zu verweisen, der bekanntlich den Zusammenprall der Kulturen für unvermeidlich hält, um die Verheißungen und Werte der westlichen technologischen Zivilisation unter Füh-

5 Dass dieser Zusammenhang inzwischen fast Allgemeingut geworden ist, zeigt der Artikel: *Die Tränen des Teufels austrocknen. Öl ist Ursprung vieler Krisen* in der populären Zeitschrift Natur u. Kosmos, Heft 12/2001,10 ff. Vgl. auch den umfassenden Beitrag *Krisenherd Zentralasien*, in: Le Monde diplomatique 12/2001, 12 f.

6 Z. Brzesinski, *Die einzige Weltmacht. Amerikas Strategie der Vorherrschaft*, Weinheim/ Berlin 1997.

rung der USA durchzusetzen.[7] Der Westen muss sich nach Huntington auf die Kriege des 21. Jahrhunderts vorbereiten, und dazu bedarf es der kulturellen Einheit mit den USA an der Spitze:

> Ob der Westen politisch und wirtschaftlich zusammenfindet, hängt überwiegend davon ab, ob die USA ihre Identität als westliche Nation bekräftigen und es als ihre globale Rolle definieren, die Führungsnation der westlichen Kultur zu sein.[8]

Im Islam sieht Huntington einen potentiellen Feind, weil das Bevölkerungswachstum für Huntington ein Heer von arbeitslosen jungen Muslimen hervorbringe. Für den Westen sei bereits der Islam selbst das Problem, besitze dieser doch eigene Auffassungen darüber, was richtig und falsch sei.[9] Letztlich geht es nach Huntington um unterschiedliche Wertvorstellungen, um divergierende Auffassungen darüber, welchen Werten gegenüber die Kulturen in moralisch-sittlicher Hinsicht verpflichtet sind.

Die Notwendigkeit eines Weltethos – die andere Seite der Globalisierung

Auf die globalen Probleme kann es letztlich nur eine umfassende, vom Menschheitsinteresse geleitete Antwort geben. Ist das gesellschaftliche Bewusstsein soweit entwickelt, dass aus der Betroffenheit über die Bedrohungen der Erde nach Lösungsansätzen gesucht wird, dann sind auch ethische Prinzipien und sittliche Normen als Grundlage des verantwortungsbewussten Handelns erforderlich. Eine Gesamtheit der Mindestanforderungen an ethisch-moralischen Werten, um der zerstörerischen Dynamik der globalen Probleme Einhalt zu gebieten, umfasst das Weltethos.

Dieser Begriff ist zuallererst mit dem Namen des katholischen Theologen Hans Küng verbunden, der aus Ansätzen des interreligiösen Dialogs heraus einen Grundkonsens über verbindende Werte, Maßstäbe und Grundhaltungen herzustellen versucht hat. Küngs schlüssige Deduktion des Weltethos bildet sozusagen den roten Faden seiner zahlreichen Bücher der letzten zehn Jahre.

Die entsprechenden notwendigen Bedingungen für die Herleitung eines Weltethos lauten:

„Kein Frieden unter den Nationen ohne Frieden unter den Religionen. Kein Frieden unter den Religionen ohne Dialog zwischen den Religionen. Kein Dialog zwischen den Religionen ohne globale ethische Maßstäbe.

---

7 S.P. Huntington, *Kampf der Kulturen. Die Neugestaltung der Weltpolitik im 21. Jahrhundert*, München/ Wien 1996.

8 *ibid.*,. 507.

9 S. P. Huntington, *Islam und der Westen*, *ibid.*, 334 ff.

Kein Überleben unseres Globus ohne ein globales Ethos, ein Weltethos."[10]

Im Jahr 1997 hat Küng sein Ethos weiter konkretisiert.[11] Da dazu auf dem 3. Symposium der Projektgruppe *Globale Friedensordnung* von Horst-Dieter Strüning eine ausführliche Würdigung vorgelegt wurde,[12] genügt hier ein kurzer Hinweis auf diese Arbeit.

Küng erkennt, dass das Recht ohne Ethos keinen Bestand hat. Er nimmt zwei Prinzipien als Grundlage. Zum einen eine Abwandlung des kategorischen Imperativs der Zweck-Mittel-Version in der Formulierung, der Mensch solle Rechtssubjekt, niemals bloßes Mittel oder Objekt der Kommerzialisierung sein. Zum anderen die Goldene Regel in der positiven Formulierung: Was du willst, was man dir tut, das tue auch den anderen.

Diese Prinzipien sind die Basis von *vier unverrückbaren Weisungen*, die sich auf eine Kultur der Gewaltlosigkeit, der Solidarität, der Toleranz und der Gleichberechtigung beziehen. Diese Vision zielt insgesamt auf ein Gegenmodell zum neoliberalen Wirtschaftssystem und soll Bausteine für eine nachhaltige globale Markwirtschaft liefern.

Zielgruppe dieses wichtigen Ansatzes, der nun auch in Form eines Berichtes über ein neues Paradigma der internationalen Beziehungen dem UNO-Generalsekretär vorgelegt wurde, sind einflussreiche Persönlichkeiten des religiösen, wirtschaftlichen und politischen Lebens.[13] Eine Umsetzung kann also nur von oben nach unten erfolgen, und es ist zu befürchten, dass das Paradigma irgendwo in der Hierarchie versickert oder bis zur Unkenntlichkeit konsensfähig gemacht wird.

Ein anderer – nicht gegenläufiger, sondern komplementärer – Ansatz kann daher nur darin bestehen, die Ausgegrenzten und Verelendeten selbst zu befragen. Also ganz unten – oder was fast auf dasselbe hinausläuft – nicht im Zentrum, sondern an der Peripherie anzufangen.

Lassen wir hier einige Vertreter der Peripherie selbst zu Wort kommen:

Bereits im Zeitalter des klassischen Imperialismus wurde von den Kolonisierten „die organisierte Leidenschaft der Habgier der Kolonialmächte – wie es der indische Schriftsteller und Philosoph Rabindranath Tagore ausdrückte – angeprangert, um dann in aller Deutlichkeit festzustellen:

Was für eine schreckliche Wirklichkeit ist für uns der Westen, dessen Beziehung zu uns so wenig menschlich ist."[14]

---

10 H. Küng, *Spurensuche. Die Weltreligionen auf dem Weg*, München 1999, 306.

11 H. Küng, *Weltethos für Weltpolitik und Weltwirtschaft*, München/Zürich 1997.

12 H.-D. Strüning, *Zur konkreten Vision einer neuen Weltordnung*, in: DSS-Arbeitspapiere, Heft 41A, Dresden 1998, 68-79.

13 Darüber berichtet das evangelische Magazin *chrismon*, Heft 11/2001, 35.

14 R. Tagore, *Roter Oleander. Interpretation des Autors* (1925), in: M. Kämpchen, *Rabindranath Tagore*, rowohlts monographie, 1992, S. 106.

In unserer Zeit drückt Tagores Landsmännin, die indische Schriftstellerin Arundhati Roy, ihre Betroffenheit über die Arroganz der USA ganz ähnlich aus. So führte sie am 12.11.2001 bei der Entgegennahme des Grand Prix 2001 der *Acadámie Universale des Cultures* in ihrer Dankesrede aus:

> Wenn anerkannte Regierungen mit Moral nichts anfangen können, warum sollten Zivilisten es tun?...Der Kampf für Toleranz gegen Hegemonie jeglicher Art, religiöse, militärische, ökonomische, kulturelle – das ist heute die größte Herausforderung der Menschheit. Der amerikanische Präsident hat gesagt: Ihr seid entweder mit uns oder mit den Terroristen. Dieses Paradigma akzeptiere ich nicht. Ich glaube, dass die ganze *Schönheit der menschlichen Zivilisation*, unsere Kunst, unsere Musik, unsere Literatur sich solchen fundamentalistischen Positionen entzieht.[15]

In aller Deutlichkeit hat der frühere Befreiungstheologe Leonardo Boff in den Grundsätzen einer erweiterten Ethik die Sichtweise der Ausgeschlossenen berücksichtigt.[16] Für Boff hat Ethik vom Anderen auszugehen, aber nicht vom Anderen schlechthin, sondern vom *ganz anderen Anderen*, das heißt vom Armen und Ausgeschlossenen, vom Schwarzen und Ureinwohner, von der unterdrückten Frau und vom diskriminierten Opfer der Vorurteile. Dementsprechend lautet das höchste und absolute Prinzip der Boffschen Ethik: *Befreie den Armen!* Das Prinzip ist absolut, weil es jeden Menschen ständig und überall zum Tun verpflichtet, zu einem Tun, das schließlich die ursächlichen Mechanismen abzustellen ermöglicht und ein neues soziales System aufzubauen gestattet.[17]

All diese Ansätze sind sich dann einig, dass es vorrangig darum gehen muss, das Weltethos als ein zeitgemäßes holistisches Paradigma zu formulieren. Indem ein Paradigma, wissenschaftssoziologisch verstanden, stets auf eine Paradigmengemeinschaft bezogen sein muss, kommt nun die gesamte Menschheit ins Blickfeld. Da wie besonders Boff ausgeführt hat, die Existenz des Menschen an die Erde gebunden ist, kann auch die Umsetzung des Weltethos nur bei einem achtsamen Umgang mit unserem Planeten gewährleistet sein.

Eine adäquate Umsetzung des Weltethos ist wohl zuallererst in der *Erdcharta* zu sehen, deren Zustandekommen ein wichtiges Resultat des Rio-Prozesses ist und die nun zu einem offiziellen Dokument der UNESCO geworden ist.[18] Es soll im Jahr 2003 der UN-Generalversammlung zur Beschlussfassung vorgelegt werden. Ohne hier auf nähere Einzelheiten des

---

15 Der Standard, Wien, vom 16.11.2001.

16 L. Boff, *Ethik für eine neue Welt*, Düsseldorf 2000.

17 *ibid.*, 78.

18 Der nun gültige Wortlaut ist in der UNESCO-Fassung vom März 2000 enthalten. Vgl. dazu Boff *ibid.*, 80 ff.

Inhalts eingehen zu können, sei angemerkt, dass die Erdcharta auf vier Prinzipien beruht: Ehrfurcht vor der Gemeinschaft des Lebens und achtsamer Umgang mit ihr; ökologische Integrität; soziale und ökologische Gerechtigkeit, Demokratie, Gewaltfreiheit und Frieden.

So ist die Erdcharta gleichermaßen auf den Küngschen Prinzipien des interreligiösen Friedens und der weltanschaulichen Toleranz wie auf den Boffschen Imperativen einer planetarischen Ethik mit den Kernaussagen von der Ehrfurcht vor der Erde und der ursächlichen Beseitigung der Armut gegründet.

Das Weltethos erfordert eine Weltzivilisation

Im Grunde genommen ist die Konzeption des Weltethos im Sinne der Erdcharta dem Begriff der Weltzivilisation äquivalent. Diese Zuordnung wird bereits durch die Konstituierung eines *Rates der Erde* in Costa Rica angezeigt, der im Jahr 1997 eingerichtet wurde, um die Artikel der Erdcharta weiter zu beraten. In den Überlegungen zum weiteren Aufbau einer Weltzivilisation kann natürlich der Absolutheitsanspruch einer bestimmten Zivilisationsauffassung keinen Platz mehr haben. Das bedeutet insbesondere für westliche Auffassungen, dass das bisher vorrangig vertretene einseitige Rationalitätskonzept, d.h. sowohl der Anspruch auf die Universalität ihrer Wertvorstellungen als auch das Verständnis von Wissen als Herrschaftswissen, aufgeben werden muss.

Insbesondere die Menschen im ökonomischen Zentrum werden den Anschluss an ein erweitertes gesellschaftliches Bewusstsein erst herzustellen haben, an ein Bewusstsein der Verantwortlichkeit mit dem Ziel, das Überleben der Menschheit auf einer bewohnbaren Erde zu gewährleisten. Dieser Lernprozess wird für alle lebensnotwendig werden und dann nicht mehr umkehrbar sein.

Weiter ist bewusst zu machen, dass die gegenwärtige Realpolitik an den Weltproblemen vorbeigeht und völlig unzureichend ist.[19] Der Begriff von Weltzivilisation bezeichnet die Einheit unterschiedlicher Kulturen, die miteinander kooperieren und sich gegenseitig ergänzen und unterstützen in dem Bemühen, die großen Probleme der Menschheit gemeinsam zu lösen. Diese veränderte, neue Struktur der internationalen Beziehungen ist der Not unseres Zeitalters geschuldet. In diesem Sinne sollten die Ausführungen des Weltethos Praxis werden, als gesellschaftliche Praxis unserer planetarischen Gemeinschaft, die nicht anders als in Form einer globalen Friedensordnung konstituiert sein kann

19 Vgl. medico international, *rundschreiben* 04/2001.

10.
Demokratische Mindeststandards einer europäischen Friedensordnung

Demokratie und Frieden – ihr prinzipieller Zusammenhang

Demokratie und Frieden sind auf einzigartige Weise miteinander verbunden. Zumindest prinzipiell ist in der politischen Form der Demokratie die Herrschaft des Menschen über den Menschen aufgehoben. Ihr oberstes Ziel ist es, ein freiheitliches Gemeinwesen zu etablieren und zu sichern als eine *Assoziation*, in der die Menschenrechte respektiert und durchgesetzt werden, in der zwar die Naturrechte des Einzelnen an das Gemeinwesen entäußert werden (Th. Hobbes), aber so, dass – in Umkehrung eines berühmten Marx-Wortes – die freie Entwicklung aller die Bedingung für die freie Entwicklung eines jeden ist.

In einer solchen Assoziation oder Vereinigung freier Menschen gebietet die Gerechtigkeit, die Rechte aller zu schützen; sie ist also mit der Gleichheit aller vor dem Gesetz verwoben. Dagegen würde eine einseitige ökonomische Propagierung des Prinzips Nützlichkeit die Ungleichheit begünstigen (J. St. Mill) und die Menschen vorrangig nach Besitz und Leistung einteilen. In einer wahren Demokratie, die in prinzipieller Weise wohl noch nie in der Menschheitsgeschichte verwirklicht worden ist, sind die Ideale der Französischen Revolution von *liberté* (Freiheit des Einzelnen), von *fraternité* (Solidarität mit dem Anderen) und von *egalité* (Gleichheit vor dem Gesetz) als universelle Werte der menschlichen Gesellschaft eingelöst. Sie sind verallgemeinerungsfähig und gültig für alle Menschen.

Strebt also eine freie Assoziation danach, das Wohl aller zu sichern, dann drückt sich der Allgemeinwille auch darin aus, den Frieden im Inneren wie im Äußeren, der ja allein ihre Existenz und weitere Entwicklung gewährleisten kann, zu bewahren. Jeder Androhung von Gewalt gegen andere geht eine militärische Aufrüstung voraus, die von vornherein auch den eigenen Interessen schaden muss, werden doch erhebliche finanzielle Mittel dem Auf- und Ausbau des Gemeinwesens entzogen.

In einer *partizipativen* Demokratie, in der die Bürgerinnen und Bürger zur politischen Entscheidungsfindung und zur Gesetzgebung befähigt sind, artikuliert sich der Allgemeinwille dahingehend, einen drohenden Krieg auf jeden Fall zu verhindern, die Ursachen eines möglichen Konflikts aufzudecken und die vorhandenen Probleme auf friedliche Weise zu lösen. Das Selbstinteresse der Assoziation wird einen Angriffskrieg von vornherein unterbinden und bei einer Bedrohung von außen nach gewaltfreien Wegen der Konfliktlösung suchen.

In der Verallgemeinerung dieses Idealfalls einer wahrhaft demokratisch verfaßten Assoziation ist die generelle Respektierung der Menschenrechte erste Grundbedingung auch des Weltfriedens. Die Menschenrechte umfassen ja nicht nur die unveräußerlichen Persönlichkeitsrechte und Grundrechte des Einzelnen, wie sie 1948 in der Erklärung der Allgemeinen Menschenrechte von den Vereinten Nationen verkündet wurden. Hinzu kommen die internationalen Pakte über die bürgerlichen und politischen Rechte sowie über die wirtschaftlichen, sozialen und kulturellen Rechte, die 1966 beschlossen und zehn Jahre später in Kraft gesetzt wurden. Allerdings sind in der westlichen Welt die internationalen Pakte, in denen sich ein weiteres Mal die Ideen der Gleichheit und der sozialen Gerechtigkeit ausdrücken, nur Absichtserklärungen geblieben und sind nicht in geltende, einklagbare Rechtsansprüche überführt worden.[1]

Die repräsentative Demokratie und der negative Frieden

In der politischen Praxis der Völker ist die Idee einer sozialen, emanzipatorischen Demokratie nie umfassend verwirklicht worden. Stattdessen wird seit John Locke (1632-1704) die Idee der repräsentativen Demokratie zugrunde gelegt - als Idee der parlamentarischen Repräsentation, deren historischer Ursprung aus dem Ständewesen nicht zu verkennen ist.[2]

Der *formale* Charakter der Repräsentativdemokratie wird durch den Wahlakt ausgedrückt, der die eigentliche demokratische Begründungsfunktion zugewiesen erhält. Bereits mit dem Wahlakt erschöpft sich der substantielle Gehalt der demokratischen Idee. Unverzichtbar für das Demokratieverständnis bleibt zwar formal die Volkssouveränität, die in der Repräsentation durch die Vertreter des Volkes zum Ausdruck kommen soll. Repräsentiert wird die Volkssouveränität durch politische Parteien und deren Vertreter, so dass das Volk nur noch im Rahmen der Organisation von Parteien an der politischen Willensbildung mitwirkt, aber an den politischen Entscheidungen – bis hin zur Frage von Frieden und Krieg – nicht mehr direkt beteiligt ist.

---

1 Th. Gebauer, *Sicherheit und Menschenrechte. Über den sozialen Ausschluss oder das Recht, Recht zu haben*, in: medico international, Rundschreiben 1/2004, 24-27.
Vgl. hierzu besonders: E. Woit, *Auch mit Gewalt? Wege und Irrwege zur Durchsetzung der Menschenrechte*, Witten/Dortmund: pad 2001.

2 L. Lamprecht, Stichwort *Demokratie*, in: H. J. Sandkühler (Hrsg.), *Europäische Enzyklopädie zu Philosophie und Wissenschaften*, Bd. 1, Hamburg 1990, 483-533.

Bereits Jean-Jacques Rousseau (1712-1778) hat schwerwiegende Bedenken gegen das Repräsentationssystem erhoben. Aus den Erfahrungen der *Glorious Revolution* Englands des 17. Jahrhunderts, die die Errichtung des repräsentativen Parlaments gegen König und Hochadel anstrebte, kann für ihn die Souveränität des Volkes als eines Gemeinschaftswesens nur durch sich selbst dargestellt werden.[3]

Die Parteiendemokratie hat, wie wir aus der Geschichte der Bundesrepublik wissen, ein politisches Eigenleben entwickelt. Es ist außerparlamentarischen Einflüssen, insbesondere der Wirtschaftsverbände, ausgesetzt und entfernt sich immer mehr von der ursprünglich angestrebten Repräsentation des Allgemeinwillens des Volkes. Das plebiszitäre Element wird von den etablierten Großparteien, deren Vertreter sich selbst als Elite verstehen und der Mehrheit der Bürger eine vernünftige Entscheidungsfindung in Einzelfragen nicht zutrauen, nicht akzeptiert. Die Arroganz der politisch Herrschenden und wirtschaftlich Mächtigen in der politischen Bevormundung der Bürgerinnen und Bürger entspricht deren vorsätzlicher Entpolitisierung. Wahlmüdigkeit und Rückzug ins Private – der allerdings auch noch andere Ursachen hat – sind die Folge.

Die mangelnde politische Mitbestimmung der Bürger entlässt sie aus lebenswichtigen Entscheidungen des Gemeinwesens. Wenn heute in den politischen Absichtserklärungen von Frieden und Sicherheit die Rede ist, jedoch militärische Optionen gemeint sind, widerspricht diese Programmatik prinzipiell den Lebensinteressen der Menschen. Ein derartiger Frieden, der an den substantiellen Voraussetzungen seiner Verwirklichung vorbeigeht, ist ein *negativer Frieden.*

Ein bloß negativer Frieden, der sich allein durch Kriegsabwesenheit auszeichnet, ist fragil. Der Friedenszustand ist zerbrechlich, strukturell ungesichert und schließt von vornherein die militärische Gewaltanwendung nicht aus. Ein derartiger Zustand, in dem militärisch aufgerüstet und kriegsleitende Interessen noch vorhanden sind oder jederzeit wiederbelebt werden können, umfasst eine Zeit des Nicht-Krieges, eine Zeit, die der politische Philosoph Thomas Hobbes nicht anders als Immanuel Kant noch dem Kriegszustand zurechnet.

Es sei hier wegen der großen Bedeutung der Begriffsbestimmung des Krieges – auch für unsere Zeit – nochmals besonders auf Hobbes verwiesen. Für ihn liegt das Wesen des Krieges nicht in der unmittelbaren militärischen Gewaltausübung, sondern in der *Disposition* dazu. In seinem Leviathan (1651) schreibt er:

---

[3]Lamprecht *ibid.*

> Das Wesen des Krieges besteht nicht in den tatsächlichen Kampfhandlungen, sondern in der deutlichen Bereitschaft (*disposition*) dazu in der Zeit, in der man sich des Gegenteils nicht sicher sein kann.[4]

In unserer Zeit hat Dieter Senghaas für den fragilen Frieden den Begriff *organisierte Friedlosigkeit* geprägt, die gesellschaftlich-strukturell bedingt ist. Mit diesem Begriff aus der Zeit des Kalten Krieges wird die militärische Hochrüstung mit dem der *Abschreckung* in Beziehung gesetzt. Damit lässt sich auch nach dem Ende des Kalten Krieges die innere Verfasstheit der westlichen Gesellschaften charakterisieren. Nur ist der Begriff der Abschreckung durch andere Ideologeme, wie friedensschaffend, humanitär und präventiv zu ersetzen. Geblieben, ja noch deutlicher hervorgetreten, ist die kapitalistische Struktur der modernen westlichen Gesellschaft, die in der neoliberalen Ideologie eine neue Form wirtschaftsimperialistischer Strategien übernommen hat.

Kann aus der Europäischen Union eine europäische Friedensordnung erwachsen?

Dem Begriff einer internationalen Friedensordnung liegt die Idee des positiven Friedens zugrunde. Notwendigerweise müssen ihr zwei Bedingungen vorausgehen: Zum einen müssen alle Kriegshandlungen eingestellt werden, zum anderen muss weiter die Forderung nach allgemeiner, kontrollierter Abrüstung erfüllt sein.

Zwar findet sich in dem Entwurf der Verfassung für Europa bereits in der Präambel das Bekenntnis, „auf Frieden, Gerechtigkeit und Solidarität in der Welt hinzuwirken“[5], und es wird als oberstes Ziel der Union deklariert, „den Frieden, ihre Werte und das Wohlergehen ihrer Völker zu fördern“ (Art. I-3,1). Doch lassen die näheren inhaltlichen Ausführungen des Verfassungsentwurfs keinen Zweifel daran, dass diese Friedensverpflichtung kaum mehr als ein formales Bekenntnis ist. Denn in den Bestimmungen zur gemeinsamen Sicherheits- und Verteidigungspolitik heißt es in Art. I-40,3:

> Die Mitgliedsstaaten verpflichten sich, ihre militärischen Fähigkeiten schrittweise zu verbessern. Es wird ein Europäisches Amt für Rüstung, Forschung und militärische Fähigkeiten eingerichtet, dessen Aufgabe es ist, den operativen Bedarf [an Waffen] zu ermitteln und Maßnahmen zur Bedarfsdeckung zu fördern.

---

4 Thomas Hobbes, *Leviathan* (hrsg. von I. Fetscher), Frankfurt /M. 1984,. 96. Vgl. Beitrag Nr. 4 in diesem Buch.

5 *Entwurf: Vertrag über eine Verfassung für Europa, Präambel*, 5.

Es fehlt also jeder positive Ansatz, den Krieg als Mittel der Politik zu ächten und eine umfassende Abrüstung einzuleiten.[6] Vielmehr soll die Disposition zum Krieg in der Europäischen Union weiterhin aufrechterhalten werden. Neue militärische Abenteuer sind vorprogrammiert. Somit verfolgt das Friedensgebot des Verfassungsentwurfs, wenn nicht die bloß deklarative Absicht mit ihm verbunden ist, allenfalls ein Friedensziel im negativen Sinn, nämlich den heißen Krieg vom Staatenbund der EU fernzuhalten. Die Friedensfähigkeit der Europäischen Union hängt zudem eng mit ihrer demokratischen Konstitution zusammen. Diese führt uns zu den von Immanuel Kant erörterten Rechtsbedingungen, die einen positiven Friedenszustand zwischen den Staaten erst ermöglichen. Solche Rechtsbedingungen sind, wenn von dem noch nicht näher ausformulierten Weltbürgerrecht abgesehen wird, völkerrechtlicher und staatsrechtlicher Natur. Das Völkerrecht regelt traditionell das Zusammenleben zwischen den Völkern in den Nationalstaaten, so wie es bis heute in den Grundlagen der Charta der Vereinten Nationen festgelegt ist.

Für die UNO ist das unbedingte Friedensgebot oberste Maxime in den internationalen Beziehungen: „Wir, die Völker der Vereinten Nationen," – so beginnt die UN-Charta – „fest entschlossen, künftige Geschlechter von der Geißel des Krieges zu bewahren, die zweimal zu unseren Lebzeiten unsagbares Leid über die Menschheit gebracht hat ...", um dann im Artikel 1 die obersten Ziele der Vereinten Nationen zu beschreiben, nämlich

- den Weltfrieden und die internationale Sicherheit wahren;
- freundschaftliche Beziehungen zwischen den Nationen bei Achtung der Prinzipien von Gleichberechtigung und Selbstbestimmung der Völker entwickeln;
- internationale Probleme wirtschaftlicher, sozialer, kultureller und humanitärer Art in internationaler Zusammenarbeit lösen.

Hier ist also die internationale Kooperation in allen übergreifenden Fragen bei Achtung der Selbstbestimmung und Gleichberechtigung der Völker Leitlinie des positiven Friedensbezuges.

Neben den völkerrechtlichen Bedingungen ist aber auch in staatsrechtlicher Hinsicht die Verfasstheit eines Staates für das Zusammenleben mit anderen Staaten in den internationalen Beziehungen von friedensrelevanter Bedeutung. Denn erst eine – nach Kant – *republikanische* Verfassung, in der die Prinzipien von Freiheit, Gerechtigkeit und Gleichheit für alle gesichert sind, besitzt eine friedensfunktionale Bedeutung und begünstigt die

6 P. Becker / Ph. Boos, *Zum Verfassungsentwurf der EU*, in: Wissenschaft und Frieden 2/2004, 10-13.

Etablierung einer internationalen Rechtsordnung in völkerrechtlicher Hinsicht.[7]

Jürgen Habermas weist darauf hin, dass in einem politischen Gemeinwesen die Bürger als Autoren des Rechts und nicht als bloße Adressaten des Rechts zu gelten haben. Besonders im grundlegenden Prozess der Konstituierung einer Verfassung müssen die assoziierten Bürger aktiv beteiligt sein. Nur auf einem derartigen demokratischen Weg kann die notwendige Legitimität aus Legalität erzeugt werden.[8]

Der Entwurf der Verfassung der Europäischen Union ist jedoch von einem Konvent ausgearbeitet worden, der vom Europäischen Rat, also den Vertretern der Regierungen, einberufen wurde. Relevante gesellschaftliche Gruppen haben nicht mitgewirkt. Die europäischen Völker sind im Konvent nicht repräsentiert. Ja mehr noch, auch nachträglich wird das Volk kaum befragt. Referenden besitzen in Deutschland, England, Spanien und Belgien keine Rechtsgrundlage; in anderen europäischen Ländern wie Polen, Schweden und Ungarn sind Volksabstimmungen möglich, aber vom Ergebnis her nicht bindend.[9]

In den Entscheidungen der EU über übergeordnete wirtschaftliche und politische Fragen, bis hin zu den im Verfassungsentwurf kaum thematisierten Weltproblemen, wird eine direkte Bürgerbeteiligung schlechthin übergangen. Die mangelnde Beteiligung der Bürger an der politischen Willensbildung innerhalb der Europäischen Union erweist sich jetzt schon als fatal und wird, wenn sie nicht geändert wird, über kurz oder lang zu einer Legitimitätskrise führen.

Ein wichtiges Indiz für eine demokratische Konstitution einer Assoziation ist seit John Locke und Montesquieu (1689-1755) die Gewaltenteilung, also die gegenseitige Unabhängigkeit der gesetzgebenden, der vollziehenden und der richterlichen Gewalt. Damit der politische Souverän die legislative Gewalt nicht missbrauchen kann, wird dessen Gewalt von der exekutiven und richterlichen Gewalt getrennt. Tatsächlich ist in der Europäischen Union das Prinzip der Gewaltenteilung nicht streng gewahrt. Das EU-Parlament, das einzige direkt gewählte Organ, hat keine legislative Gewalt, sondern nur Mitwirkungsrechte und Beratungsfunktion (Art. 19,1). Dagegen besitzt die Europäische Kommission, die ernannt und nicht gewählt wird (Art. III-250), das Monopol auf Gesetzesinitiative (Art. 25,2). Sie ist neben dem Ministerrat zugleich Exekutivorgan der Union (Art. 25,1).

---

7 W. Kersting, *Die bürgerliche Verfassung in jedem Staate soll republikanisch sein*, in: O. Höffe (Hrsg.), *Immanuel Kant, Zum Ewigen Frieden*, Berlin 1995, 87-108.

8 J. Habermaas, *Zur Diskussion mit Kardinal Ratzinger*, in: Information Philosophie 4/2004, 7-15.

9 *EU-Verfassungsreferendum - ja oder nein?*, in: Freitag vom 24.09.2004, 7.

Selbst die richterliche Gewalt ist eingeschränkt; denn dem Europäischen Gerichtshof wird eine Zuständigkeit für die Außen- und Sicherheitspolitik abgesprochen.[10]

In der Praxis wird eine Demokratie schließlich daran gemessen, wie weit die Menschenrechte eingehalten werden und ob es in sozialer Hinsicht gerecht zugeht. Nach Platon besteht Gerechtigkeit ganz einfach darin, dass jeder das Seinige hat und tut[11] – also jedem nach seinen Fähigkeiten und nach seinen Bedürfnissen. Die soziale Gerechtigkeit korrespondiert hier gleichermaßen mit dem, was der Einzelne leistet und zum Leben braucht.

In der Europäischen Union dominiert dagegen einseitig die neoliberale Ideologie einer Leistungsgerechtigkeit, nach der der Leistungsfähige belohnt wird und der Schwache auf der Strecke bleibt. Überhaupt sind die wirtschafts-, finanz- und sozialpolitischen Umsetzungen in den einzelnen Politikbereichen der Europäischen Union in neoliberaler Handschrift geschrieben. Die wirtschaftlichen Zielvorgaben mit der Freiheit für den Personen-, Waren-, Dienstleistungs- und Kapitalverkehr sollen den Europäischen Binnenmarkt verwirklichen, also die umfassende Privatisierung der öffentlichen Güter ohne Einflussnahme der Gemeinwesen vorantreiben.

Notwendige Bedingungen für ein friedensfähiges Europa

In absehbarer Zeit – so sind die vorangegangenen Überlegungen zusammenzufassen – wird sich eine europäische Friedensordnung, die der Idee des positiven Friedens verpflichtet ist, nicht verwirklichen lassen. Dennoch, fragt man nach den Gesinnungen und Willensäußerungen der Bürger, so haben die großen Friedenskundgebungen in den verschiedenen Ländern vom 15. Februar 2003 gegen den Irak-Krieg der USA einen unbedingten Friedenswillen bekundet. Jürgen Habermas und der kürzlich verstorbene französische Philosoph Jacques Derrida haben in diesem Zusammenhang von einer Wiedergeburt Europas gesprochen. Mit diesem Signal für die Schaffung einer europäischen Öffentlichkeit sei das Bild eines „friedlichen, kooperativen, dialogfähigen Europas" entworfen worden. Dieses Signal zum Aufbau eines friedlichen Europa müssten die Regierenden aufgreifen und in eine „Politik der Zähmung des Kapitalismus" überführen.[12]

---

10 Kommission Friedenspolitik von pax Christi (Hrsg.), *Eine neue Supermacht? Der EU-Verfassungsentwurf stellt die Weichen für globale Kriegsführung, Sozialabbau und Entdemokratisierung*, in: Impulse Juni 2004.

11 Platon, *Der Staat* 433A-434C.

12 Jacques Derrida/Jürgen Habermas, *Unsere Erneuerung. Nach dem Krieg: Die Wiedergeburt Europas*, in: FAZ vom 31.05.2003, wieder abgedruckt in: (Österr.) Friedensforum, 5-6/2003, 4-6.

Damit ist eine *erste* notwendige Bedingung für einen Politikwechsel in Europa genannt. Aber ist der Kapitalismus überhaupt zu zähmen?

Es entspricht seinem Wesen, auf ein ständiges Mehr, auf wachsende Warenangebote und Märkte ausgerichtet zu sein. Die einst freiheitliche, republikanische Gesellschaft, repräsentiert durch den Begriff der Polis, ist in ein großes Warenhaus verwandelt und der politische Bürger zu einem Konsumenten entmündigt worden, dessen Wertschätzung sich nach Einkommen und Kaufbereitschaft richtet. Immer stärker drängt das Kapital darauf, alle Dinge dieser Welt in eine Ware zu verwandeln und selbst die menschlichen Beziehungen nach den Vorgaben des Marktes zu regeln. Was also könnte den Kapitalismus da noch zähmen? Doch nur die Wahrnehmung seines Selbstwiderspruches, dass die grenzenlose Profitgier das eigene Fundament zerstört; nur die Einsicht, dass es natürliche Grenzen des Wachstums und damit auch der Profite gibt.

Die verwundbarste Stelle der Wachstumsgesellschaft ist immer noch die Versorgung mit billiger Energie. Doch sind die fossilen Brennstoffe nicht unerschöpflich. Eine Gruppe von Fachleuten um den irischen Erdölgeologen Colin Campbell hat kürzlich vor dem bald erreichten Höhepunkt der weltweiten Erdölproduktion gewarnt. Dieser Förderhöhepunkt (*Peak Oil*) wird bei wachsender Nachfrage, besonders aus China, in etwa für das Jahr 2008 prognostiziert. Kann die Erdölförderung nicht weiter erhöht werden, sei eine Explosion der Öl- und Energiepreise und eine Depression der Weltwirtschaft zu erwarten.[13]

Letztlich geht es bei der Zähmung des Kapitalismus vor allem um die Besitzstandswahrung der sozialen Güter, die in langjährigen Arbeitskämpfen und unter der Bedingung der Systemkonkurrenz zwischen Ost und West errungen wurden. Den Kapitalismus zu zähmen kann gegenwärtig nur heißen, die neoliberale Wirtschafts- und Finanzpolitik zu stoppen.

Hier geht es um nicht weniger als um die Erhaltung der Lebensgrundlagen der Menschen, also um den Schutz der öffentlichen Güter wie Gesundheit, Wasser und Verkehr, Bildung und Kultur, um die weitere Bereitstellung von qualitativ hochwertigen öffentlichen Dienstleistungen. Deren drohende Privatisierung ist eine schwerwiegende Beeinträchtigung der grundlegenden Persönlichkeitsrechte und der sozialen und kulturellen Menschenrechte. Die errungenen sozialen Rechte sind in demokratischen Mitbestimmungs- und Entscheidungsprozessen gegen die Umsetzung der neoliberalen Grundsätze des europäischen Binnenmarktes zu verteidigen.[14]

---

13 R. Poth, *Öl: Fatales Finale?*, in: Südwind. Magazin für internationale Politik, Kultur und Entwicklung, Wien 25(2004), H. 7/8, 17 f.

14 attac Deutschland, *Mehr Demokratie und weniger Maastricht. Eine Kritik des Verfassungsentwurfs von der Euro-Memorandumgruppe*, in: Friedensforum (Bonn), 2/2004, 41.

Eine *zweite* Grundbedingung für ein friedensbereites Europa hängt eng mit der ersten zusammen und entspricht dem Kantschen Postulat, als Vorbedingung eines dauerhaften Friedens die *stehenden Heere* abzuschaffen, die andere Staaten mit Krieg bedrohen und das Wettrüsten vorantreiben.[15] Es liegt – wie schon ausgeführt – im Selbstinteresse einer Assoziation, dass allgemein abgerüstet wird und so Angriffskriege und militärische Interventionen von den Voraussetzungen her unterbunden werden.

Eine strategische Umorientierung der Politik, weg von der Angriffsarmee, weg von der Option einer weltweiten militärischen Einmischung, hin zu einer Politik weltweiter Kooperation und Ursachenbekämpfung von Verelendung, Hunger und Gewaltbereitschaft, setzt erhebliche finanzielle Mittel frei. Diese Gelder werden dringend für den inneren Aufbau eines friedensfähigen Europas, für Bildung und Ausbildung, für alternative Energien und Klimaschutz und für die Lösung der anstehenden sozialen Probleme benötigt.

Mit dem Terrorismus, den es zu bekämpfen gilt (Art. III-210,1), wird selbst in dem europäischen Verfassungsentwurf ein Feindbild festgeschrieben, wohl absichtlich in vager Formulierung. Bei Bedarf kann dann für Terrorismus vom Europäischen Rat ein *Schurkenstaat*, eine missliebige politisch-religiöse Gruppe oder ein *Diktator* eingesetzt werden, um den beabsichtigten militärischen Angriff in Übereinstimmung mit der Verfassung zu bringen und so formal zu rechtfertigen.

Hierzu erhebt Adolf Muschg, Schweizer Schriftsteller und Präsident der Berliner Akademie der Künste, seine warnende Stimme:

> Europa hat lernen müssen, den Preis von Siegen zu bedenken. Die Erfahrung sagt den Europäern, dass der *Krieg gegen den Terrorismus* heute mehr Feinde erzeugt, als er überwinden kann, und damit selbst zu den Übeln gezählt werden muss, die er auszurotten behauptet. Die Kreuzzüge der Vergangenheit sind von Europa ausgegangen, darum ist es dafür nicht mehr zu haben.[16]

Schließlich ist noch eine *dritte* notwendige Bedingung zu nennen, die leicht übersehen wird: Die Bürger müssen das Heft zum Handeln selbst in der Hand haben, sie müssen sich einmischen, wo es nur irgend geht, wenn es um das eigene Wohl und um das der Gemeinschaft geht. Sie müssen unmittelbar teilhaben am politischen Leben – das ist der Grundgedanke der partizipativen Demokratie, wie er formal auch im Verfassungsentwurf festgelegt ist (Art. 46). Dort ist allerdings nur von einem Austausch von An-

---

15 I. Kant, *Zum ewigen Frieden. Ein philosophischer Entwurf*, 3. Präliminarartikel, in: Kant Werkausgabe Bd. 11 (hrsg. von W. Weischedel), Frankfurt /M. 1981, 197.

16 A. Muschg, *Kerneuropa. Gedanken zur europäischen Identität*, in: Neue Zürcher Zeitung vom 31.05.2003, wieder abgedruckt in: (Österr.) Friedensforum H. 5/6, 2003, 7 f. (Zitat auf S. 8.).

sichten (Art. 46,1), von einem offenen Dialog zwischen den Organen der EU und der Zivilgesellschaft (Art. 46,2) sowie von Anhörungen der Betroffenen durch die Europäische Kommission (Art. 46,3) die Rede. Jedoch erstarrt die lebendige Demokratie im Formal-Demokratischen. Die Bürger sehen sich von lebenswichtigen Entscheidungen ausgeschlossen und stehen dem Institutionen-Wirrwarr der EU misstrauisch gegenüber. Dieses demokratische Manko ist selbst vom Kommissionspräsidenten Barroso wahrgenommen worden, der eine Kommissarin für Transparenz und Bürgerkontakte benannt hat, um *den Bürgern Europa zu erklären*. Große Worte sollen künftig die unzulänglichen demokratischen Prozesse schönreden. Die Zivilgesellschaft verfügt aber selbst über eine mächtige Stimme, die von den Herrschenden in Wirtschaft und Politik gefürchtet ist.

Eine lebendige Demokratie, in der der oberste Souverän den allgemeinen Willen verwirklicht, ist eine wesentliche Voraussetzung für den Weg zu Frieden und sozialer Gerechtigkeit. Die mangelnden demokratischen Strukturen und Entscheidungsprozesse zeigen an, wie weit die Europäische Union davon entfernt ist, den Aufbau einer internationalen Friedensordnung zu ermöglichen oder gar zu verwirklichen

.

III. PERSPEKTIVEN EINER GLOBALEN FRIEDENSORDNUNG

Einführung: Neue Weltordnung und globale Friedensordnung

Seit dem Umbruch des Geschichtsprozesses um 1990 hat die Weltgeschichte einen anderen Verlauf genommen. Aber entgegen anfänglicher Hoffnungen zeichnet sich auch zwanzig Jahre nach dem Ende jahrzehntelanger Blockkonfrontation keine Lösung der großen Menschheitsprobleme, der *globalen Probleme* ab, also der ungelösten Aufgaben im Weltmaßstab wie Umweltprobleme, Überbevölkerung, Armut und militärische Überrüstung. Vor allem die drohende Gefahr der militärischen Zerstörung unseres Planeten mittels Massenvernichtungsmittel ist trotz neuer Bemühungen von seiten der USA und Russlands, die atomare Überrüstung zu reduzieren, kaum geringer geworden und keineswegs gebannt.

Weder ist in den militärischen Strategien die Option des Ersteinsatzes nuklearer Waffensystem wirklich aufgegeben, noch ist ein allseitiger, d.h. alle Staaten betreffender, und umfassender, d.h. alle Waffengattungen umschließender, Abrüstungsprozess eingeleitet worden. Die Hemmschwelle zur Kriegsbereitschaft ist deutlich niedriger geworden, und regional begrenzte Kriege – wie der Überfall der USA und einiger ihrer Verbündeten auf den Irak sowie der NATO-Krieg gegen Afghanistan – werden wieder für führbar und gewinnbar gehalten.

Das System der globalen Probleme lässt sich für Lösungsalternativen nicht aufbrechen, und kein Problem kann ernsthaft einer Lösung zugeführt werden, solange die Militarisierung der Politik die ökonomische Vorherrschaft der reichen Industriestaaten weiter absichern soll. Die auf wirtschaftliches Wachstum ausgerichtete Entwicklung der Produktivkräfte muss das Naturverhältnis des Menschen weiter deformieren. Eine Degradierung der Natur im Dienst privatwirtschaftlicher Interessen, die noch von menschlichen Allmachtsphantasien in der Genforschung und in der Biotechnologie forciert werden, zeichnet sich immer deutlicher ab.

Die gegenwärtige weltpolitische Situation ist nach dem Ende des die Nachkriegsordnung bestimmenden Ost-West-Antagonismus nunmehr durch bereits länger andauernde Turbulenzen gekennzeichnet. Die vermeintliche Siegerseite des Kalten Krieges ist zur Machtpolitik des alten Denkens zurückgekehrt. Angesagt ist seither die endgültige Absicherung der als *neue Weltordnung* propagierten nachsozialistischen Ära, deren wesentliches Moment eine erdumspannende kapitalistische Wirtschaftsordnung unter neoliberalem Vorzeichen und unter geänderten Rahmenbedingungen darstellt. Mit den verschärften Bedingungen des globalen Verteilungskampfes hat sich das materielle Leben für zwei Drittel der Menschheit weiter verschlechtert. Nachdem von den G7- bzw. G8-Staaten eigene Sicherheitsinteressen nach Maßgabe der ökonomischen Interessen neu definiert worden sind, ist der Umriss einer neuen Weltordnungspolitik sichtbar geworden, in deren Gefolge die Verelendung großer Teile der Menschheit weiter zugenommen hat.

Zu fragen ist, ob in Anbetracht der nicht aufgegebenen US-Option globaler Herrschaft und der nach wie vor vorhandenen Atomkriegsgefahr die Erörterung der Modalitäten einer weltumspannenden Friedensordnung nicht wie eine *schlechte Utopie*, eine die Realität gründlich verfehlende Idee, erscheinen muss. Solange jedoch in der Geschichte noch ein Handeln nach Vernunftgründen erkennbar ist, ist nach einer möglichen Alternative zur neuen Weltordnung, nach einer anderen geschichtlichen Perspektive Ausschau zu halten.

Damit sind alle Menschen angesprochen, die sich der Gefahren der neuen Entwicklung bewusst sind und sich der Verantwortung dem Ganzen gegenüber aus ethischen Gründen verpflichtet sehen: der Existenz der Menschheit mit ihren kulturellen Hervorbringungen und dem Erhalt einer möglichst intakten Natur als der wesentlichen Voraussetzung für ein erfülltes menschliches Leben. Es geht es vor allem darum, aus der Analyse der Beschädigungen unseres Zeitalters einen begründeten Standpunkt für menschliches Handeln zu gewinnen, eine Perspektive für die Wendung zum Besseren.

An dieser Stelle stellt sich zudem die Frage nach der Realisierbarkeit eines prinzipiell anderen gesellschaftspolitischen Modells, das hier als *globale Friedensordnung* thematisiert wird. Ist der Idee des friedlichen Zusammenlebens der Menschen in ihrer kulturellen Verschiedenheit eine neue Perspektive einzuräumen? Alle Menschen auf unserem Planeten erhoffen sich lebenswerte Bedingungen, und sie haben kraft der menschlichen Würde auch ein Recht darauf. Alle wünschen sich *Sicherheit*, die nur in der gegenseitigen Verpflichtung zum friedlichen Handeln zu gewährleisten ist. Niemand darf seine eigene Sicherheit auf Kosten anderer durchsetzen – in dieser Versicherung kommt so etwas wie die goldene Regel des politischen Handelns zum Ausdruck.

Das Maß des Friedens kann nur *Gerechtigkeit* sein als Prinzip der Teilhabe der Menschen an den lebensnotwendigen Dingen und damit an einer neu zu strukturierenden Weltwirtschaft. Dieses Prinzip umfasst die gleichberechtigte Teilnahme aller Staaten bei der Sicherung ihrer Existenzgrundlagen sowie in Angelegenheiten der internationalen Gemeinschaft. Die wichtigsten Veränderungen betreffen die Neuregelung der internationalen Wirtschafts- und Finanzbeziehungen. Damit steht überhaupt das Finanzgebaren des kapitalistischen Zentrums zur Disposition.

Der dritte wesentliche Parameter für eine gesicherte internationale Friedensordnung ist die *ethische* Zwecksetzung des gemeinschaftlichen Handelns. Die Gestaltung einer globalen Friedensordnung kann nicht beliebigen partikulären Interessen überlassen bleiben, sondern bedarf bestimmter wertmäßiger Orientierungen, die dem Gattungsinteresse geschuldet sind. Ethisches Handeln in bezug auf Mensch *und* Natur ist eine Grundbedingung für das vertrauensvolle Zusammenleben der Menschen und überhaupt für das Überleben der Menschheit auf unserem Planeten.

11.
Die Frage von Frieden und Krieg als globales Problem[1]

Die Thematik der globalen Probleme

Zuständigkeit der dialektischen Philosophie

Von alters her hat die Philosophie als eine ihrer Aufgaben erkannt, die Stellung des Menschen im Verhältnis zu Natur und Gesellschaft zu bestimmen und die Grundlagen für die Orientierung seines Handelns vorzulegen. Wenn auch in der Entwicklung der Neuzeit die Einzelwissenschaften vielfach philosophisches Terrain erobert haben, so sind sie doch nicht in der Lage, die Grundfragen des konkreten menschlichen Seins und Werdens zu beantworten. Der nicht auf eine wissenschaftliche Spezialdisziplin reduzierbare Teil der Philosophie hat sich immer wieder auch den je aktuellen Fragestellungen zugewandt und die Veränderbarkeit des Bestehenden reflektiert.

Damit ist die Aufgabe der dialektischen Philosophie angesprochen, einer Philosophie, die sich gerade auch als Wissenschaft des Gesamtzusammenhangs begreift. Von ihr werden Fragen aufgeworfen und prinzipiell beantwortet, die die Menschheit als Ganzes betreffen. An der Spitze aller Fragen steht heute die Frage des Überlebens der Menschheit. Mit dieser Zuständigkeit der dialektischen Philosophie setzt die Reflexion über das Praktisch-Werden einer Philosophie des Friedens ein.

Erste begriffliche Bestimmung und Einteilung

Globale Probleme (gl. Pr.) sind ungelöste Aufgaben im Weltmaßstab, Aufgaben, die die Existenz und den Fortschritt der menschlichen Gattung insgesamt betreffen. Es sind Probleme, die seit der Ingangsetzung der industriellen Revolution mit der prinzipiell weltweiten Wirksamkeit der kapitalistischen Produktionsweise in allen ökonomischen Hauptregionen der Erde aufgetreten sind.[2] Die globalen Probleme haben sich durch die Beschleunigung des wissenschaftlich-technischen Fortschritts weiter vertieft. Sie haben durch den Antagonismus zwischen Kapitalismus und Sozialismus eine

---

1 Diskussionsgrundlage für eine Arbeitsgruppe auf dem Kongress der „Internationalen Gesellschaft für dialektische Philosophie – Societas Hegeliana“, Helsinki September 1984. *Dank*: An vorbereitenden Diskussionen waren beteiligt: Konrad Lotter, Alexander von Pechmann, Martin Schraven und Elmar Treptow.

2 W. Sagladin/L Frolow, *Globale Probleme der Gegenwart* (Moskau 1981), Berlin 1982.

neue Qualität erhalten und bedrohen nun in der weiteren Zuspitzung den Fortbestand der gesamten Menschheit.

Ihre Lösung ist daher dringend geboten, um der Menschheit die Zukunftsperspektive zu bewahren. Eine Lösung ist nur im globalen Rahmen möglich; es ist also eine Anstrengung der gesamten Menschheit, im besonderen der hochentwickelten Industrieländer, erforderlich.

Globale Probleme entsprechen objektiven Sachverhalten und lassen sich daher nicht in Hinblick auf optimale Lösungsmöglichkeiten formulieren. Wenn auch die gl. Pr. in sich komplex sind und in vergrößerter Weise die weltweiten Widersprüche der Entwicklungsprozesse unserer Epoche widerspiegeln, kann eine einfache Typologie nützlich sein, um wesentliche Zusammenhänge hervorzuheben und grundlegende von abgeleiteten Problemen zu unterscheiden. Die so gebildeten Gruppen der gl. Pr. hängen eng miteinander zusammen, wie die gl. Pr. selbst sich im sozialen Kontext herausbilden und entsprechend der gesellschaftlichen Entwicklung eine besondere sozio-ökonomische Wertigkeit besitzen.

Hier sollen drei Gruppen der gl. Pr. unterschieden werden:

a) Probleme aus dem Komplex Mensch-Natur

Die gl. Pr. sind primär im Verhältnis Mensch-Natur begründet, das heißt in den Sphären von materieller Produktion, Naturausbeutung und tendenzieller Naturbeherrschung. Die weltweit unterschiedliche technisch-industrielle Entwicklung spielt eine wichtige Rolle. Beispiele sind die Unterernährung der Bevölkerung in unterentwickelten Ländern (weltweiter Hunger), die beginnende Erschöpfung der natürlichen Ressourcen und das Problem der Verschmutzung und Belastung der natürlichen Umwelt durch industrielle Schadstoffe (ökologische Frage).

b) Probleme aus dem Komplex Mensch-Gesellschaft

Die gl. Pr. dieser Gruppe stellen nicht eingelöste Menschenrechte dar oder sie resultieren aus dem Widerspruch zwischen den elementaren Bedürfnissen der Menschen und den gesellschaftlichen Verhältnissen. Hierbei spielen Entwicklungsstand und Anwendungsmöglichkeiten des wissenschaftlich-technischen Fortschritts eine wichtige Rolle. Beispiele sind die mangelhafte medizinische Versorgung (Weltgesundheit), die in vielen Ländern ungenügende Bildung und Ausbildung (Analphabetismus) und die unkontrollierte Bevölkerungsentwicklung (Geburtenkontrolle).

c) Probleme aus dem Bereich der internationalen Beziehungen

Hier treten in den äußeren Beziehungen zwischen Staaten oder Staatengruppen Widersprüche auf; sie werden durch den Antagonismus zwischen Kapitalismus und Real-Sozialismus auf eine neue qualitative Stufe gehoben. Das wichtigste Beispiel ist die Frage von Frieden und Krieg.

Wesen und Ursachen

Die gl. Pr. sollen nun genetisch-kausal genauer bestimmt werden. Für ihre Entstehung können drei Faktorengruppen herangezogen werden:

Produktivkraftentwicklung und wissenschaftlich-technische Revolution: In der industriellen Produktion werden die Zirkulationsprozesse der Natur zu linearen Produktionsläufen umgeformt. Die Beschleunigung des wissenschaftlich-technischen Fortschritts begründet eine neue Qualität menschlicher Handlungsmöglichkeiten. Hier stellt sich die Frage nach der Korrespondenz von wissenschaftlich-technischem und sozialem Fortschritt, der eine wachsende Verantwortungsethik mit einschließt. Die Propagierung eines ungehemmten Wachstums der Produktivkräfte führt zur Missachtung oder zur Unterschätzung der sozialen Folgewirkungen des wissenschaftlich-technischen Fortschritts.

Kapitalistische Produktionsweise: Die konsequente Durchführung des Prinzips des ökonomischen Profits hat zur Ausbeutung von Mensch und Natur und zur Unterdrückung der eigenen Lebensinteressen anderer Völker geführt. Mit der Ingangsetzung der wissenschaftlich-technischen Revolution hat sich der Widerspruch zwischen dem gesellschaftlichen Charakter der Produktion und der privaten Form der Aneignung der Produktionsergebnisse weiter vertieft. Dadurch wird eine gesellschaftliche Kontrolle sowohl über das, was produziert wird, als auch darüber, wie produziert wird, erschwert.

Gesellschaftlicher Antagonismus: Der innere Widerspruch des Kapitalismus zwischen Kapital und Arbeit findet weltweit seinen Ausdruck im Antagonismus zwischen Kapitalismus und Sozialismus. Dieser Widerspruch, in seinem Wesen sozial-ökonomischer Art, durchzieht alle Bereiche, in denen Kapitalismus und Real-Sozialismus aufeinander treffen, sei es in der direkten Auseinandersetzung oder sei es in der Konkurrenz der Systeme.

Am deutlichsten spiegelt sich der Antagonismus in den gigantischen Rüstungsanstrengungen beider Seiten wider. Der offene West-Ost-Gegensatz bindet große finanzielle Mittel, die den Staatshaushalten entzogen werden und die Inangriffnahme dringender Aufgaben gerade im internationalen Bereich verhindern oder zumindest erschweren. Die unzulängliche Unterstützung der Entwicklungsländer durch die hochindustrialisierten Länder führt letztlich zu einer Vertiefung des Nord-Süd-Gegensatzes.

Weiter soll an die Kategorie des Gesamtzusammenhangs der dialektischen Philosophie angeschlossen werden. Dazu ist festzuhalten, dass der Gesamtzusammenhang an die Erkenntnisse der Einzelwissenschaften anschließt und dass er der Idee nach das „Werden des Wissens“ antizipiert. Die Vermittlung erfolgt, da das Ganze nicht intuitiv geschaut werden kann, über das Einzelne, in dessen Verhältnis zur Totalität der Gesamtzusammenhang sichtbar wird.[3]

Auf der Thematik der gl. Pr. bezogen, ist auszuführen: Jedes gl. Pr. bildet sich innerhalb eines Prozesses heraus, an dem unterschiedliche, aber untereinander abhängige Entwicklungsfaktoren beteiligt sind. An der Erkenntnis dieser Faktoren sind die Einzelwissenschaften wesentlich beteiligt. In ihrer Gesamtheit spiegeln die gl. Pr. den historisch-konkreten Zustand der Welt in ihren Widersprüchen wider. Die Verschärfung eines gl. Pr. bedeutet die Zuspitzung bestimmter Widersprüche. Das System der gl. Pr. gerät außer Kontrolle, wenn ein Glied unkontrollierbar wird. Die gl. Pr. sind, weil sie auf gleiche Ursachenfelder zurückzuführen sind, aufeinander bezogen, ohne indessen untereinander gleichrangig zu sein. Es gibt eine Priorität für die Lösung bestimmter Probleme. Das System der gl. Pr. ist also gleichermaßen durch eine Koordination wie eine Subordination seiner Elemente gekennzeichnet.

Die Frage von Frieden und Krieg

Wesen des Krieges. und gegenwärtige Tendenz

Auf die neuere Geschichte bezogen, wird der Krieg als Mittel der Politik eingesetzt, um die Interessen einer bestimmten Klasse gewaltsam durchzusetzen. Dem Wesen nach ist der Krieg also Ausdruck der Widersprüche der kapitalistischen Gesellschaft. Die Konflikte sind entweder innerhalb eines Landes als Bürgerkrieg oder im Kampf um wirtschaftliche Einflussgebiete und politische Hegemonie zwischen den Staaten ausgetragen worden.

Mit dem Aufbau des Real-Sozialismus in verschiedenen Ländern der Erde hat sich die weltgeschichtliche Situation grundlegend geändert. Vor dem Hintergrund des langwierigen Entkolonialisierungsprozesses ist der Jahrhunderte währende Vorgang der wirtschaftlichen Expansion des Kapitalismus vorerst gestoppt; dieser sieht sich nun prinzipiell herausgefordert. Der weltweite Antagonismus zwischen Kapitalismus und Sozialismus beherrscht die internationalen Beziehungen. Die klassischen Kriegsursachen haben zumindest vorübergehend ihre frühere Brisanz verloren.

Hinzu kommt ein zweites Moment. Frühere Kriege haben furchtbare Verwüstungen angerichtet und das Leben von vielen Millionen Menschen gekostet. Letztlich blieben die Kriegsfolgen aber auf die Gebiete der kriegführenden Länder beschränkt. Ein Wiederaufbau der zerstörten Gebiete war möglich.

3 H. H. Holz, *Dialektik und Widerspiegelung*, Köln 1983. 29 f.

Mit dieser Feststellung soll das unermessliche Leid der Menschen keineswegs verkleinert werden. Gegen diese leidvollen Erfahrungen aus der Geschichte soll nur abgehoben werden, dass die wissenschaftlich-technische Revolution eine neue Qualität von Waffen hervorgebracht hat, die bei ihrem Einsatz im Kriegsfall zur Auslöschung der Menschheit und des Lebens auf der Erde führen können. Immer neuere Waffenentwicklungen in den Rubriken der A-, B- und C-Waffen legen Zeugnis davon ab, in welchem Maße der wissenschaftlich-technische Fortschritt zur Erzeugung von Destruktionskräften eingesetzt wird.

Gewiss geht von der bloßen Existenz dieser Waffen noch keine Gefahr aus. Aber die geschichtlichen Erfahrungen zeigen, dass die Forcierung der militärischen Rüstung die Kriegsgefahr drastisch erhöht hat, weil die Rüstung als solche keinem Selbstzweck dient, diese vielmehr die dahinter stehenden Absichten zum Ausdruck bringt. Der weltweite Antagonismus heute beinhaltet für jedes Gesellschaftssystem die prinzipielle Negation der Gegenseite.

Sie lässt gewiss auch die Möglichkeit der Negation der Negation, die Überleitung des Kapitalismus in den Sozialismus [oder auch diesen in jenen], zu, birgt aber gegenwärtig die Gefahr einer undialektischen Auflösung der Widersprüche durch einen gewaltsamen Austrag der Konflikte in sich. Die Rüstungsentwicklung scheint dabei diejenigen Kräfte, die auf eine gewaltsame „Lösung" des Antagonismus setzen, zu ermutigen.

Unter Einsatz ihrer hochentwickelten Technologie streben die USA gegenwärtig nach der militärischen Überlegenheit und bereiten, begleitet von psychologisch- ideologischen Offensiven, die Option eines nuklearen Erstschlags gegen die Sowjetunion und andere real-sozialistische Staaten vor. Diese Politik des Pentagon ist eingebettet in die Globalstrategie der USA, den Sozialismus zumindest einzudämmen und in seinen Handlungsmöglichkeiten zu beschränken, so dass bis zum Ende dieses Jahrhunderts die politische und wirtschaftliche Vorherrschaft der USA nicht mehr in Frage gestellt ist.

Die Sowjetunion ist nicht länger bereit, die militärische Überlegenheit der USA hinzunehmen und die Eindämmungspolitik widerspruchslos zu dulden. So wird auch auf dieser Seite die militärische Aufrüstung fortgesetzt.

Bestimmung des Friedens

Frieden ist mehr als die Abwesenheit von Krieg. Aber selbst einen kriegslosen Zustand hat es weltweit nach 1945 nicht gegeben. In einer Auflistung werden für den Zeitraum 1945-1982 rund 150 bewaffnete Massenkonflikte gezählt, wobei sich die Hauptschauplätze der Kriege unser er Zeit nach Asien, Afrika und Lateinamerika verlagert haben.[4]

Ebenso wenig, wie der Frieden in der bloßen Vermeidung eines Krieges besteht, stellt er sich nach Beendigung der Kriegshandlungen ein. Im besonderen könnte ein weltweiter Frieden nicht Resultat eines neuen Weltkrieges sein. Zu gewaltig wären die Zerstörungen durch einen Weltkrieg, als dass die dann vorhandene Friedhofsruhe etwas von den Friedenssehnsüchten der vielleicht noch lebenden Menschen ausdrücken könnte. Die Verhinderung eines Weltkrieges ist vielmehr die erste Voraussetzung für die Gewährleistung eines gesicherten Friedens.

Frieden ist keine einfache Negation des Krieges, sondern gibt den zwischenstaatlichen Beziehungen einen positiven Inhalt. Unter den gegenwärtigen Bedingungen kommt er, zumindest dem Prinzip nach, in der Politik der friedlichen Koexistenz zum Ausdruck. Der soziale Inhalt des Friedens zeigt sich in der aufbauenden, materielle Werte schaffenden Arbeit, die die Menschen zu großen Gemeinschaftsanstrengungen vereint.

Der Frieden ist also kein Zustand, den die Menschheit in einem großen Schritt auf einmal erreichen könnte. Das größte Hindernis auf dem Weg zu ihm hin ist gerade der weltweite Antagonismus, dessen gewaltsamer Austrag die Menschheit in die größte Katastrophe ihrer Geschichte stürzen würde. Darum kann nur ein langwieriger Prozess zum gesicherten Frieden führen; anders gesagt, ist der Frieden selbst ein Prozess, in dem sich das Menschenrecht auf Leben weltweit verwirklicht.

Spezifizierung als globales Problem

Die Frage von Frieden und Krieg bewegt heute die Menschen in aller Welt. Sie als gl. Pr. auffassen heißt, sie innerhalb des Gesamtzusammenhangs unserer Epoche mit ihren sozialen Widersprüchen und technologischen Möglichkeiten zu begreifen. Gegenwärtig ist der Weltfrieden – der im globalen Rahmen trotz zahlreicher regionaler Kriege kriegslose Zustand – ernsthaft bedroht wie noch nie seit 1945.

In Anbetracht der aufgehäuften Vernichtungspotentiale hätte ein nuklearer Krieg verheerende Folgen: Er würde nicht nur die direkt an den Kriegshandlungen beteiligten Staaten zerstören, sondern bei einem massenhaften Einsatz von Kernwaffen infolge der Sekundäreffekte alle Staaten der Erde in ihrer Existenz bedrohen. Es würden sich tödliche Kollateralschäden, unbeabsichtigte Schäden, die als Nebenwirkung beim Waffeneinsatz entstehen, einstellen. Dazu würden die weltweite Verseuchung durch radioaktiven Niederschlag, die zahlreiche Mutationen auslösende ionisierende

4 I. Kender: *Über die Kriege seit 1945.* Carl-von-Ossietzky-Vorlesung. Hefte der Deutschen Gesellschaft für Friedens- und Konfliktforschung Nr. 16, Bonn 1982.

Strahlung, die durch eine starke Anreicherung von Stickoxiden bewirkte Teilzerstörung der Ozonschicht sowie die Klimaerwärmung auf der Erde gehören.[5] Angesichts dieser Bedrohung alles Lebens auf der Erde ist es evident, dass die Erhaltung des Weltfriedens die wichtigste Aufgabe der Menschheit darstellt. Damit nimmt in der Präferenzskala der gl. Pr. die Frage von Frieden und Krieg den obersten Rang ein.

Es ist bereits früher ausgeführt worden, dass die Hauptursache für die Bedrohung des Weltfriedens in der Absicht der führenden Macht des Kapitalismus liegt, den gesellschaftlichen Antagonismus unserer Epoche gewaltsam zu lösen. Dieses Motiv hat seit 1945, trotz Phasen der West-Ost-Entspannung und praktizierter Koexistenz, die Richtung der Politik der USA gegenüber den real-sozialistischen Staaten bestimmt und die stete Forcierung der Aufrüstung in Gang gehalten.

Auf militärischem Gebiet ist die Überlegenheit gegenüber der UdSSR – gegenwärtig in besonders deutlicher Weise – angestrebt worden. Seit 1945 üben die USA auf die UdSSR einen Zwang zur militärischen Aufrüstung aus, dem die Sowjetunion trotz vieler Abrüstungsinitiativen nicht ausweichen konnte. In dieser Weise hat die Rüstung ein stets höheres Niveau erreicht, ja sie scheint sich entsprechend jener für die moderne Technologie charakteristischen Zwangsläufigkeit zu entwickeln, nach der das technisch Machbare auch gemacht werden soll. So erhalten die militärische Rüstung und der mit ihm verbundene ökonomische Sektor in dem militärisch-industriellen Komplex, der einen spürbaren Einfluss auf die Politik der führenden Staaten des Kapitalismus ausübt, ein gefährliches Eigendasein.

In dieser Situation wächst die Gefahr, die von den „kleinen", den regional begrenzten Kriegen ausgeht. Diese Kriege werden überwiegend in der „Dritten Welt" ausgetragen, entweder als Kämpfe um nationale Unabhängigkeit oder als innerstaatliche Anti-Regime-Kriege. In den ersten drei Jahrzehnten nach 1945 waren an ihnen vor allem die USA und die ehemaligen Kolonialmächte Frankreich und England beteiligt. Die neuere Entwicklung seit etwa Mitte der 70er Jahre stellt sich indessen differenzierter dar: nun gilt die Hauptsorge vieler unterentwickelter Staaten nicht mehr dem Kampf um nationale Unabhängigkeit, sondern der Frage, welche Gesellschaftsform angestrebt werden soll.

Anders als früher zeigen aber auch die sozialistischen Staaten entsprechend ihrer gewachsenen ökonomischen Stärke und politischen Bedeutung eine größere Bereitschaft, sich an Kriegen in der „Dritten Welt" zu beteiligen. Ein bewaffneter Konflikt in der „Dritten Welt" kann so zu einer direkten Interessenkollision zwischen den Weltmächten führen und damit zu einer ernsten Gefahr für den Weltfrieden werden.

5 *Die UNO-Studie: Kernwaffen*, München 1982.

In die militärische Aufrüstung, die weltweit einen erheblichen Anteil der Nationaleinkommen verschlingt, sind heute ebenso die Entwicklungsländer miteinbezogen. Sie sind zum Teil selbst Waffenproduzenten geworden. Die seit Jahrzehnten vorhandene Tendenz zur Extensivierung und Intensivierung der Waffenentwicklung ist das größte Hindernis, um im globalen Maßstab in internationaler Zusammenarbeit die wichtigsten sozialen Aufgaben in Angriff nehmen zu können. Erst die Umkehrung dieses Prozesses wird die Voraussetzung dafür schaffen, den Weltfrieden zu sichern und auch zur Lösung der anderen gl. Pr. schreiten zu können.

Schritte zur Lösung des globalen Problems

Die Politik der friedlichen Koexistenz

Das Prinzip der friedlichen Koexistenz unterschiedlicher Gesellschaftssysteme setzt voraus, dass das existierende Gegensätzliche der Möglichkeit nach miteinander verträglich ist. Diese von Hans Heinz Holz in die Diskussion eingebrachte Kategorie der Kompossibilität lässt die Möglichkeit zu, den Antagonismus aufrecht zu erhalten, ohne dass die Einheit der Gegensätze auseinanderfällt. In der Praxis begründet das Prinzip der friedlichen Koexistenz zwei Leitlinien des politischen Handelns: Einerseits wird angestrebt, politische, wirtschaftliche und kulturelle Beziehungen zwischen den Staaten auf der Grundlage völliger Gleichberechtigung dauerhaft herzustellen; andererseits wird darauf verzichtet, sich in die Angelegenheiten anderer Länder einzumischen und strittige Fragen gewaltsam zu lösen.

Die Politik der friedlichen Koexistenz bringt eine neue Qualität in den internationalen Beziehungen zum Ausdruck. Sie ist der notwendige Bestandteil einer Strategie vernünftigen Handelns unter der Annahme der Kompossibilität der antagonistischen Systeme.

Gleichzeitig gilt es zu bedenken, dass trotz jahrzehntelanger Bemühungen um friedliche Koexistenz sich die Absichten der real-sozialistischen Staaten, die Rüstung zu begrenzen und eine allseitige Abrüstung herbeizuführen, nicht durchsetzen ließen. Die traditionelle Lösung, den Antagonismus offenzuhalten, ihn also in absehbarer Zeit nicht zu lösen, wurde auf militärischem Gebiet durch die Strategie des Gleichgewichts des Schreckens mit der Androhung eines jeweils vernichtenden atomaren Schlags der Gegenseite praktiziert. Diese Strategie eines möglicherweise tödlichen Zwei-Personen-Spiels provozierte die Tendenz zur Herstellung eines dynamischen Gleichgewichts, die Tendenz zu einem ständigen Weiterrüsten auf ein je neues qualitatives Niveau. Damit konnte die Kriegsgefahr zwar zeitlich hinausgeschoben, insgesamt aber nicht gebannt werden.

Es stellt sich die Frage, inwiefern unter der Rahmenbedingung der weltweiten Hochrüstung, die die Auslösung eines Weltkrieges zu einem Akt des Wahnsinns werden ließe, sich die Politik der friedlichen Koexistenz allseitig durchsetzen lässt. Inwieweit kann die Gegenseite, die auf eine gewaltsame Lösung des Antagonismus drängt, zur Einhaltung der Regeln der friedlichen Koexistenz gezwungen werden? Doch gibt es keine vernünftige Alternative zur Politik der friedlichen Koexistenz. Unter den gegenwärtigen Bedingungen ist sie die wesentliche Voraussetzung dafür, dass weitere Maßnahmen zur Sicherung des Weltfriedens eingeleitet werden können.

Neue Lösungsansätze

Die zunehmende Gefährdung des Weltfriedens wird von der in den letzten Jahren stark angewachsenen neuen *Friedensbewegung*, ihrer Zielrichtung nach eher neuen *Anti-Kriegsbewegung* wahrgenommen. Ohne an der politischen Macht beteiligt zu sein, erzwingt sie in den führenden Ländern des Kapitalismus eine breite Diskussion über die Ziele des Rüstungskurses und schafft ein geschärftes Bewusstsein für das Erkennen der Zusammenhänge zwischen militärischer Aufrüstung, ökonomischem Profitstreben und Sozialabbau. In der Spontaneität ihrer Aktionen ist die internationale Friedensbewegung für die Verfechter der Aufrüstung eine nur schwer auszurechnende Größe, stellt aber zumindest eine Quelle der ideologisch-moralischen Infragestellung und der politischen Unruhe dar.

Wie groß aber auch die Bereitschaft zu neuen Formen des menschlichen Zusammenlebens und zu einem tolerantem Verhalten gegenüber dem Andersdenkenden in dieser sozialen Bewegung verbreitet sein mag, können letztlich grundlegende Veränderungen in den Rüstungsprogrammen und Militärstrategien aufgrund von Protesten und moralischen Appellen nicht erwartet werden.

Die entscheidende Frage ist doch, in welcher Weise sich die gesellschaftliche Wirklichkeit selbst verändern lässt, damit sich ein vernünftiges Denken und Handeln durchsetzen lässt. Die Wirklichkeit muss selbst zur Vernunft drängen. Aus der Erörterung der globalen Probleme ist festzuhalten, dass die entscheidenden Schritte zur Lösung des globalen Schlüsselproblems von allen beteiligten Staaten gemeinsam unternommen werden müssen. Die Politik der friedlichen Koexistenz bleibt die notwendige Rahmenbedingung. Hier können nur einige wenige Maxime für eine tendenzielle Lösung genannt werden:

In Übereinstimmung mit dem Friedenswillen der Völker sollte dazu übergegangen werden, ideologische Feindbilder aus der Zeit des Kalten Krieges abzubauen und so die gegenseitige Verständigungsbereitschaft zu stärken. Als dringende Mindestmaßnahme zur Bannung der unmittelbaren

Kriegsgefahr sollte ein politisches Instrumentarium globaler Kriegsverhütung eingerichtet werden. Das weitere Ziel wäre darin zu sehen, eine neue Friedensordnung aufzubauen, das heißt ein neues System internationaler Sicherheit, das vom Prinzip der gegenseitigen Abschreckung und dem auch von ihm ausgeübten Zwang zur ständigen Aufrüstung wegführt.

Ein großes Hindernis auf dem Weg zu einem neuen Sicherheitssystem sind die weltweit aufgetürmten Vernichtungspotentiale, die mit der Beschleunigung des wissenschaftlich-technischen Fortschritts ständig modernisiert werden. Es ist nochmals hervorzuheben, dass die Waffen als solche nicht das Problem darstellen, dass sie aber die materiellen Mittel im Dienst politischer Zwecke abgeben, um die Apokalypse für die menschliche Zivilisation und für die belebte Erde herbeizuführen.

Daher müssen die politischen Schritte zur Kriegsverhütung von einer abgestuften Abrüstung begleitet sein, um schließlich zum Erfolg zu führen. Die in kapitalistischen Ländern sich ausbreitende Endzeitstimmung ist nicht darauf zurückzuführen, dass der Mensch ein Wissender geworden ist und die Naturkräfte in seinen Dienst gestellt hat, sondern dass sein Wissen in dem konkreten Gang der Geschichte missbraucht und fehlgeleitet wurde.

Zur Frage der prinzipiellen Lösung

Auf absehbare Zeit wird die Menschheit noch mit der Gefahr eines Weltkrieges leben müssen und alle Anstrengungen darauf zu richten haben, den Weltfrieden Schritt für Schritt weiter zu sichern. Die Notwendigkeit, den Antagonismus offenzuhalten und seinen Ausgleich nicht mit Mitteln militärischer Gewalt herbeizuführen, stellt nicht die Möglichkeit seiner prinzipiellen Lösbarkeit in Frage, die allerdings in eine fernere Zukunft zeigt.

Die prinzipielle Lösung verweist auf die Beseitigung der früher erörterten Ursachen der gl. Pr. und das hieße für die drei genannten Bereiche:

- Das für den Kapitalismus charakteristische Prinzip des ökonomischen Profits wird abgelöst vom Prinzip des Allgemeinnutzens oder der Wohlfahrt aller;
- mit der Beendigung des gesellschaftlichen Antagonismus werden die gl. Pr. in lösbare, wenn auch schwierige Aufgaben des neuen Weltstaatenbundes verwandelt;
- der wissenschaftlich-technische Fortschritt, nun ganz im Dienst des sozialen Fortschritts, wird in wachsender Verantwortlichkeit bei der Lösung der Hauptaufgaben mehr und mehr eingesetzt. Vor der Realisierung dieser Utopie liegen die größten Anstrengungen, die von der Gattung Mensch in ihrer Geschichte jemals zu machen wären.

12.
Das Real-Mögliche als Kategorie der Konzeption einer globalen Friedensordnung

Weltgeschichte und Weltordnung als Gegenstand der Geschichtsphilosophie

Der Gegenstand, dessen Entwicklungsmöglichkeiten hier zu erörtern sind, ist nichts Geringeres als der weltgeschichtliche Prozess, und zwar in der zeitlichen Bestimmung des ausgehenden 20, Jahrhunderts, wie er sich nach dem Bruch der bipolaren Ordnung Ende der 80er Jahre in den wesentlichen Tendenzen erkennen läßt. Allerdings ist Weltgeschichte, aufgefasst als das Integral aller überhaupt in der gesellschaftlichen Welt ablaufenden Vorgänge, empirisch nicht vollständig erfahrbar und erfassbar, ebenso wenig wie der Begriff von Welt, der die Empirie zum spekulativen Horizont hin überschreitet.

Mit dieser Hinwendung zu schwerwiegenden Fragen geschichtlicher Prozesse der Gegenwart und der nahen Zukunft im Rahmen eines Kongresses, der auch der Philosophie der Geschichte gewidmet ist, wird darauf rekurriert, dass eine wesentliche Aufgabenstellung dialektischer Philosophie noch immer darin besteht, ihre Zeit in Gedanken zu fassen, zu begreifen das, was ist. Insofern kann sie sich auch als Geschichte der Philosophie nicht darin erschöpfen, „die Reihe der edlen Geister, die Galerie der Heroen der denkenden Vernunft“[1] stets aufs neue zu durchschreiten und vom Gegenwärtigen abzusehen.

Zwar kommt sie Hegel zufolge als ein „Belehren, so wie die Welt sein soll“, für eine Zeit zu spät und erscheint als Gedanken der Welt erst dann, wenn sich die Wirklichkeit vollendet hat.[2] Jedoch erfährt sie im Verhältnis zu einer geschichtlich nicht abgeschlossenen Praxis eine merkliche Erweiterung, oder wie Ernst Bloch hervorhebt, aktiviert sie als ein Hoffen im Sinn des nicht nur betrachtenden, sondern des beteiligten Verstandes die in der Geschichte angelegte dialektische Tendenz: „Denken heißt Überschreiten. So jedoch, dass Vorhandenes nicht unterschlagen, nicht überschlagen wird.“[3]

In der Philosophie Hegels wird die geschichtliche Welt als ein umfassender Prozess der Veränderung und der Entwicklung begriffen, in dem ein großer innerer Zusammenhang sichtbar wird als ein zum Ganzen sich ord-

---

1 Hegel, *Vorlesungen über die Geschichte der Philosophie I.* Theorie Werkausgabe Bd. 18 (= HW 18), Frankfurt/ M 1971, 20.

2 Hegel, *Grundlinien der Philosophie des Rechts*, in: HW 7, Frankfurt/ M 1970, 27 f.

3 Ernst Bloch, *Prinzip Hoffnung*, Frankfurt/ M 1959, 2.

nendes Leben, also gewissermaßen der Entwicklungsprozess der Menschheit selbst. Mit dem Begriff von dem die Geschehnisse zu einem geordneten Zusammenhang verknüpfenden Begriff von Weltgeschichte ist stets schon ein Ordnungsbegriff mitgedacht. Hier wird dem prozessualen Mannigfaltigen in seiner Totalität eine Konfiguration zugebilligt, die jedem der Ereignisse eine bestimmte Stelle im geschichtlichen Strukturgefüge zuweist.[4]

Damit ist für die geschichtliche Welt die Existenz einer *Seinsordnung* verbunden, die aber per se noch keine *Weltordnung* darstellt. Diese ist mittels des strukturellen Ordnungsbegriffs allein noch nicht zu fassen, sondern sie erfordert noch eine nähere rechtlich-vertragliche Vereinbarung zwischen den die Ordnung herstellenden Subjekten. In dem Gefüge von geschichtlichen Prozessen bedarf die Seinsordnung noch der Verrechtlichung der Verkehrsformen zwischen den handelnden Subjekten, also des Konsenses im Rahmen des Völkerrechts, um für die Willensentscheidungen die erforderliche Rechtsverbindlichkeit herzustellen. Diese Verrechtlichung beruht aber, wie die Geschichte lehrt, keineswegs immer auf einer gleichberechtigten Teilhabe der Subjekte, sondern wird von jenen Mächten dominiert, übrigens auch in ideologischer Hinsicht, die unter sich die Weltherrschaft aufteilen. Insgesamt aber bildet eine Weltordnung eine Einheit von Seins- und Sollensordnung, in der eine bestimmte Vergesellschaftungsform einer adäquaten Rechtsform entspricht.

In der weiteren Konkretisierung des Gegenstandes sind die aktuellen Weltordnungsprozesse als Folge eines weltgeschichtlichen Bruchs zu begreifen, der um 1990 mit dem Ende der sozialistischen Sowjetunion seinen vorläufigen Abschluss gefunden hat. In diesem Sinn ist ein Epochenwechsel zu konstatieren. Es gehörte zu den ideologischen Eigenarten der Nachkriegszeit, dass sich das jeweilige Gesellschaftssystem zur Hauptsache aus der Negation des Gegenparts definierte: Das realsozialistische System über die Abschaffung privatwirtschaftlicher Eigentums- und Verteilungsverhältnisse und das westlich-kapitalistische System einer freiheitlichen Gesellschaft aus der Verneinung einer bestimmten, mit Kollektivismus und Zwangsherrschaft in Verbindung gebrachten Sozialismus-Auffassung.

In politisch-struktureller Hinsicht verblieb die aus diesem Antagonismus resultierende Weltlage in einem relativ stabilen Zustand, indem über den Ausgleich von ökonomischen Interessen, militärischen Kräften und strategischen Konzepten die Balance des Kalten Krieges hergestellt wurde. Das Ende dieses Konfliktes hat eine nervöse, die Machtpolitik des Westens

4 Hans Heinz Holz, *Das Zeitalter der Weltgeschichte*. In: Topos H.1, 1993, 13-37.

provozierende Unruhe hervorgerufen und die instabil gewordene Weltordnung in einem eigenartigen Zwielicht hinterlassen.[5]

Die eingestandene Hilflosigkeit angesichts einer weltgeschichtlichen Turbulenz, wie sie sich nach dem Auflösen des die Nachkriegsordnung bestimmenden Antagonismus eingestellt hat, versucht das kapitalistische Zentrum dadurch zu beenden, dass es unter den geänderten weltpolitischen Rahmenbedingungen zur Machtpolitik des alten Denkens mit neuen technologischen Handlungsmöglichkeiten zurückgekehrt ist. Angesagt ist nun die endgültige Absicherung der als *neue Weltordnung* propagierten nachsozialistischen Ära, deren wesentliches Moment die Errichtung einer weltweiten kapitalistischen Wirtschaftsordnung darstellt. Damit soll zugleich das Wertsystem des technologischen Zivilisationsmodells mit der westlichen Auslegung des Freiheitsbegriffs, der damit verbundenen Auffassung der Menschenrechte und der vorherrschenden Leistungsethik als neue Sollensordnung global durchgesetzt werden.

Allerdings dürfte sich die neue Weltordnung, in welcher der Mehrheit der Erdbevölkerung ein selbstbestimmtes Leben verwehrt wird, nur gegen den Widerstand der ausgegrenzten Völker errichten lassen, weil weder die kapitalistische Weltwirtschaft die individuellen und sozialen Menschenrechte zu verwirklichen gestattet – insofern also global nicht konsensfähig ist –, noch das westliche Wertsystem in Anbetracht der Diversität der Kulturen universell übertragbar ist.

Im Gegenteil würde eine endgültige Etablierung der neuen Weltordnung sozial-ökonomische Widersprüche, so zwischen Kapital und Arbeit, zwischen den Profiten privater Unternehmungen und der Verarmung der Gemeinwesen, zwischen dem Reichtum des Zentrums und der Verschuldung der Peripherie, verschärfen und schließlich den ganzen Planeten in den Sog des tödlichen Strudels von Verelendung, Gewalt und Umweltkatastrophen führen. So bleibt es letztlich denjenigen Menschen, sozialen Gruppen und Völkern, die entweder aus ihrer geschichtlichen Erfahrung sich zur Wehr setzen oder im Wissen um die Gefahren der neuen Entwicklungen sich der Verantwortung gegenüber dem Ganzen verpflichtet sehen, überlassen, andere Seinsformen für das menschliche Überleben zu entwickeln.

In der Verallgemeinerung ist so als politisch-moralische Aufgabe unseres Zeitalters gestellt, nach einer möglichen Alternative zur neuen Weltordnung, nach einer ganz anderen geschichtlichen Perspektive Ausschau zu halten. Es geht um nichts weniger als darum, die großen Beschädigungen unseres Zeitalters – die Verdinglichung des Menschen, die soziale Verelen-

5 Peter Gerlinghoff, *Das Zwielicht der neuen Weltordnung*. In: Ständiger Arbeitsausschuss für Frieden, Nationale und Internationale Verständigung (Hrsg.), Informationsdienst. Berlin, Mai 1992.

dung, die Sinn- und Wertekrise als mentale Verelendung sowie die Deformation der Natur – zurückzunehmen.

Das bedeutet für das Subjekt der Geschichte: Es ist nicht abhanden gekommen im Strudel des weltgeschichtlichen Bruchs, sondern es muss sich erst wieder neu formieren aus den Trümmern einer Welt, mit der für ein verzagtes Denken jede Hoffnung auf eine solidarische Gesellschaft außer Sichtweise geraten ist. Das Subjekt künftiger Geschichte, sofern es die Verantwortlichkeit gegenüber der Welt ernst nimmt, kann sich nur in einem *Wir* der Betroffenen konstituieren, möglicherweise sogar unter Zurückweisung der Handlungslogik westlichen Individualismus.

Es darf nicht im Rausch des Pessimismus verharrt werden, der gerade jene charakterisiert, die ihren verlorenen Privilegien nachtrauern. Vielmehr ist eine neue Koalition der Vernünftigen mit den Ausgegrenzten zu bilden, das Zusammengehen jener, die um das Elend der Welt wissen und nicht willens sind, die Verschärfung der weltweiten Probleme resignativ oder fatalistisch hinzunehmen.

Von der Logik der Seinsmodalität her ist an der Stelle des weltgeschichtlichen Bruchs nach verbleibenden Möglichkeiten für eine ganz andere weltgeschichtliche Entwicklung zu fragen. Damit sind hier die möglichen Entwicklungsbedingungen eines prinzipiell anderen gesellschaftspolitischen Modells gemeint, das als *globale Friedensordnung* dem friedlichen Zusammenleben der Menschen eine neue Perspektive einräumen würde. Das würde bedeuten, dass von dem neuen geschichtlichen Subjekt ein weltgeschichtlicher Prozess der Humanisierung und der Herausbildung einer neuen globalen Zivilisation durchzusetzen wäre.

Nicht Traum oder Utopie, noch formale Möglichkeit als Modalität des Seins

Dass es so bleibe wie bisher, ist ein selten geäußerter Wunsch in einer bestimmten Lebensphase eines Menschen; ist aber dergestalt kaum übertragbar auf die Situation eines sich verändernden Gemeinwesens und schon gar nicht auf die Vorgänge einer von Krisen geschüttelten Welt. Daher anders: dass es so nicht weitergehen kann, dass es morgen besser werden muss und dass unsere Träume wahr werden sollen – das ist zu wollen angesichts des Leids und Elends in der Welt.

Es ist der Tagtraum, der den Menschen bis an die Grenze führt, an die Grenze der Phantasie und des Visionären, das sich dem bitteren Zwang der Realität entzieht und Bilder eines Künftigen malt. Diese Bilder, ohne nur Flucht und Täuschung zu sein, öffnen eine andere Welt und geben der Hoffnung Raum, so vage diese vorerst auch sein mag. Hinter dem Verzagen und dem Verzweifeln öffnet sich ein neuer Horizont, der von Sehnsucht erfüllt ist nach Weltbesserung, gar nach Vollkommenheit, einer Sehnsucht, die – wie Ernst Bloch bemerkt hat – „die einzige ehrliche Eigenschaft aller Menschen“ ist.[6] Und in welcher Weise sich im Tagtraum die Sehnsucht ihre vollkommenen Bilder zu malen weiß, vergegenwärtigt sich Bloch anhand von Imaginationen in Rousseaus Konfessionen:

> Ich erfüllte die Natur mit Wesen nach meinem Herzen; ich schuf mir ein goldenes Zeitalter nach meinem Geschmack, indem ich mir die Erlebnisse früherer Tage, an welche sich süße Erinnerungen knüpften, ins Gedächtnis zurückrief und mit lebendigen Farben die Bilder des Glücks ausmalte, nach denen ich mich sehnen konnte. Ich stellte mir Liebe und Freundschaft, die beiden Ideale meines Herzens, in den entzückendsten Gestalten vor, und ich schmückte sie mit allen Anziehungen des Weibes.[7]

Dieses Traumbild einer fernen, vollkommenen Welt, aus den Sehnsüchten der eigenen Psyche geschöpft, lässt die gegenwärtige Realität hinter sich, noch ohne zu einem ernsthaften Wollen zu drängen. Tritt die gestalterische Kraft des Logos hinzu, werden die Umrisse eines anderen Landes sichtbar, das näher zu erkunden und zu beschreiben ist. Dergestalt entwirft Thomas Morus die beste Staatsverfassung auf seiner Utopia (1516), der fernen Insel im Nirgendwo. Dort schließt sich eine heile Welt von der geschichtlichen ab, indem sich der Traum von der wahren und gerechten Lebensordnung verwirklicht. Die ideale Gesellschaftsordnung beruht hier auf den Prinzipien von Abschaffung des Privateigentums, allgemeiner Gleichheit und Gemeinschaftlichkeit:

> Bei den überaus klugen und ehrwürdigen Einrichtungen der Utopier ist alles durch so wenige Gesetze so zweckmäßig geordnet, dass einerseits die Leistung ihren Lohn findet, andererseits infolge der allgemeinen Gleichheit allen alles reichlich zugemessen ist. [...] Deshalb bin ich fest davon überzeugt, dass der Besitz nur dann auf gleichmäßige und gerechte Weise verteilt oder die Geschicke der Menschen nur dann glücklich gestaltet werden können, wenn das Privateigentum aufgehoben worden ist; solange es besteht, wird immer auf dem weitaus größten und besten Teil der Menschheit die drückende und unvermeidliche Bürde der Armut und des Kummers lasten.[8]

Es mag verhältnismäßig einfach erscheinen, die Utopie eines gerechten Staates und der glücklichen Lebensführung seiner Bürgerinnen und Bürger zu entwerfen, sofern der Entwurf nicht von den geschichtlichen Entwicklungen ausgeht, sondern nur vage, abstrakte Ziele verfolgt, die eben ir-

---

6 Bloch 1959, 111 (s. Anm. 3).

7 Bloch 1959, 103.

8 Ernst Bloch, *Freiheit und Ordnung. Abriss der Sozialutopien*, Frankfurt/ M 1969, 201 f.

gendwo in der Zukunft angesiedelt sind. Dennoch kann die menschliche Gemeinschaft um ihrer Fortentwicklung willen nicht auf visionäre Träume verzichten, in denen Phantasie und Kreativität ihren Ausdruck finden. Gerade dann, wenn sich die politische Realität immer mehr von den großen vorwärts weisenden Ideen der Menschheit entfernt, ist aufs neue das phantasievolle Weiterdenken gefragt, um über das alternativlose Heute hinauszublicken und neue Perspektiven für die Zukunft zu entwickeln.

Nun aber stellt sich die Aufgabe so, vom Horizont des Gegenwärtigen aus ein Mögliches zu bestimmen, das den Keim zu etwas anderem in der „unmittelbaren Wirklichkeit zu seiner Voraussetzung“ hat.[9]

Offensichtlich ist das nur Formal-Mögliche oder das überhaupt Denkmögliche als das in sich logisch Widerspruchsfreie noch nicht hinreichend, Wege zu einer veränderten Realität einzuschlagen. Das Reich der Möglichkeit ist hier nur der „verhältnislose, unbestimmte Behälter für alles überhaupt“ oder die „ grenzenlose Mannigfaltigkeit“.[10] Das Formal-Mögliche ist nur ein abstraktes Moment an der Wirklichkeit, noch kein Gegenstand der Philosophie, wie Hegel an absurden Beispielen verdeutlicht:

> Es ist möglich, dass heute Abend der Mond auf die Erde fällt, denn der Mond ist ein von der Erde getrennter Körper, und kann deshalb so gut herunterfallen, wie ein Stein, der in die Luft geschleudert worden ist; – es ist möglich, dass der türkische Kaiser Papst wird, denn er ist ein Mensch, kann als solcher sich zum Christentum bekehren, katholischer Priester werden usw.[11]

Dieser „Scharfsinn des leeren Verstandes“ scheitert an der Unkenntnis der Bedingungen des Möglichen, die erkenntnistheoretisch an Bedingungen der Erfahrung, ontologisch an Voraussetzungen für ein künftiges Sein gebunden sind. Möglich ist nur das, „was keinen Widerspruch enthält“ (Leibniz). Aber der auf die Erde fallende Mond widerspricht ontologisch der Stabilität des nach den Gesetzen der klassischen Mechanik im dynamischen Gleichgewicht befindlichen Systems Erde-Mond; und die Konvertierung des türkischen Kaisers zum Christen als erste Voraussetzung, einmal Papst zu werden, widerspricht logisch der Unvereinbarkeit von türkischem Kaisertum und Christsein.

Die Bedingungen einer globalen Friedensordnung im Horizont des Real-Möglichen

Zu erwägen ist nun nicht länger nur die Denkbarkeit des Möglichen, das ja als ein Abstraktes in bezug auf die Wirklichkeit verhältnislos, unbestimmt

9 Hegel, *Enzyklopädie der philosophischen Wissenschaften. I. Wissenschaft der Logik. Mit den mündlichen Zusätzen.* In HW 8, Frankfurt/ M 1970, 201 f.
10 Hegel, *Wissenschaft der Logik II.* In HW6 Frankfurt/ M 1969, 203.
11 HW 8, 283.

bleibt, sondern das Real-Mögliche, die Möglichkeit – wie Hegel sagt – „als seiend, die andere Seite der Wirklichkeit". Dazu heißt es dann weiter:

> Diese ist zunächst das Innere, welches, als bloße Möglichkeit, ebenso bestimmt ist, aufgehoben zu werden. Als aufgehobene Möglichkeit ist sie das Hervorgehen einer neuen Wirklichkeit, welche die erste unmittelbare Wirklichkeit zu ihrer Voraussetzung hatte.[12]

Möglichkeit ist hier also die Vorstufe zu einer veränderten Wirklichkeit und so Bedingung der neuen Wirklichkeit. Daher kann Ernst Bloch konstatieren: „Mögliches ist partiell Bedingtes, und nur als dieses ist es möglich."[13]

Ob ein Mögliches Wirkliches werden kann, ist allerdings schwer abzuschätzen, weil die Bedingungsgründe entweder unzureichend bekannt sind oder unzureichend an den Gegenständen und ihren Sachverhalten hervortreten. Es existieren also jeweils verschiedene Möglichkeiten für eine Veränderung der Wirklichkeit, sofern sie nur als Bedingungsgrund einer neuen in der noch bestehenden Wirklichkeit hinreichend verankert sind. In diesem Wettstreit der verschiedenen zur Wirklichkeit drängenden Möglichkeiten muss es einen Grund geben, warum etwas vor einem anderen existiert. Dazu führt Leibniz aus:

> Alles Mögliche strebt nach Existenz und existiert daher, wenn nicht etwas anderes, das auch zur Existenz strebt, es daran hindert und mit dem ersteren unverträglich ist.[14]

Hier ist das Prinzip der Kompossibilität angesprochen: Wirklich werden zugleich die Möglichkeiten, die miteinander verträglich sind, und können dann nicht zugleich existieren, wenn sie miteinander unverträglich sind.

In einer bemerkenswerten Arbeit des Jahres 1982 hat Hans Heinz Holz die Kategorie der Kompossibilität auf die logische Struktur einer neuen Konzeption von Friedenspolitik bezogen. Holz hat dargelegt, dass in Anbetracht des Antagonismus zweier Gesellschaftssysteme und angesichts der Vernichtungskraft der modernen Waffen die Existenz der Menschheit nur zu erhalten ist in Form friedlicher Koexistenz.[15]

Heute ist die Frage nach der Existenzform der gesellschaftlichen Menschheit, obwohl oder gerade weil der Antagonismus nur noch rudimentär vorhanden ist, in geradezu dramatischer Weise aufs neue aufgeworfen. Die Konzeptionen einer neuen Weltordnung von Herrschaftsdenken und einer internationalen Friedensordnung im Konsens der Völker der Welt stel-

---

12 HW 8, § 146 Zusatz, 287.

13 Bloch 1959, 260.

14 Leibniz, *Kleine metaphysische Schriften*, hrsg. von Hans Heinz Holz, Darmstadt 1965, 177.

15 Hans Heinz Holz, *Zur Logik der Koexistenz*. In: Dialektik 4, Köln 1982, 69.

len gegensätzliche Perspektiven für mögliche Entwicklungen in Aussicht, die einander ausschließen: Entweder Weltherrschaft des kapitalistischen Nordens oder gleichberechtigte Kooperation zwischen Zentrum und Peripherie; entweder politische und ökonomische Fremdbestimmung oder Selbstbestimmung der Völker; entweder Recht des Stärkeren oder gleiches internationales Recht etc. Beides zugleich kann nicht wirklich werden und verhält sich dem jeweils anderen gegenüber als inkompossibel.

Für Ernst Bloch ist das der Sache nach partiell Bedingte, das sachhaft Mögliche, strikt am Gegenstand fundiert. Es treten dabei zweierlei Bedingungen, innere und äußere, auf. Zur Veranschaulichung führt er ein einfaches Beispiel an:

> So kann eine Blüte die Frucht mit vollzähliger innerer Bedingtheit sicher in sich heranreifen lassen, fehlt indes die vollzählige äußere Bedingung des guten Wetters, dann ist die Frucht dennoch nur möglich.[16]

Möglichkeit bedeutet also sowohl inneres, aktives Können, Vermögen, Potenz, wie äußeres, passives Getan-werden-Können, Potentialität. Politische Potenz zum Gestalten einer friedlichen Weltgesellschaft zeigt sich im Vermögen des subjektiven Faktors, also in der Potenz der bewusst und verantwortlich handelnden Menschen, das Prinzip einer äquivalenten Kooperation in den internationalen Beziehungen, vornehmlich in der Ökonomie bei der Herstellung gerechter Tauschverhältnisse, beim Aufbau regionaler Märkte, bei der Entschuldungsfrage etc., durchzusetzen.

Aber zugleich muss die Reife der äußeren Bedingungen in Zeit und Gesellschaft erreicht sein, also in den durchsetzbaren demokratischen Prinzipien, in den Grundlagen des allgemein anerkannten Völkerrechts, in der Handlungsfähigkeit der internationalen Organisationen und vor allem auch in den Ansätzen zu einem neuen planetarischen Bewusstsein.[17]

Es werden sich schließlich in einer veränderten Welt solche Bedingungen durchsetzen, die für das Objekt im Sinne der logischen Struktur des Systems eine *progressive* Tendenz bewirken. Progressiv sind Tendenzen in der Realisierung des Möglichen, bei denen der Erhalt des Systems Vorrang gegenüber seiner Zerstörung hat, die Absicherung des Ganzen Vorrang gegenüber der einseitigen Förderung des Partikulären, der Aufbau von mehr Komplexität Vorrang gegenüber dem Abbau zum Einfachen.

Nun wird sich das System Erde-Mensch nur dann in seinen progressiven Tendenzen bewahren lassen, wenn der partikuläre Ausbruch des reichen Nordens aus dem Systemganzen zu einer die Lebensinteressen der

---

16 Bloch 1959, 267.

17 Leonardo Boff, *Eine neue Erde in einer neuen Zeit. Plädoyer für eine planetarische Kultur*, Düsseldorf 1994.

Völker erstickenden Weltordnung nicht zum Ziel führt. Eine Welt, in der eine globale Friedensordnung möglich sein kann, ist nur als ein offenes System auf die Zielvorstellungen von sozialer Gerechtigkeit und Emanzipation der Völker hin veränderbar.

Anders und noch allgemeiner gesagt muss, wie Hans Heinz Holz ausgeführt hat, die Welt in gesellschaftlicher Hinsicht ein offenes System sein, damit ihr Sein im Modus der Möglichkeit überhaupt vorkommen kann. Sie muss eine prozessuale Welt sein, also zeitlich-veränderbar; sie muss weiter eine materiell-extensionale Welt sein, wenn das Verhältnis des Einen zum Anderen bestehen soll; und sie muss schließlich eine unendliche Welt sein, sonst gäbe es einmal keine neue Möglichkeit in Richtung der Veränderung von Wirklichkeit mehr. Die Welt muss also in Bewegung sein und unendlich differenziert in den Erscheinungen und in den Beweggründen bleiben.[18]

Die Konzeption der neuen Weltordnung strebt eine Welt an, in der eine weitere grundlegende Veränderbarkeit von der Systemstruktur her ausgeschlossen ist. Vorstellbar ist also die Entstehung eines Weltsystems, in dem der technokratische Weltstaat den Frieden als Zustand von Ruhe und Ordnung von oben her festschreibt.

Die Weltregierung verfügt nun über alle erforderlichen Mittel, um durch omnipotente Gewalt, durch perfekte Kontrolle der menschlichen Tätigkeiten und Überwachung der Bürgerinnen und Bürger, durch Manipulierung von öffentlichen Meinungen und Gleichschaltung der kulturellen Äußerungen die globale Herrschaft dauerhaft zu sichern. Jede Revolte kann nun bereits im Keim erstickt werden.

Offensichtlich würde die technokratisch – und das heißt hier zugleich auch militärisch – abgesicherte Herrschaft des reichen Nordens weltweit die wirtschaftliche Ungleichheit, politische Repression und kulturelle Konformität dauerhaft festschreiben. Darin ist nichts weniger als der Abschied vom Humanen im Namen der *societas perfecta* enthalten und damit aber auch der endgültige Absturz der bewohnten Erde in das Chaos der unaufhaltsamen Zerstörung. Die letzte verbleibende Möglichkeit würde nun noch in dem Kollaps dieses Weltsystems liegen, in seinem in ihm bereits keimhaft angelegten Untergang, aus dessen Trümmern sich eine lebenswerte Welt kaum mehr erheben könnte.

Es liegt in der Reichweite der bewusst handelnden Menschen und Völker, die Konzeption der neuen Weltordnung zu durchkreuzen und einen

18 Hans Heinz Holz, Stichwort *Möglichkeit*. In: *Europäische Enzyklopädie zu Philosophie und Wissenschaften*, hrsg. von Hans Jörg Sandkühler, Hamburg 1990, Bd. 3, 432-439.

technokratischen Weltstaat dieser Art nicht zuzulassen. Nur wenn die sich heute abzeichnende Realisierung einer derartigen Weltordnung verhindert wird, wenn sich also das hier Mögliche als das Unmögliche erweisen und durch die gesellschaftliche Praxis negiert wird, wird die Möglichkeit auf humane Weltveränderung bestehen bleiben und selbst zur Wirklichkeit drängen. Obwohl der Kampf um das Überleben der Menschheit bereits im vollen Gange ist, werden erst dann auch die weiteren Voraussetzungen als Bedingungen des Real-Möglichen dafür gesichert sein, eine globale Friedensordnung als einzig mögliche und allgemein erstrebenswerte Seinsform der gesellschaftlichen Menschheit zu realisieren.

13.
Idee einer globalen Friedensordnung
Ein philosophisch-friedenspolitischer Diskurs

Bericht über ein interdisziplinäres Arbeitsprojekt der Jahre 1994 bis 1997

Die globale Ordnung in den Spannungen weltgeschichtlicher Veränderungen als Problemstellung

Um das Jahr 1990 ist Unverhofftes Wirklichkeit geworden: gravierende politische Umwälzungen und sozial-ökonomische Veränderungen signalisieren einen weltgeschichtlichen Bruch. [1] Mit der Implosion des realsozialistischen Lagers in Europa sind die Modalitäten der europäischen Nachkriegsordnung nicht mehr gegeben. Nicht länger besteht jene schier ausweglose Zwangslage der Drohung der gegenseitigen totalen Vernichtung zweier antagonistischer Wirtschafts- und Sozialsysteme, aber ebenso ist das Prinzip der friedlichen Koexistenz als leitendes real-politisches Paradigma außer Kraft gesetzt. Offiziell wurde der Kalte Krieg für beendet erklärt. [2] Zwar ist mit der Auflösung der Sowjetunion dem Westen der weltpolitische Kontrahent abhanden gekommen, jedoch hat das hier sich im Selbstlauf behauptende Droh- und Gewaltpotential eine neue Legitimation erfordert.

Auf der Siegerseite wurde mit der Konzeption einer neuen Weltordnung dann auch eine andere, wenn auch vage Zielvorstellung imperialer Machtpolitik entwickelt. Welche Ziele nun verfolgt werden, wurde alsbald mit dem Golfkrieg II und mit der ihn legitimierenden Instrumentalisierung des UN-Sicherheitsrates von der westlichen Führungsmacht vorgeführt. Der Krieg als Mittel der Politik, auch zur Zeit der Systemkonkurrenz und der Stellvertreterkriege keineswegs aus der Menschheitsgeschichte verbannt, wird wieder legalisierter Bestandteil des politischen Kalküls.

Allerdings müssen nun im Sinne des geänderten Paradigmas Kriegseinsätze zu „friedenserhaltenden Maßnahmen“ sprachlich verbogen werden,

---

1 Gleichwohl ist seither in den Zentren des Kapitals am alten Denken mit den Kategorien von politischer Macht und ökonomischer Dominanz unvermindert festgehalten worden, obwohl es seine Scheinlegitimität aus der Logik des Kalten Krieges eingebüßt hat und nun seine Widersprüche offenkundig werden.

2 Diese Kategorie bezeichnet ein gegenseitiges Verhältnis der gesellschaftlichen Systeme von Nicht-Frieden und noch nicht heißer Krieg mit der Disposition auf beiden Seiten, das jeweils andere Lager zu okkupieren. Das bisherige Ausbleiben des atomaren Infernos spricht nicht für die Reichweite der menschlichen Vernunft des *homo sapiens* als vielmehr für eine letzte Grenze der Verirrung des *homo demens*.

um sie so gegenüber der Öffentlichkeit rechtfertigen zu können. Aufs neue ist eine längst für überholt gehaltene Debatte um die Frage der Legitimität kriegerischer Gewaltanwendung und des gerechten Krieges in einer emotional aufgeladenen Stimmung am Sezessions- und Bürgerkrieg im ehemaligen Jugoslawien entbrannt.

Gänzlich ungebremst und damit auch unkontrolliert werden nun die wissenschaftlich-technischen Innovationen privatwirtschaftlich ausgebeutet mit verheerenden sozialen und ökologischen Folgen. Auf der Grundlage von neo-konservativen wirtschafts- und finanzpolitischen Theoriekonstrukten ist seither vom kapitalistischen Zentrum eine weltweite Veränderung des Wirtschaftsgeschehens eingeleitet worden. Dieser Vorgang der Globalisierung hat unter der technologischen Rahmenbedingung einer informationellen Revolution eine weltweite Angleichung in der Organisation von Produktions- und Verkehrsformen zur Folge.[3]

Die Umstrukturierung der globalen Ordnung erfolgt also in der Mehrdimensionalität von veränderten politischen, ökonomischen und militärischen Strategien. In der drohenden Perspektive der neuen Weltordnung zeichnet sich weniger denn je eine Lösung der großen Menschheitsprobleme ab. Das System der globalen Probleme lässt sich für Lösungsalternativen nicht aufbrechen, solange die Ökonomisierung des Gesellschaftlichen die Militarisierung des Politischen zur Folge hat. Eine auf wirtschaftliches Wachstum orientierte Entwicklung der Produktivkräfte muss das Naturverhältnis des Menschen weiter deformieren und eine grundsätzlich andere Weise des Naturgebrauchs zu ihrem Interessengegensatz erklären. Es ist also das neue Konstrukt einer Welt der Gewalt und einer ökonomisch-politischen Zwangsordnung im Entstehen.

Der Gegenentwurf einer globalen Friedensordnung muss sich daher notwendigerweise von den Prinzipien Solidarität, gesellschaftliche Emanzipation und soziale Gerechtigkeit leiten lassen. Er impliziert damit ebenso die Annahme, dass das gesellschaftlich Mannigfaltige in seiner Totalität nach einigen wesentlichen Momenten zu strukturieren ist. Die Konzeption einer globalen Friedensordnung setzt gegen die Repression von oben, gegen die Pazifisierung von außen die aktive, selbstbestimmte und gleichberechtigte Teilhabe der Menschen, Völker und Staaten an der Gestaltung der menschlichen Lebensbedingungen und an dem kooperativen Ausbau der

3 In ökonomischer Hinsicht stellten bereits in den 70er Jahren die Maquilas in Mittelamerika neoliberale Versuchszonen für eine Globalisierung, die auch vor der „ersten Welt“ nicht halt macht, dar. Charakteristisch für die neuen Produktions- und Arbeitsbedingungen sind beispielsweise die Flexibilisierung des Arbeitsverhältnisses, die mangelnde soziale Absicherung bis hin zu schwerwiegenden Menschenrechtsverletzungen und die Zurückdrängung des staatlichen Einflusses.

internationalen Beziehungen zum Wohle aller. Dem menschlichen Dasein wird neuer Sinn verliehen, und die Hoffnung auf ein menschenwürdiges Leben, ohne die es keine friedliche Zukunft geben kann, wird für viele neu geweckt. [4]

Inhaltliche Strukturierung und praktische Umsetzung des Projektes

Die Idee, nach dem geschichtlichen Bruch um 1990 die neue Weltlage und die sich abzeichnenden Entwicklungsperspektiven zum Gegenstand eines wissenschaftlichen Diskurses zu machen, entstand im Umkreis der „Internationalen Gesellschaft für dialektische Philosophie - Societas Hegeliana“,[5] die ihrer eigenen Wissenschaftstradition nach ein Jahrzehnt hindurch den philosophischen Dialog zwischen Ost und West gefördert und immer wieder auch die Friedensfrage als eines der wesentlichen Probleme der gegenwärtigen Epoche thematisiert hatte. Von Beginn an hat Übereinstimmung darin bestanden, dass der Diskurs um mögliche Ordnungsprinzipien der Welt von philosophischer Seite allein nicht zu leisten ist, sondern auch der empirischen Arbeit bedarf, insbesondere unter Beteiligung von Konfliktforschern, Politologen und Historikern. [6]

In dieser gegenseitigen Zuordnung von empirischer und theoretischer Arbeit besaß die Projektarbeit von Anfang an unterschiedliche methodologische Ansätze und damit einen von der Sache her gegebenen Anreiz zu kontroversen, weiterführenden Diskussionen. Es gehörte so auch zur Problemstellung des Projektes, eine adäquate Vorgehens- und Arbeitsweise in interdisziplinärer Zusammenarbeit zu entwickeln, zu erproben und zu präzisieren.

Allerdings gebührt der dialektischen Philosophie in einem derartigen kooperativen Verbund der Vorrang, ist sie doch allein nur imstande, das

---

4 Die Thematik von gegensätzlichen Weltordnungskonzeptionen als Geschichtsentwurf vor dem Hintergrund weltgeschichtlicher Veränderungen ist ausführlich dargestellt in: V. Bialas, *Die zwei Gesichter einer neuen Erde. Weltherrschaft und Kooperation als widerstreitende Prinzipien planetarischer Neuordnung*, Münster 1997.

5 Genau genommen im Jahr 1992 in S.Abbondio/Schweiz im Verlauf eines längeren Gespräches mit Hanz Heinz Holz, der auch durch ein im Herbst 1994 abgehaltenes Seminar das gerade begonnene Projekt maßgeblich förderte. Von seiten der *Societas Hegeliana* nahmen außerdem noch die folgenden Mitglieder an der Projektarbeit teil: Alberto Burgio (Bologna), Hermann Klenner (Berlin), Vesa Oitinen (Helsinki), Dejan Pavlov (Belgrad), Horst-Dieter Strüning (Bonn) und Raymond Swing (Kopenhagen). Institutionell wurde das Projekt in das von Hans-Jürgen Häßler geleitete *Institut für kulturelle Friedens- und Konfliktforschung*, Hannover, eingebunden.

6 Hier ist besonders die Mitwirkung von Ernst Woit (früher Technische Universität Dresden) und Wolfgang Scheler (früher Militärakademie Dresden) hervorzuheben. Als Vertreter der politischen Philosophie beteiligten sich Endre Kiss (Budapest) und Kees van der Pijl (Amsterdam) an der Projektarbeit.

Allgemeine der globalen Zusammenhänge gegen das Besondere der Einzelprobleme zu erkennen und aus dem Gesamtzusammenhang des Wissens auch die Bedingungen möglicher alternativer Entwicklungen einer differenzierten Weltgesellschaft zu untersuchen.

In dem konstruktiven Dialog der dialektischen Philosophie mit den mehr empirisch vorgehenden Wissenschaften ergab sich so die Aufgabenstellung, die Möglichkeit einer globalen Friedensordnung auszuloten, ganz in Übereinstimmung mit der Blochschen Diktion von dem Möglichen als dem partiell Bedingten. [7] Zu erwägen ist hier aber nicht die bloße Denkbarkeit des Möglichen, das als ein Abstraktes in bezug auf die Wirklichkeit verhältnislos bleibt, sondern das Real-Mögliche, mit Hegel gesagt „die Möglichkeit als seiend, die andere Seite der Wirklichkeit“.[8] Dieser Zusammenhang von dem vorfindbaren Realen und dem zu entwerfenden Real-Möglichen erhebt an die gedankliche Arbeit den Anspruch, einen kategorialen Rahmen, von dem neue Denkansätze ihren Ausgang nehmen sollten, als das konzeptionelle Bindeglied beider möglichst genau abzustecken.[9]

In der konkreten Umsetzung wurde die Projektarbeit in der Zuordnung der fundamentalen Kategorien Idee, Wirklichkeit und Möglichkeit in drei große Themenbereiche gegliedert:

1. Bestimmende Ideen und Ideologien von Krieg und Frieden.
2. Von der Idee zur Realität: Modelle globaler Friedenssicherung vor dem Hintergrund gegenwärtiger Weltordnungsstrukturen.
3. Perspektivisches: Mögliche Schritte zu einer künftigen Friedensordnung und die Kultur des Friedens.

Die Projektarbeit selbst sollte methodisch die folgenden Arbeitsschritte umfassen: Formulierung von Thesen und Abfassung von Arbeitspapieren zu den drei Arbeitsschwerpunkten; konstruktive Kritik der Beiträge im Dialog der Teilnehmer; Abhaltung von internen Seminaren und von öffentlichen Symposien; Publikation der Einzelbeiträge und der Arbeitsergebnisse; Kurzberichte an einschlägige Fachzeitschriften. Von vornherein wurde also auf die interne sachbezogene Arbeit und die Kommunikation zwischen den Teilnehmern größten Wert gelegt. Fraglich war allerdings, ob alle Teilnehmer sich der Notwendigkeit dieser Selbstvergewisserung im Rahmen des Projektes stets bewusst waren.

---

7 Ernst Bloch, *Das Prinzip Hoffnung*, Frankfurt /M 1959, 260.

8 G.W.F. Hegel, *Enzyklopädie der philosophischen Wissenschaften.* In: *Theorie Werkausgabe* Bd.8, Frankfurt /M 1970, 287.

9 Vgl. hierzu in diesem Buch den vorangegangenen Beitrag Nr. 12.

Entsprechend der Dreiteilung des Projektes wurden in den Jahren 1995 bis 1997 jeweils im Herbst öffentliche wissenschaftliche Symposien veranstaltet. Es war gewiss ein günstiger Umstand, dass Kants unvergängliche Abhandlung *Zum ewigen Frieden. Ein philosophischer Entwurf* zum 200. Jahrestag ihres Erscheinens das erste Symposium 1995 in Hannover thematisch bestimmt hat. Wird doch in dieser klassischen Friedensschrift von Kant der bis heute ernst zu nehmende Versuch unternommen, Frieden als gesellschaftlich vermittelten Begriff zu begreifen und die ihn realisierende globale Ordnung als eine vertragliche Rechtsordnung zu begründen.

In der Aktualisierung von Kants Abhandlung standen drei Hauptfragen im Mittelpunkt der Erörterungen von Hannover: Zum einen die Frage nach der verbindlichen Durchsetzbarkeit des Friedensgebots im Rahmen einer weltweit gültigen Rechtsordnung; weiter die Frage nach der näheren Beschaffenheit der von einer permanenten *organisierten Friedlosigkeit* gekennzeichneten Weltlage; und schließlich die Frage nach einem notwendigen Wertewandel für den Entwurf eines solidarischen und ökologisch intakten Weltsystems.[10] Zur Notwendigkeit, über die möglichen Seinsbedingungen für eine weltweite Friedensordnung den Diskurs fortzusetzen, hat Kees von der Pijl in Hannover bemerkt:

> Die Aufgabenstellung einer Friedensordnung verlangt von uns, dass wir restlos die Unmöglichkeit privater Auswege aus der planetarischen Krise ans Licht bringen wie auch die Absurdität der Gewaltanwendung... Kollektive, friedliche Lösungen vorschlagen, aber auch das Projekt verteidigen gegen Zynismus und Postmodernismus, ein System der frühzeitigen Warnung entwickeln, das die Drohung neuer Zusammenbrüche rechtzeitig an die Öffentlichkeit bringen kann, unsere Kontakte national und international pflegen, Ideen austauschen – das ist unsere Aufgabe.[11]

Das zweite, von der Kulturakademie Dresden mitgetragene Symposium wurde der Thematik *Friedensordnung als Aufgabe der gegenwärtigen Epoche* im Jahr 1996 in Dresden gewidmet. Damit sollten noch mehr die Determinanten des gegenwärtigen Zeitalters analysiert werden, auch um die Möglichkeiten seiner Veränderbarkeit in Hinblick auf eine friedlichere Welt auszuloten.

Signalisiert der geschichtliche Bruch der Zeit um 1990 einen Epochenwechsel? Ernst Woit erkennt in einer Epoche einen größeren, von anderen Geschichtsabschnitten qualitativ unterschiedenen Abschnitt im der zukünftigen Entwicklung nach offenen Geschichtsprozess, in dem nun an-

---

10 Die Beiträge des ersten Symposiums sind veröffentlicht in: V.Bialas/ H.-J. Häßler (Hrsg.), *200 Jahre Kants Entwurf "Zum ewigen Frieden" - Idee einer globalen Friedensordnung,* Würzburg 1996.

11 Kees van der Pijl, *Von dem Entwurf Kants zur Realität der ‚Neuen Weltordnung'*, in Bialas/ Häßler a.a.O., 34.

dere soziale Hauptkräfte und Handlungsdeterminanten wirksam werden: nicht mehr die Epoche der Auseinandersetzung zwischen dem „zu einem nichtkapitalistischen Weltsystem angewachsenen Frühsozialismus“ und dem „nicht mehr weltweit herrschenden kapitalistischen Imperialismus“, sondern eine neue, vorerst noch nicht genau bestimmbare Weltordnung mit der neu anstehenden Formierung der Weltgesellschaft. [12]

Allerdings ist der Geschichtsbruch in der Projektgruppe kontrovers diskutiert worden. Kann überhaupt ein Zeitzeuge in der zeitlichen Nähe einer weltgeschichtlichen Veränderung über das Bewusstsein verfügen, einen Epochenwechsel wahrzunehmen? Sind nun wirklich neue qualitative gesellschaftliche und sozioökonomische Parameter wirksam oder sind nicht vielmehr bereits vorhandene Entwicklungen prolongiert?

Schreitet doch die wissenschaftlich-technische Revolution als wesentliche Entwicklungsform der Produktivkräfte weiter voran und findet doch das alte Denken in der Wiederbelebung von Weltherrschaftsstrategien seine Fortsetzung. Illusionäre Hoffnungen mussten aufgegeben werden, und die Menschheit ist vorerst um eine Entwicklungsperspektive ärmer.

Für die Friedensfrage ergibt sich aus der neuen Situation jedenfalls eine weitere Ernüchterung: Anzustreben ist nun eine Art „Verständigungsfrieden“ auf der Basis von kollektiver Sicherheit, wodurch das Fernziel einer gerechten Weltordnung zwar nicht aus den Augen verloren wird, aber gegenwärtig nicht mehr anzusteuern ist.[13] Das schließt jedoch für theoretisches Denken nicht aus, in visionärer Absicht auch die Bedingungen einer möglichen globalen Friedensordnung weiter zu durchdenken. In Anlehnung an den Kantschen Entwurf können auch für unsere Zeit Parameter für die Ingangsetzung eines umfassenden Friedensprozesses genannt werden. Sie betreffen den Teilprozess einer umfassenden Abrüstung, die Verlebendigung des Demokratiegedankens, die Herstellung einer gerechten Wirtschaftsordnung und einer institutionell gesicherten Rechtsordnung sowie die Durchsetzung eines neuen Wertsystems. [14]

Offenbar ist ein wesentliches Bindeglied zwischen Wirklichkeit und ihrer Veränderbarkeit, zwischen der Mikroebene des faktischen Handelns und der Makroebene möglicher Entwürfe der Kulturbegriff. Seine Spannweite reicht von der gesellschaftlichen Praxis in der Alltagskultur bis zu den geltenden Normen und wirksamen Mechanismen einer Zivilisation. Daher

---

12 Ernst Woit, *Friedens-Chancen nach dem Epochewechsel?* In: *Friedensordnung als Aufgabe der gegenwärtigen Epoche.* Symposium 1996 in Dresden, hrsg. von der Dresdner Studiengemeinschaft Sicherheitspolitik, Dresden 1997.

13 Wolfgang Scheler, *Fortschritt des Friedens in Idee und Wirklichkeit.* In: *Friedensordnung als Aufgabe der gegenwärtigen Epoche.* Symposium Dresden 1996 a.a.O.

14 V. Bialas, *Die zwei Gesichter einer neuen Erde* a.a.O.

war das abschließende Symposium 1997 in Dresden dem Thema *Dialog der Zivilisationen und die Kultur des Friedens* gewidmet, mit dem auch eine Auseinandersetzung mit Huntington, seiner Kultur- und Zivilisationsauffassung sowie einer neuen Feindbildideologie erreicht werden sollte.[15] Aus der Einheit der Vielfalt der Menschheitskultur erwächst das eindeutige Postulat, die militärische Gewalt als bisherige Voraussetzung von Kultur auszumerzen und die Erziehung zum Frieden auf allen gesellschaftlichen Ebenen zu praktizieren. Kann jedoch eine globale Friedensordnung und mit ihr eine alternative Gesellschaftsordnung in absehbarer Zeit nicht errichtet werden, so kann gegenwärtig die zentrale Teilaufgabe – so Wolfgang Scheler – nur in der Entwaffnung der Politik liegen. Die Kultur des Friedens einzuüben und nach Möglichkeit zu praktizieren aber bleibt auf der Tagesordnung des politischen und gesellschaftlichen Handelns, ganz in Übereinstimmung mit dem für die Jahre 1996-2001 propagierten Programm der UNESCO aus Anlass ihres 50jährigen Bestehens.[16]

Abschließende Bemerkungen

Was bleibt? Die Teilnehmer des Projektes können sich zugute halten, die Friedensfrage für das Ende des 20. Jahrhunderts präzisiert und philosophisch-friedenswissenschaftlich weiter ausgelotet zu haben, wenn auch nur in engem Kreis und ohne sichtbare Resonanz von außen. Das Fazit muss ernüchternd ausfallen. Ist die gute Absicht schon eine Versicherung gegen die Wirkungslosigkeit von Ideen? Das Projekt, im Grunde genommen ein nicht abzuschließender Diskurs, hat sein Ende gefunden. Mehrheitlich wurde gleichwohl von den Teilnehmern beschlossen, die Thematik *Globale Friedensordnung* auf später in Dresden stattfindenden Symposien weiterzubehandeln.

Offensichtlich hat sich die Projektarbeit zwischen Modalitätsformen bewegt: an dem einen Ende der Zwang zur Einsicht in die Realität, am anderen Ende die Aufforderung zur Entfaltung einer kreativen Phantasie, der Aufbruch zum *Noch-Nicht*. Das Projekt ist beendet, obwohl der Diskurs weiterzuführen ist, vielleicht in noch phantasievollerer Weise. Wir müssen uns die neue Welt, so wie sie zu verändern ist, vorstellen und die Visionen, die eines Tages Wirklichkeit werden sollen, auch um den Preis der Einsamkeit aufrechterhalten.

---

15 Samuel P. Huntington, *Kampf der Kulturen (The Clash of Civilizations), Die Neugestaltung der Weltpolitik im 21. Jahrhundert*, München/Wien 1996. Die Symposiumsbeiträge wurden von der DSS dokumentiert in: Heft 41A, Dresden 1998.

16 *50 Jahre UNESCO. Das Programm ‚Kultur des Friedens'*, in: Wissenschaft und Frieden, 1997, Dossier Nr. 21.

14.
Privatisierung der Natur und ihre Konsequenzen

Traditionelles Verhältnis Mensch - Natur

Naturbegriff von Aristoteles

Dem über mehr als zweitausend Jahre im Okzident maßgebenden allgemeinen Naturbegriff liegt – neben der hier nicht erörterten Platon-Rezeption – vor allem die Aristotelische Bestimmung zugrunde. Nach Aristoteles ist Natur als *physis* etwas, was von selbst Form gewinnt, ist so die Wesensform der werdenden und wachsenden Dinge aus Stoff sowie der Weg der Verwirklichung auf angelegte Ziele hin. Von Natur sein heißt von sich selbst her sein. Insofern kann – das sei hier bereits angemerkt – eine Privatisierung von Natur zugunsten eines Einzelnen dieses Selbstsein nicht wahrhaben wollen; sie durchbricht es vielmehr zu einem Anders-sein.

Da die Natur Grund und Ursache der menschlichen Hervorbringungen ist, wird durch die menschliche Tätigkeit, die auf eine Veränderung der Dinge abzielt, ein Spannungsverhältnis zwischen *physis* und *techne*, der menschlichen Kunstfertigkeit oder der handwerklichen Fertigkeit, aufgebaut. Im Verhältnis von Natur und Gesellschaft kommt es zu den widerspruchsvollen Vorgängen von Vermittlung, Vermischung und Verschmelzung beider, hervorgerufen durch die vom Menschen bewusst vorgenommenen Prozesse von Naturaneignung, Naturerkenntnis und Naturbeherrschung, also insgesamt durch die menschliche Arbeit.

John Lockes Eigentumsbegriff

Bereits etliche Jahrtausende vor Aristoteles begann am Ende der Altsteinzeit eine grundlegende Umstellung in der Produktion von Nahrungsmitteln, die – mit einem Begriff von *V. Gordon Childe* – neolithische Revolution. Vor allem durch große klimatische Veränderungen bedingt, mussten sich die Menschen, die bis dahin vorwiegend als nomadische Jäger und Sammler ihr Leben gefristet hatten, auf eine frühagrarische Lebensweise umstellen. Die Landwirtschaft führte nicht nur zu einer grundsätzlich neuen Beziehung zwischen Mensch und Natur, sondern auch zu einer neuen Form von Eigentum, die als privates Eigentum nun auch Teile der Natur einem Einzelnen oder einer Kleingruppe verfügbar und nutzbar machte. Emphatisch spricht Jean-Jacques Rousseau von Betrügern und Täuschern, die an diesem Wendepunkt der Menschheitsgeschichte zum ersten Mal ein Stück Land umzäunen und nun die Unbefangenheit des Anfangs verlieren.

Im Vergleich zu Rousseau kommt John Locke zu einer eher nüchternen Einschätzung. Für ihn erfolgt die Aneignung der Natur vermittels der menschlichen Arbeit. Diese fügt als das Werk der Hände zur Natur etwas Neues hinzu, das ursprünglich in den Produkten der Natur nicht vorhanden gewesen ist. Die Natur an sich ist allen Menschen gemeinsam gegeben, die Bearbeitung der Natur verwandelt das *An-sich-Sein* in ein *Für-sich-Sein*, in die Form des Eigentums für ein Individuum.

So ist nach Locke beispielsweise eine Wasserquelle für jeden da, ist allen gemeinschaftlich gegeben; das daraus in einem Krug geschöpfte Wasser aber ist privates, einem bestimmten Individuum zukommendes Eigentum als Verfügung über ein Naturprodukt.[1] Allerdings wird, worauf Raymond Swing in einem Diskussionsbeitrag auf diesem Symposium hingewiesen hat, bereits von einem für die Moderne charakteristischen abstrakten Naturbegriff ausgegangen, indem von anderen Qualitäten des Naturstoffes, im Beispiel etwa von der sakralen Bedeutung des Wassers für eine Gemeinschaft, abgesehen wird. Insofern muss eine derartige, an die Vorgehensweise der neuzeitlichen Naturwissenschaft erinnernde Reduktion der Natur zu einer abstrakten Bestimmung des Verhältnisses von Mensch und Natur führen. Gleichwohl wird auf Locke hier Bezug genommen, weil seine Darstellung den für unser Thema wichtigen Vorgang der privatwirtschaftlichen Aneignung der Natur im Frühkapitalismus zu verdeutlichen gestattet.

Erst die menschliche Arbeit, die das Naturprodukt oder einen Naturausschnitt, wie beispielsweise ein Stück Land, für die menschliche Nutzung verbessert, gibt nach Locke ein Recht auf Eigentum. Dieses ist der Größe nach durch den Umfang der eigenen Bedürfnisse bemessen. Zugleich ermöglicht dieses allen zukommende Recht auf Eigentum die freie Entfaltung des Individuums.

Die Bildung von privatem Eigentum ist also ursprünglich an die menschliche Arbeit gebunden. Daher kann unbearbeitete Natur, wie Land, Wasser, Bodenschätze und Wald, im Grunde genommen nicht privates Eigentum sein, es sei denn, um die eigenen Lebensbedürfnisse ohne Schaden für einen anderen zu befriedigen:

> Welchen Teil (an Eigentum) sich ein Mensch selbst zusprach, war leicht zu sehen: und es war nutzlos wie auch unehrlich, sich selbst zu viel zuzusprechen oder mehr zu nehmen als man benötigte.[2]

---

1 John Locke, *Two Treatise of Government*, in: The Works of John Locke in ten Volumes, Volume V (London 1823). Reprint Scientia Verlag, Aalen 1963, 207 ff.

2 „What portion a man carved to himself was easily seen: and it was useless, as well as dishonest, to carve himself too much, or to take more than he needed." John Locke a.a.O., § 51, 367.

Geldwirtschaft und soziale Ungleichheit

Allerdings hat die Geldwirtschaft – immer noch Locke zufolge – die Vermehrung des privaten Eigentums weit über die eigenen Bedürfnisse hinaus begünstigt. Dadurch sind die bis dahin gültigen Rechtsgrenzen, das Eigentum betreffend, gesprengt worden.

Bis zu diesem Stadium der Naturbearbeitung hat es kaum einen Zweifel über die Größe von Eigentum gegeben, wenn von Vergrößerung des Besitzes durch Erbschaft einmal abgesehen wird. Es war zwar im Normalfall nutzlos und ehrlos, mehr zu nehmen als man benötigte. Mit der unterschiedlichen Eigentumsbildung in privater Hand durch die Geldwirtschaft und die Akkumulation von Kapital setzte aber eine unterschiedliche Verteilung der Naturprodukte ein, die ihrerseits eine unterschiedliche Machtverteilung in der Gesellschaft zur Folge hatte.

Aus der Ungleichheit an Eigentum resultierten also einerseits Reichtum und Machtanhäufung, andererseits eine reale oder künstlich herbeigeführte Verknappung von Naturgütern, Verelendung und politische Machtlosigkeit. Dieser gesellschaftliche Zustand der sozialen Ungleichheit bedarf an dieser Stelle nicht der näheren Erläuterung. Jedenfalls ist häufig genug die Verelendung eines Volkes durch Eroberungskriege und gewaltsame Kolonialisierung herbeigeführt worden. Aber auch in der Konkurrenz der Besitzenden hat die ungleiche Verteilung von Eigentum schwerwiegende Macht- und Verteilungskämpfe zur Folge. Ebenso haben auf der anderen Seite der sozialen Hierarchisierung sich auch die Besitzlosen gegen die Besitzenden immer wieder gewaltsam erhoben und Revolutionen oder Befreiungskriege ausgelöst.

In der einseitigen Besitznahme der Natur durch Individuen, Gruppen oder Staaten – bei diesen zugunsten privatwirtschaftlicher Verfügung –, d.h. in der gegen das Interesse der Mehrheit gerichteten Privatisierung der Natur wird traditionell ein schwerwiegender Kriegsgrund gesehen. Die zumeist gewaltsam herbeigeführte unterschiedliche Verteilung von Naturprodukten und Bildung von Eigentum hat im Innern eines Landes zur sozialen Hierarchisierung, zur Bildung von Klassen, geführt; und im zwischenstaatlichen Bereich hatte sie eine Marginalisierung ganzer Länder und Erdteile zur Folge, die bis heute im sozioökonomischen Gefälle zwischen den hochentwickelten Industriestaaten und den Entwicklungsländern, zwischen Zentrum und Peripherie, Bestand hat.

Aktuelle Entwicklungen

Degradierung der Natur im Dienst privatwirtschaftlicher Interessen

Konflikte um den Zugang zu nicht-erneuerbaren Ressourcen sind, so gesehen, traditionelle Verteilungskonflikte. Nun aber verstärken sich infolge der realen Verknappung und Beeinträchtigung ihrer Qualität die Ursachen ökologischer Konflikte. Man spricht hier in Anbetracht der Verminderung der Quantität und Qualität von einer Degradierung der erneuerbaren Ressourcen, also solcher Stoffe, die in Stoffwechselkreisläufe eingebunden sind.[3] Diese Degradierung, verstanden als ein schwerwiegendes ökologisches Problem, geht häufig einher mit sozialen und politischen Konfliktursachen, wodurch die ungünstigen Naturgegebenheiten noch verstärkt werden. Dazu gehören etwa ungerechte Landverteilung, unkontrollierte Urbanisierung, Anpassung der vormals subsistenten Landwirtschaft an marktorientierte Monokulturen und der durch die Staatsverschuldung auferlegte Zwang zum Ressourcenexport.

Mit anderen Worten: Der Zugriff ausländischer Konzerne auf die Ressourcen, also ihre vermehrte Privatisierung, verstärkt die ökologische Degradierung und transformiert sie schließlich in politische Konflikte, die dann gewaltsam ausgetragen werden.

Ganz wesentlich beruht der Machtzuwachs des Zentrums in den letzten zwei Jahrhunderten der Weltherrschaftsgeschichte auf der Indienstnahme der Wissenschaft, als deren erfolgreichste Verwertungsform sich bis heute die privatwirtschaftliche Aneignung der wissenschaftlichen Erkenntnisse, also die kapitalistische Eigentumsform, erwiesen hat. Herrschaft über die Natur, gleichsam ein vom Menschen einseitig interpretierter Auftrag göttlich verstandener Offenbarung, ist nun zugleich deren kapitalistische Eigentums- und Verwertungsform geworden.

Indem der Mensch sich weiterhin zum Herrscher über die Natur berufen sieht, haben die wissenschaftlichen Erkenntnisse in Verbindung mit den privatwirtschaftlich organisierten ökonomischen Interessen die Technologie zu einem wesentlichen gesellschaftlichen Herrschaftsmittel verwandelt, mit dem die sozial-ökonomische Ungleichheit weiter fortgeschrieben wird. *Wissen ist Macht* – so konnte Francis Bacon es emphatisch verkünden, jedoch steht diese Macht den Menschen keineswegs in gleicher Weise zur Verfügung. Der Verlauf der wissenschaftlich-technischen Revolution seit Mitte des 20. Jahrhunderts hat in seiner sozioökonomischen Dimension wesentlich zur Vormachtstellung der hochentwickelten Industriestaaten beige-

---

3 Stephan Libiszewski, *Umweltkonflikte. Die Konfliktform im post-ideologischen Zeitalter?*, in: Wissenschaft und Frieden 2/1993, 23-27.

tragen. Damit hat sich der ökonomische Abstand zwischen Zentrum und Peripherie weiter vergrößert.

Privatwirtschaft und Militarisierung

Die skrupellose Verfügung über Teile der Natur führt zu einer engen Verflechtung von Forschung und Militarisierung. Das wird beispielhaft in der Militarisierung des erdnahen Kosmos deutlich, bei der die privatwirtschaftlichen Interessen eine wichtige Rolle für Motivation und Finanzierung der Kosmos-Projekte spielt. Hier ist auf die neue Entwicklungsstufe, das *Ballistic Missile Defence*-Programm der USA, kurz BMD-Programm, hinzuweisen, das aus SDl (Strategic Defence Initiative) und der fehlgeleiteten Vision eines *Star-War* erwachsen ist.

Nach dem Wegfall der West-Ost-Auseinandersetzungen mit der Gefahr eines Atomkrieges mit strategischen Waffen gehen nun die aktuellen militärischen Planungen der USA davon aus, dass der Weltraum einen „militärischen Standortvorteil" bietet und dass die US-Luftwaffe „in den Weltraum expandieren" wird, künftige Kriege also vom Weltraum aus geführt und dort auch entschieden werden.

Die vorgesehenen Waffensysteme, wie Laserwaffen und Teilchenstrahlwaffen, werden ihre Energie aus Kernenergie beziehen. Diese „Kernenergie im tiefen Weltraum" ist bereits jetzt ein wichtiger Faktor für das Weltraumfahrtprogramm der USA, wie beispielsweise bei dem Projekt Cassini, der bereits begonnenen unbemannten Saturn-Mission der nächsten Jahre. Hier ist die am 6. Oktober 1997 gestartete Weltraumsonde mit 32,8 kg Plutonium für den Betrieb von drei radiothermischen Generatoren ausgerüstet. Dabei wird so ganz nebenbei die gesamte Erde durch die Möglichkeit eines unbeabsichtigten Wiedereintritts der Sonde in die Erdatmosphäre der Gefahr einer erheblichen nuklearen Strahlung ausgesetzt.[4]

Auch durch die Weltraumfahrt wird der Herrschaftsbereich des Menschen über die Natur erweitert, und, indem sich die Atomindustrie in der Weltraumfahrt einen neuen Markt erschließt, ist auch hier das privatwirtschaftliche Interesse ein entscheidendes Motiv. In dieser Verflechtung von militärischen und zivilen Interessen werden alle moralischen Skrupel beiseite geschoben. In Anbetracht des Restrisikos dieses in seiner Komplexität nicht vollständig überschaubaren technologischen Projektes ist ebenso auf seiten der Wissenschaft eine ethisch-moralische Abstinenz anzutreffen, ja eine Verantwortungslosigkeit gegenüber der gesamten Menschheit und gegenüber dem Planeten Erde.

4 Karl Grossmann, *Die vernachlässigten Risiken der Cassini-Mission*, in: Wissenschaft und Frieden 2/1997, 59-61.

Menschliche Allmachtsphantasien in Genforschung und Biotechnologie

Um die von Wirtschaftsinteressen geleitete Herrschaft des Menschen über die Natur geht es auch in der Genforschung und Biotechnologie. Nun dringt die von Allmachtphantasien beflügelte wissenschaftliche Forschung in das letzte Reservat menschlicher Selbstbestimmung ein: in den menschlichen Körper. Das Objekt wissenschaftlicher Neugierde ist die Entschlüsselung der gesamten menschlichen Erbinformation im Human-Genom-Projekt. Vordergründig sollen grundlegende Verbesserungen der Diagnostik und Therapie von Erb- und Zivilisationskrankheiten, wie beispielsweise von Krebs und Aids, erreicht werden; letztlich aber geht es um den Abbau staatlicher Gesundheits- und Sozialfürsorge durch die technologische Kontrolle genetischer Risikofaktoren, also durch die Kontrolle der Biosphäre der Bevölkerung.[5]

In diesem Zusammenhang bilden bestimmte Richtlinien und Konventionen die internationalen rechtlichen Rahmenbedingungen für den Zugriff auf „genetische Ressourcen". So soll die Patentrichtlinie der EU-Kommission über die Patentierbarkeit „biotechnischer Erfindungen" die wirtschaftliche Verwertung gentechnischer Manipulationen sichern. Die entsprechende Patentierung isolierter und gentechnisch manipulierter Zellen und Gene ermöglicht dann die private Verfügungsgewalt und privatwirtschaftliche Nutzung.

Traditionell erfolgt mit einer Patentierung die Privatisierung einer Erfindung, indem der Erfinder das Monopolrecht erhält, seine Erfindung kommerziell zu nutzen. Biologische Prozesse waren von dieser Regelung bis vor kurzem ausgenommen, weil Patentierungen zum Bereich der Technik gehören und Patentierungen nicht für wissenschaftliche Entdeckungen, sondern für technische Erfindungen vergeben werden. Mit der Änderung der Patentvergabe durch die Patentrichtlinie der EU ändert sich diese Gepflogenheit in dramatischer Weise. Nun wird die privatwirtschaftliche Aneignung der genetischen Grundlagen des Lebens durch die transnationalen Konzerne einseitig begünstigt.[6]

Konfliktverschärfende Bedeutung dieser Entwicklung

Was bedeutet diese Entwicklung für die Konstituierung einer neuen Weltordnung und für die Frage von Krieg und Frieden? Zweifellos schafft die Patentierung von genetischem Material einen ökonomischen Anreiz, die

---

5 Andreas Lösch, *Der Traum von den Genen der Hoffnung. Fahndungsziele der Humangenomforschung*, in: Freitag vom 31.1 1997, Beilage Biotechnologie.

6 Forum Wissenschaft 2/98, Dossier: *Privatisierung der Natur. Hintergründe zur EU-Patentierungsrichtlinie*, Marburg 1998.

biologische Artenvielfalt zu vermindern und wirtschaftliche Monopolstellungen zu stärken. Durch den Patentierungsschutz ist es wirtschaftlich lohnend, Nutzpflanzen und Tiere gentechnisch zu manipulieren und sich so die Eigentumsrechte an ihnen zu sichern. So wird sich die Abhängigkeit der Landwirte von den Saatgutunternehmungen weiter erhöhen. Schon heute teilen weltweit 14 Firmen die Patente auf genetisch manipulierte Pflanzen unter sich auf.

Es ist leicht sich vorzustellen, welche Folgen diese Entwicklung in Krisensituationen haben könnte. Praktisch können die Großunternehmungen durch ihre Monopolstellung die Nahrungsmittelpreise diktieren und sogar eine Kontrolle über die Grundlagen der Welternährung ausüben. Auf Umwelt- und Agrarkrisen, aber auch auf politische Krisen und kriegerische Konflikte kann gegen die Interessen der Allgemeinheit und zugunsten Einzelner oder privilegierter Gruppen wirtschaftspolitisch reagiert oder Hunger als Waffe verstärkt eingesetzt werden.

Infolge der die private Kapitalanhäufung einseitig begünstigenden Patentierungen von genetischem Material erhöht sich die wirtschaftliche Abhängigkeit der Peripherie vom Zentrum weiter. Paradoxerweise wird gerade dadurch, dass ein Großteil der Vielfalt der Nutzpflanzen, der größte Teil der sog. *genetischen Ressourcen*, in Entwicklungsländern beheimatet ist, der Süden aufs neue vom Norden ausgeplündert. Der industrielle Norden benutzt die genetischen Ressourcen der Entwicklungsländer als eine frei zugängliche Quelle, deren Erträge dann durch die Patentierung zu einer privatwirtschaftlichen Ware gemacht werden.

So hat beispielsweise das US-Unternehmen W.R. Grace 34 Patente auf den indischen Neem-Baum erworben, der in Indien selbst seit Generationen zur Herstellung von Kosmetika und Arzneimitteln genutzt wird. Nun müssen überall, also auch in Indien, die aus dem Neem-Baum erzeugten pharmazeutischen Produkte dem US-Konzern bezahlt werden. Dieser Transfer biologischen und geistigen Reichtums von Süd nach Nord wird von Indien als neue Kolonialisierung scharf kritisiert.[7]

Insgesamt wird deutlich, dass der heute als *Liberalisierung* verbrämte Vorgang der Privatisierung selbst die Natur an die Regeln der Sphäre der produzierten Waren immer mehr anpassen möchte. Sie wird nun auf dem gar nicht mehr so freien Markt feilgeboten und soll durch die Monopolstellung der Quasi-Produzenten ökonomischen und politischen Interessen untergeordnet werden.

7 Forum Wissenschaft 2/98, Dossier, S. VII.

Schlussfolgerungen und notwendige Änderungen

Wem gehört die Natur?

Seit Anbeginn der überlieferten Menschheitsgeschichte hat die Privatisierung der Natur infolge der damit verbundenen ungleichen Güterverteilung und der unterschiedlichen Nutzung der Ressourcen zur Entstehung der sozialen Ungleichheit wesentlich beigetragen. Im Gefolge der neuzeitlichen Weltherrschaftsgeschichte hat die privatwirtschaftliche Verfügungsgewalt über Land, Wasser und Bodenschätze grenzenlos zugenommen, so dass große Teile der Weltbevölkerung von einer angemessenen Nutzung der Naturressourcen weitgehend ausgeschlossen sind. Damit hat erst die Privatisierung der Natur Weltherrschaft ermöglicht und stabilisiert.

Sie gehört so zum gesellschaftlichen Kernbereich der strukturellen Gewalt. Indem die bestehende Eigentumsverteilung von den Besitzenden, also den Mächtigen, als gerecht propagiert wird, wird auf jede auch nur partielle Infragestellung repressiv reagiert. In der politischen Praxis wird sie als möglicher Grund für innergesellschaftliche Repressionen oder für militärische Interventionen nach außen genommen.

Gleichwohl, wollen wir uns mit den Prinzipien des Aufbaus einer friedlichen Welt auseinandersetzen, kommen wir an der schlichten Frage nicht vorbei: Wem gehört die Natur?

An dieser Stelle ist es nun unumgänglich, den Begriff der Natur einzuengen; anderenfalls würde man der anthropozentrischen These zustimmen, die Natur existiere nur im *Für-sich-Sein*, nur in bezug auf den tätigen, den erkennenden und arbeitenden Menschen.[8] Eine Objektivität von Natur wird aus dieser Perspektive dann überhaupt ausgeschlossen.[9]

Indem in dieser Erörterung im wesentlichen die das Leben auf der Erde hervorbringende und reproduzierende Natur im Blick ist, soll des weiteren der von W. I. Wernadskij geprägte Begriff der *Biosphäre* verwendet werden. Mitunter wird unter Einschluss des erdnahen Kosmos, in dem die Voraussetzungen für die Entstehung und Erhaltung von Leben gegeben sind, auch auf den Begriff der Ökosphäre zurückgegriffen. Hier soll der Begriff von Wernadskij angehalten werden, allerdings in einer erweiterten Form

---

8 Vgl. Karen Gloy, *Natur im westlichen und östlichen Verständnis*, in: Freiburger Zeitschrift für Philosophie und Theologie Bd. . 44, Freiburg/ Schweiz 1997, S. 158-175. Im übrigen enthält die Arbeit von K. Gloy den bemerkenswerten Neuansatz einer holistischen Naturphilosophie.

9 Wenn allerdings alles nur in bezug auf den Menschen ist, stünden nicht nur ganze Wissenschaften von der Natur, wie etwa Kosmologie und Geologie, vor schwerwiegenden Grundsatzproblemen; auch die katholische Theologie müsste einige Grundannahmen, wie die eines unaufhörlichen Wirkens und Waltens Gottes in der Natur und im gesamten Kosmos, also den Standpunkt eines *Pan-en-Theismus*, überprüfen.

dergestalt, dass auch der erdnahe Kosmos in der Konfiguration des Sonnensystems als notwendige Voraussetzung für das Leben auf der Erde zur Biosphäre im weiteren Sinne gerechnet wird.

Grundsätzlich stellt sich für die Privatisierung der Natur ein schwerwiegender Selbstwiderspruch ein dergestalt, dass die natürlichen Existenzbedingungen der Gattung Mensch in einigen lebenswichtigen Bereichen durch gruppengeleitete Interessen und Herrschaftsmittel manipuliert oder der Allgemeinheit entzogen werden. Mit der privaten Aneignung von Teilen der Biosphäre wird praktisch die allgemeine natürliche Seinsgebundenheit des Menschen ignoriert, wodurch der Rückbezug der sozialen Ordnung, d.h. der gesellschaftlichen Organisations- und Ordnungsprozesse, auf den Naturzusammenhang insgesamt in Frage gestellt wird.

Es wird nicht mehr anerkannt, dass die materiell-geistige Existenz der Gattung Mensch nur im Rahmen eines umfassenden und allgemeinen Naturzusammenhangs und unter Akzeptanz dieses Naturzusammenhangs zu gewährleisten ist, die menschliche Freiheit also auf die Naturnotwendigkeit zu beziehen ist. Freiheit wird nun als Willkür gründlich missverstanden, als eine Willkür, die sich in der politischen Praxis etwa darin äußert, dass infolge der unterschiedlichen Eigentumsverhältnisse einem erheblichen Teil der Menschheit die Menschenrechte praktisch aberkannt sind.[10]

Daher ist grundsätzlich zu fordern, dass auf dem Weg zu einer *globalen Friedensordnung* der privatwirtschaftlichen Aneignung der Biosphäre neue Grenzen zu setzen sind. Diese Forderungen – das sei hier nochmals ausdrücklich betont – sind keine realitätsfernen Träumereien, sondern sind der Erhaltung der Biosphäre selbst geschuldet, resultieren also aus den Erfordernissen unserer Zeit. Lebenswichtige Güter, wie Land, Wasser und fossile Energieträger, sind allen gleichermaßen zur behutsamen Nutzung zugänglich zu machen. Knappe Naturressourcen dürfen nicht länger privaten Eigentümern gehören.

Nationalstaatliche Hoheitsrechte ändern an der Berechtigung dieser Forderungen nichts. Sofern eine staatliche Verfügungsgewalt besteht, müsste ja die privatwirtschaftliche Nutzung ausgeschlossen oder doch zumindest eingedämmt sein. Allerdings haben sich staatliche und privatwirtschaftliche Interessen immer mehr angenähert, oder die Vorgänge der Globalisierung von Produktion, Markt- und Finanzgeschehen haben zu einer Deregulierung ökonomischer Prozesse, d.h. zum Rückzug des Staates geführt. Im Tenor der obigen Forderungen klagt die *Mataatu-Erklärung der indigenen Völker* aus dem Jahr 1993 für diese Menschen eigene Eigentumsrechte auf Grund

10 Vgl. hierzu: Hans Heinz Holz, *Wissenschaftlich-technische Revolution und neues Naturverhältnis*, in: Losurdo (Hg.), *Geschichte und Ethik*. Annalen der Societas Hegeliana, Bd. X, Frankfurt/M. 1998, 143-161.

und Boden ein und fordert eine gerechte Nutzenaufteilung der genetischen Ressourcen auch für die indigenen Völker. Die praktische Umsetzung dieser Forderungen würde allerdings die staatliche oder gesamtgesellschaftliche Stützung einer naturgebundenen Ökonomie erfordern, d.h. weitreichende ökonomische Umstrukturierungen zur Voraussetzung haben.[11] Hier wird gewissermaßen der sozioökonomische Rahmen umrissen, auf dessen Grundlage sich schließlich auch ein *neues Weltethos* verwirklichen ließe, für das Hans Küng seit geraumer Zeit so vehement eintritt.[12]

Ein neues Paradigma für die Wissenschaft

Als Nebenaspekt der tendenziellen Abschaffung der Natur an sich hat eine grandiose Mythologisierung der Wissenschaft eingesetzt, indem die wissenschaftliche Rationalität mit ihren technologischen Innovationen als das Allheilmittel für alle drängenden Daseinsprobleme genommen wird. Der High-Tech-Industrie wird ein größerer gesellschaftlicher Freiraum als jemals zuvor eingeräumt, und so gerät der wissenschaftlich-technische Fortschritt gewissermaßen aus der gesellschaftlichen Kontrolle und verschärft in der Antinomie von menschlichem Herrschaftsanspruch und notwendiger Naturgebundenheit die großen Menschheitsprobleme.

In unserem Zusammenhang ist zweierlei für die gesellschaftliche Rolle der modernen Wissenschaften charakteristisch:

Zum einen stellen sie das wichtigste Herrschaftsmittel des Menschen über die Biosphäre dar, zum anderen ist die aus dem wissenschaftlich-technischen Fortschritt hervorgehende Technologie die wesentliche Voraussetzung für die militärische Rüstung und damit für die Herrschaft des Menschen über den Menschen.

Diese auch nach dem weltgeschichtlichen Bruch von 1990 nicht beendete Fortsetzung menschlicher Allmachtphantasie und westlicher Weltherrschaftsträume ist letztlich unverminderter Ausdruck einer Materialisation des alten Denkens, das gewohnt ist, die Welt nach dualistischen Denkmustern einzuteilen: Hier der subjektive Geist, dort die gegenständliche Natur; im Zentrum das Ich, außen das Andere; oder auch: Hier das Gute, dort das Böse; bei uns die Freunde, drüben die Feinde.

Wenn wir dieses alte Denken in einem langwierigen Prozess gesellschaftlicher Neuorientierung überwinden wollen, sind vor allem auch Zielvorgaben, Strukturen und gesellschaftliche Umsetzung der wissenschaftli-

---

11 Jürgen Wolters, *Erdgipfel und die indigenen Völker. Eigene Territorien - Voraussetzung zum kulturellen Überleben der amazonischen Waldvölker*, in: Wissenschaft und Frieden 1/1997, 44-47.

12 Vgl. Hans Küng, *Weltethos für Weltpolitik und Weltwirtschaft*, München 1997.

chen Erkenntnisse und Innovationen neu zu überdenken. Damit ist überhaupt die Frage nach einem neuen Wissenschaftsparadigma in bezug auf die Gesellschaft gestellt. Die vorgeblich wertfreie Neugierde des Forschers kann nicht länger als erkenntnisleitendes Interesse akzeptiert werden, wie auch die Propagierung einer Nutzung der wissenschaftlichen Erkenntnisse für das Gemeinwohl, also für alle, nicht mehr glaubhaft ist.

Die wissenschaftlich Tätigen sollten sich ihrer gesellschaftlichen Einbindung und Funktionalisierung wieder stärker bewusst sein und damit auch der Tragweite des einseitig privatwirtschaftlichen und damit profitorientierten Gebrauchs der wissenschaftlichen Erkenntnisse. Ein neues Paradigma für die Wissenschaft durchsetzen heißt, sie auf den erweiterten Horizont von Verantwortung hin gesellschaftlich neu zu organisieren.

In ihm bilden Nachhaltigkeit der Naturnutzung, also die Erhaltung der Biosphäre für künftige Generationen, ein gebremster und gesellschaftlich kontrollierter wissenschaftlich-technischer Fortschritt sowie die gesamtgesellschaftliche Verfügung über die wissenschaftlichen Erkenntnisse das Koordinatenkreuz, das Orientierung für eine verantwortungsvoll handelnde Menschheit geben kann.

3.3 Die notwendige Wendung zu einem anderen Menschsein

Ervin Laszlo, der Gründer des *Clubs von Budapest*, hat in seinen Beiträgen daran erinnert, dass die weltweiten Probleme nicht mehr in der Form des Denkens zu lösen sind, die diese Probleme verursacht hat.[13] Es ist damit die Frage gestellt, ob die Gattung Mensch im Gefolge des alten Denkens überhaupt überleben kann. Ist nicht vielmehr die Wendung zu einem anderen Menschsein zu fordern, für das ein verantwortungsvoller Umgang mit der Biosphäre dem neuen planetarischen Bewusstsein entsprechen muss? Hier wird ein antizipatorisches Bewusstsein ein verändertes gesellschaftliches Sein zu entwerfen haben, aber auch ein anderes Menschsein in dieser veränderten Welt. Wirklicher Frieden setzt die Humanisierung des Menschen voraus mit Einschluss eines anderen, partnerschaftlichen Umgangs mit der Natur. Nun ist auch die Sprachlosigkeit der Opfer, vor allem der Kinder und Frauen wie auch der indigenen Völker, zu überwinden und Gerechtigkeit für die zu erreichen, die bisher kaum eine Rechtsvertretung haben und ohne Stimme sind.

Letztlich besteht eine gesellschaftliche Bewahrungspflicht gegenüber der Natur, eine Pflicht, die durch die einseitige Privatisierung und Kapitalisierung von Teilen der Biosphäre zutiefst in Frage gestellt ist.

---

13 So Ervin Laszlo, *Weltfrieden durch neues Bewußtsein*. Beitrag auf der ISPW-Tagung „Von der Vision zur Praxis“, Lassalle Haus bei Zug/ Schweiz, November 1998.

Es bleibt zu bedenken: Die Menschen können doch nicht wirklich „Eigentümer" der Natur sein, sondern immer nur vorübergehende Besitzer und Nutznießer. Sie haben als *boni patres familias* – wie es im 19. Jahrhundert noch bei Karl Marx schlecht patriarchalisch heißt: als gute Väter der großen Familie – die Natur den nachfolgenden Generationen schließlich verbessert zu hinterlassen.[14]

14 Karl Marx, *Das Kapital*. Dritter Band, in: Max/Engels, Werke, Bd.25, 784.

15.
Der Hinterhof als das Modell für das Imperium? Parameter der US-Lateinamerikapolitik

Die Hegemonialpolitik der USA in Lateinamerika

Gegenwärtig sind die USA dabei, ein weltweites Imperium zu errichten, das ohne geschichtliche Parallele ist, weil bisher eine Weltherrschaft unter Einsatz der Hochtechnologie, einschließlich der Massenvernichtungsmittel, nicht für möglich gehalten und auch nicht angestrebt wurde. Die nun entstehende *Pax Americana* zeichnet sich erst in Umrissen ab, doch ist sie als Herrschaft über das Totale nicht anders als totalitär vorstellbar.

Allerdings stehen die USA nicht zum ersten Mal in ihrer Geschichte vor der Aufgabe, die politische Vormachtstellung unter dem Einsatz aller verfügbaren Mittel auszubauen und abzusichern. Nahezu zwei Jahrhunderte lang haben die Vereinigten Staaten den amerikanischen Doppelkontinent als ihr genuines Einflussgebiet angesehen und hier ihre Vormachtstellung aufgrund der ökonomischen und militärischen Überlegenheit systematisch aufgebaut.

Dabei gelten traditionell Mittelamerika und die Karibik als die Haupteinflusszone, als der eigentliche Hinterhof der USA, während die südamerikanischen Staaten ökonomisch und politisch kontrolliert und bei Bedarf durch Militärjuntas von USA-Gnaden gewaltsam befriedet wurden. Aus jedem Geschichtsbuch kann diese Bilanz von wirtschaftlicher Kontrolle, kulturell-ideologischer Unterwanderung und militärischer Interventionen lateinamerikanischer Staaten durch die USA empirisch belegt werden.

Ohne auf die betroffenen Länder selbst einzugehen, sei hier nach den Herrschaftsinteressen, den Mechanismen wie auch nach den angegebenen Rechtfertigungen der US-Politik, deren Kontinuität vorausgesetzt wird, gefragt. Könnten derartige Parameter aus den Erfahrungen der Lateinamerika-Politik der Jahre 1960-1990 für die Globalpolitik der USA seit 1990 und damit für die Errichtung einer neuen Weltordnung von Bedeutung sein?

Allerdings sind direkte Übertragungen strategischer Handlungskonzepte der USA von der Lateinamerika-Politik auf die Globalpolitik kaum möglich, denn zu unterschiedlich sind die strukturellen Gegebenheiten eines großräumig-regionalen Imperiums und einer globalen Herrschaftsordnung wie auch die historischen Bedingungen der gewaltsamen Ausformung beider Herrschaftssysteme. In methodischer Hinsicht ist bei dem analogen Vergleich dieser beiden Herrschaftssysteme, für die eine Ähnlichkeit in bestimmten Merkmalen anzunehmen ist, zu fragen, ob die in der Lateinamerika-Politik der USA nachzuweisenden Parameter in der gegenwärtigen Globalpolitik wiederzuerkennen sind. Dann mussten die Regularien der gegenwärtigen Vorgehensweise der USA aus historischer Perspektive noch besser einzuschätzen sein.

Parameter der Lateinamerika-Politik

Schauen wir uns nun einige wichtige Daten und Stationen der Lateinamerika-Politik der USA näher an, wie sie sich besonders in den Doktrinen und Beschlüssen der politischen Administration widerspiegeln.

Dazu ist generell zu bemerken, dass die Außenpolitik der USA gegenüber Lateinamerika von Anfang an eine doppelte Funktion ausfüllen sollte. Zum einen ging es den USA um die Ausschaltung des Einflusses der nicht zur Region gehörenden Mächte der Alten Welt. Dadurch wurde erst der Freiraum geschaffen, um zum anderen selbst eine hegemoniale Position im Hinterhof aufbauen zu können.[1]

Aus der Vielzahl der Verlautbarungen der US-Regierungen über einen Zeitraum von mehr als anderthalb Jahrhunderten seien hier vier Dokumente ausgewählt, die beispielhaft das Grundmuster der Lateinamerikapolitik der USA erkennen lassen und für die Regularien der politischen Planung besonders aufschlussreich erscheinen. Es sind dies:

- die Monroe-Doktrin von 1823 als die Fundamentaldoktrin der US-Politik gegenüber Lateinamerika schlechthin;
- der Roosevelt-Zusatz zur Monroe-Doktrin von 1904, in dem die US-Politik erstmals dazu ermächtigt wird, die Funktion einer internationalen Polizei wahrzunehmen;
- das Dokument des Komitees von Santa Fe des Jahres 1980 (Santa Fe I), in dem die strengen Regularien der Lateinamerikapolitik im Zeitalter des Kalten Krieges konzipiert werden;
- das Dokument von Santa Fe des Jahres 1988 (Santa Fe II), mit dem eine wirtschaftspolitische und ideologische Offensive für die 90er Jahre nicht nur für Lateinamerika eingeleitet wird.[2]

Nun zu einigen Einzelheiten, zunächst zum *ersten* Dokument. Die *Monroe-Doktrin* von 1823, unter dem Slogan Amerika den Amerikanern bekannt geworden, schafft die politischen Voraussetzungen dafür, den Dop-

1 Detlef Junker, *Gottes eigener Hinterthof. Die US-lateinamerikanischen Beziehungen*, in: D. Junker/ Dieter Nolden/ Hartmut Sangmeistet (Hrsg.), *Lateinamerika am Ende des 20. Jahrhunderts*, München 1994, 49-74.

2 Robert H. Holden/ Eric Zolov, *Latin America and the United States. A documentary history*, New York, Oxford 2000.

pelkontinent Amerika unter alleinige Kontrolle der USA zu stellen.[3] Als in den 20er Jahren des 19. Jahrhunderts der Prozess der Unabhängigkeit für die meisten spanischen und portugiesischen Kolonien voll einsetzte, drohte die Rekolonialisierung lateinamerikanischer Staaten durch andere europäische Mächte, wie Frankreich und Russland. In dieser Situation verkündete Präsident James Monroe seine Doktrin an den amerikanischen Kongress – und damit natürlich auch an die europäischen Mächte,

In dem Dokument findet sich ein doppelseitiger Argumentationsstrang. Zunächst werden die positiven Merkmale der US-Politik herausgestellt. So sei im Inneren des Landes eine überwiegend unbewohnte Wildnis bewohnbar gemacht worden.[4] Stets hätten sich die USA nur um die eigenen Angelegenheiten gekümmert und sich im Besonderen nicht in die Verhältnisse der Kolonien der europäischen Mächte eingemischt.

Eine europäische Einmischung in amerikanische Angelegenheiten musste umgekehrt als unfreundlicher Akt gegenüber den USA betrachtet werden. Es sei nicht hinnehmbar,

> wenn die europäischen Mächte ihr politisches System auf irgend einen Teil des amerikanischen Kontinents ausdehnen, (weil sie) unseren Frieden und unser Wohlergehen gefährden würden. Das würden auch unsere südlichen Brüder nicht akzeptieren.[5]

Eine gewisse Redlichkeit ist der Diktion des Dokuments nicht abzusprechen. Noch sind die Ideale der nordamerikanischen Revolution und der Unabhängigkeitserklärung von 1776, die sich auch in der republikanischen Verfassung niedergeschlagen haben, wie Volkssouveränität, Freiheit und Unabhängigkeit, lebendig. Insofern waren die USA in den politischen Leitideen vergleichsweise progressiv, wenn auch aus der außenpolitischen Botschaft des Dokuments bereits die Anmaßung, auch für die südlichen offenbar noch nicht mündigen Brüder sprechen zu wollen, herausklingt.

Nun zu *Dokument 2*, dem *Roosevelt-Corollary* (Roosevelt-Zusatz) zur Monroe-Doktrin, von Präsident Theodore Roosevelt 1904 dem Kongress übermittelt. Historischer Hintergrund ist die internationale Schuldenpolitik im Zeitalter des Imperialismus vor dem ersten Weltkrieg. Der allgemeine Rechtsgrundsatz, es sei das legitime Recht eines Staates, Gewalt gegen einen anderen Staat auszuüben, um ausstehende Schulden einzutreiben, war

---

3 Diese erfolgte im 19.Jahrhundert teils durch politische und ökonomische Einflussnahme (mit Ausnahme von Kanada), teils durch direkte Gebietsvergrößerung entweder durch Landkauf (etwa Louisiana 1803 von Frankreich, Alaska 1867 von Russland) oder durch kriegerische Eroberung (Texas 1845, Neu-Mexiko 1853).

4 Der Genozid an den indigenen Völkern bleibt natürlich unerwähnt, wie ja den Indianern überhaupt ihr Menschsein abgesprochen wurde.

5 Holdon/ Zolov *ibid.*, 13.

vom Haager Schiedsgericht im Fall von Venezuela bestätigt worden. Da die USA befürchteten, europäische Staaten könnten in Lateinamerika intervenieren, so beispielsweise Deutschland in der Dominikanischen Republik, gaben sie eine Garantieerklärung ab, sich für die spätere Rückzahlung der Schulden zu verbürgen. Dazu wurde ausgeführt, keine Nation dürfe einer anderen Nation Unrecht antun, wie ja auch kein Mensch einem anderen. Allerdings gebe es zu diesem Rechtsprinzip Ausnahmen, etwa dann, wenn eine fremde Invasion drohe, die Rechte der USA verletzt seien oder im Inneren eines südlichen Nachbarstaates die Rechtsstaatlichkeit nicht mehr bestehen würde.

In derartigen Ausnahmefällen mussten die USA, um den Glauben an die Prinzipien der bürgerlichen und religiösen Freiheit zu bewahren, im Bereich der internationalen Beziehungen Aktionen unternehmen, wie sie einer internationalen Polizei zukämen. Dazu heißt es dann wörtlich:

> Ein großes freies Volk schuldet das sich selbst und der ganzen Menschheit, nicht in Hilflosigkeit zu versinken vor den Mächten des Bösen.[6]

Die ursprüngliche Monroe-Doktrin ist hier also erheblich erweitert. Nun werden US-Rechte auch außerhalb der beiden Amerikas geltend gemacht und dafür moralisierende Begründungen gegeben. Militärische Interventionen werden mit der herausgehobenen zivilisatorischen Stellung der USA, die nun erstmals die Rolle eines internationalen Polizisten zu spielen gedenken, gerechtfertigt.

Nach 1945 war das wichtigste inneramerikanische Ereignis die Kubanische Revolution von 1959. Daraufhin wurden seit 1960 alljährlich Treffen der Militärs von den USA und den lateinamerikanischen Staaten abgehalten, um die *Sicherheit auf dem amerikanischen Kontinent* zu gewährleisten und die Niederschlagung von Unruhen und Aufständen in Lateinamerika zu koordinieren.

In diesen Kontext lässt sich *Dokument 3* des rechtskonservativen *Rates für Interamerikanische Sicherheit* – kurz *Komitees von Santa Fe* – des Jahres 1980 einfügen. Es ist dies die programmatische Schrift für die Lateinamerikapolitik von Reagan kurz vor Ablösung von Präsident Carter. Darin heißt es einleitend:

> Die Amerikas stehen unter Angriff. Lateinamerika, traditioneller Verbündeter der USA, wird von der Sowjetmacht infiltriert.[7]

Es handelt sich also um ein Dokument aus der Zeit des Kalten Krieges, das die Handschrift von Jeane Kirkpatrick, der späteren UNO-Botschafterin

---

6 „A great free people owes it to itself and to all mankind not to sink into helplessness before the powers of evil" (Holden/ Zolov *ibid.*, 101).

7 Holden/ Zolov *ibid.*, 289.

unter Reagan trägt. Darin werden Gefahren ausgemacht, die vom Marxismus allgemein und vom Pro-Kuba orientierten Mittelamerika im Besonderen drohen. Nun müsse ein neuer Impuls für interne Reformen in Lateinamerika ausgehen, wie die USA überhaupt in allen Einflusszonen ihre Position gegenüber der Sowjetunion verbessern mussten. Zu diesem Zweck mussten sich die traditionellen Prinzipien der US-Außenpolitik mit einem ethischen Realismus verbinden.

Wie wir aus der Geschichte wissen, gehörten zu dieser Art von Realismus auch die Hinnahme schwerer Menschenrechtsverletzungen, so in Chile, Argentinien und Nicaragua. Die Politik der USA im Kalten Krieg wurde von der Sendungsidee getragen, die Welt *vor der kommunistischen Gefahr* zu retten, zugleich aber die eigene Machtposition zu erhalten.[8] Damit war auch die Bindung der US-Machtpolitik an einen begrenzten geographischen Raum endgültig gefallen. In ideologischer Hinsicht ging es um die Verteidigung und Beschwörung der Werte und der Kultur der westlichen Welt, der *Freien Welt.*

Schließlich zu *Dokument 4*, der *zweiten Strategieschrift von Santa Fe* des Jahres 1988. Zwar werden noch immer kommunistische Gefahren ausgemacht, doch wird die Unterstützung von Militärdiktaturen für unzureichend gehalten, zumal nun wirtschaftsliberale Konzepte integriert werden. Es werden Strategien reglementierter Demokratien entwickelt. Demokratie heißt primär bereits Entstaatlichung, auch solche von Entscheidungsprozessen. Individuelle Freiheit wird mit freiem Unternehmertum gleichgesetzt. Ökonomie wird die wichtigste Dimension der Lateinamerikapolitik der USA. Es gehe darum, den ungehinderten Zugang zu Rohstoffen und Agrarprodukten zu sichern, neue Märkte zu gewinnen, die Handelsrouten offenzuhalten und die Zinsen einzutreiben.[9]

Zugleich wird eine ideologisch-kulturelle Offensive eingeleitet, nicht nur für Lateinamerika, sondern weltweit. Unter Missdeutung der Gramsci-Kategorie von der *kulturellen Hegemonie* soll die Superiorität der Werte der US-Kultur allgemein durchgesetzt werden. Damit wurde ein Prozess eingeleitet bzw. gezielt fortgesetzt, der alle kulturellen Felder – von der Alltagskultur bis hin zur Wissenschaft – umfasst und sich gegenwärtig in erster Linie gegen den Islam richtet.

Auch hierin kommt aufs neue die Selbstherrlichkeit der USA, *God's own country* und ein auserwähltes Volk zu sein, zum Ausdruck. Das damit verbundene Sendungsbewusstsein wird von fundamentalistisch-religiösen

---

8 Ulrich Duchrow/ Gert Eisenbürger/ Jochen Hippler, *Totaler Krieg gegen die Armen. Geheime Strategiepapiere des amerikanischen Militärs*, München 1991.

9 *ibid.*, 196 ff.

Überzeugungen getragen, deren Einseitigkeit und Intoleranz einen gefährlichen ideologischen Sprengsatz darstellen,

Die Erfahrungen der Lateinamerikapolitik und die aktuelle US - Option globaler Herrschaft

Seit der Propagierung einer neuen Weltordnung durch George Bush sen. als der anzustrebenden Globalstruktur der US- Sicherheits- und Wirtschaftspolitik der 90er Jahre haben die USA zwei Handlungsstränge verfolgt. Zum einen sollten weltweit möglichst stabile Rahmenbedingungen für die Kräfte der wirtschaftlichen, finanzpolitischen und technologischen Globalisierung unter neoliberalen Vorzeichen hergestellt werden. Die Umsetzung dieser Zielstellung der „Außenpolitik für das globale Zeitalter" – so Samuel Berger, der außenpolitische Berater von Präsident Clinton, in der November-Ausgabe des Jahres 2000 von *Foreign Affairs* – ergab eine komplexe Kombination von ökonomischem Druck, offensiver Bündnispolitik und militärischen Interventionen mit neuen Legitimitätsansprüchen.[10]

Zum anderen sollte die Vormachtstellung der USA als der einzigen verbliebenen Supermacht gesichert und weitet ausgebaut werden. Dieser Anspruch auf die globale politische Führungsrolle wurde in erster Linie militärisch, gegen herrschende Völkerrechtsnormen, umgesetzt. Diese Akte der militärischen Aggression wurden, um ein angebliches Unrecht jeweils wieder rückgängig zu machen, als gerecht ausgegeben. Somit hat die Kategorie des *gerechten Krieges* wieder in die internationale Politik Eingang gefunden, wobei *gerecht* der Sichtweise der Herrschaftsinteressen der Supermacht und ihrer Verbündeten entspricht.

Diese zwei komplementären Formen von Weltherrschaftspolitik, komplexe Machtpolitik zur Durchsetzung von globalisierten ökonomischen und finanzpolitischen Strategien einerseits und direkte militärische Interventionspolitik zur strategischen Absicherung eigener Überlegenheit andererseits, sollen begrifflich als imperial und imperialistisch unterschieden werden.[11]

Nicht viel anders wurde anderthalb Jahrhunderte lang die US-amerikanische Lateinamerikapolitik vollzogen, deren Parameter in der folgenden Übersicht zusammengestellt seien:

---

10 Reimund Löw, *Muskelspiel im Weißen Haus*, in: Südwind-Magazin (Wien), März 2007, 24.

11 Michael Hardt/ Antonio Negri, *Empire. Die neue Weltordnung* (Cambridge, Mass. 2000), Frankfurt/ M. 2002.

Station der Hegemonie/ *Dokument*	**Handlungsziele**	**Rechtfertigungen/ Ideologie**
Monroe-Doktrin 1823	Doppelkontinent wird Interessengebiet, Alleinvertretungsanspruch für ganz Amerika	Indegene keine Menschen Ideale von Freiheit und Unabhängigkeit
Roosevelt-Zusatz 1904	Internationaler Polizist US-Rechte auch außerhalb Amerikas durchsetzen	Gefahren von der Macht des Bösen; US-Nation auserwähltes Volk; Werte einer zivilisierten Gesellschaft
Santa Fe I 1980	Anspruch auf globale Machtposition; Politik des Kalten Krieges; Anwendung auf Lateinamerika	Feindbild: Marxismus, Kuba, Sowjetmacht; *Ethischer Realismus*; Weiterführung der Sendungsidee
Santa Fe II 1988	Strategie der reglementierten Demokratie; Entstaatlichungsprozesse	Neoliberale Konzepte; Neufassung des Begriffs von individueller Freiheit; Umdeutung der *Gramsci*-Konzeption von der kulturellen Hegemonie

In die Beherrschung des US-amerikanischen *Hinterhofs* haben offensichtlich bereits einige der Strategie-Elemente, die nun den ganzen Globus betreffen, Eingang gefunden. Das betrifft gleichermaßen die ökonomischen und machtpolitischen Zielvorgaben wie auch die rechtfertigende Ideologie der eigenen zivilisatorischen und kulturellen Überlegenheit.

Aber auch generell können Parallelen gezogen werden. Imperialistisch war die Lateinamerikapolitik, solange das Imperium noch nicht gesichert war. Die Monroe-Doktrin stellte die äußeren Rahmenbedingungen dieser Politik bereit, die erst nach 1990 außer Kraft gesetzt wurde, als die Zielvorstellung einer globalen Weltordnung entwickelt wurde. An dieser Stelle ist die Lateinamerikapolitik in die Weltpolitik übergegangen. Die politischen Konzepte, wie auch die rechtfertigenden Begründungen, sind entsprechend erweitert worden.

Das bedeutet für die Politikkonzepte der 90er Jahre: Imperiale Politik ist auf das *Empire* bezogen, das als politisches Subjekt den globalen Austausch von Marktgeschehen und Produktionsabläufen reguliert. Geeint von einer einzigen Herrschaftslogik, nämlich der der neuen Weltordnung, üben sich nationale und transnationale Organismen in einer neuen Form von Souveränität. Innerhalb dieses neuen Machtgefüges haben die USA die zentrale Rolle übernommen, im Interesse des Empires zu handeln und damit einen neuen Anspruch auf Universalität zu erheben.

An dieser Stelle verbindet sich die imperiale Politik mit imperialistischen Herrschaftsansprüchen, die darauf gerichtet sind, die eigene Macht auf bestimmte Regionen auszuweiten. Imperialistische Politik wird in der nachkolonialistischen Ära der Weltgeschichte nicht mehr direkt durch Unterwerfung und Besetzung der unterworfenen Länder praktiziert. Vielmehr werden willfährige Regierungen, Statthalter eingesetzt, die mit der Siegermacht zusammenarbeiten und deren politische Vorgaben im eigenen Land umsetzen.

Die begriffliche Unterscheidung von imperialer und imperialistischer Politik lässt auch die neue nationale Sicherheitsstrategie – *National Security Strategy* – der USA vom Herbst 2002 in die Kontinuität aggressiver US-Strategien genauer einordnen. Diese als Bush-Doktrin verkündete, im Kern von der neuen Sicherheitsberaterin Condolezza Rice erarbeitete Strategie schreibt frühere strategische Optionen fort, führt aber als neues strategisches Element den *präemptiven Angriff* ein.[12] Damit wird ein militärischer Angriff bezeichnet, der in einen unmittelbar bevorstehenden oder bereits stattfindenden Angriff hineinläuft.[13]

Die ganze Brisanz der neuen militärischen Strategie wird aber erst offenkundig, wenn damit die neuen Richtlinien der Verteidigungsplanung in Verbindung gebracht werden. Um die US-Truppen an jedem Ort der Erde in kürzester Zeit einsatzbereit zu halten, werden die militärischen Einfluss- und Überwachungszonen der einzelnen nationalen Militäroberkommandos erweitert und neu aufgeteilt.[14] Zudem ist neben der Einrichtung neuer integrierter Kommandozentralen für den zivilen inneren Bereich der USA das Büro für Heimatsicherheit vorgesehen. Bei den Angriffsoptionen werden in Abänderung bisheriger militärischer Strategien nukleare Waffen ausdrücklich mit einbezogen.

Versucht man, diese neue Doktrin in Verbindung mit dem bis 2008 geplanten Aufbau einer strategischen Raketenabwehr einzuschätzen, so wird folgendes klar: Diese Doktrin mit dem Recht auf vorbeugende Kriegführung, bei der ganze Kontinente des Planeten zum potentiellen Kriegs- und

12 Von *praeemere*, vorwegnehmen, im Gegensatz zu *präventiv*, vorbeugend.

13 Jürgen Rose, *Die Schlacht zum Feind tragen. Die Bush-Doktrin, im Kern nichts Neues*, in: Freitag vom 11.10.2002, 8.

14 Clemens Ronnefeld, *Angriffskrieg als Ordnungsprinzip*, in: Pax-Report 3/2002. 8-10.

Feindgebiet der USA erklärt werden können, während die Supermacht selbst auf ihrem Territorium unverwundbar bleiben möchte, ist allein Ausdruck eines sich selbst überschätzenden Unilateralismus. Die Doktrin sieht die USA als klar dominierende Macht, der es gegenwärtig allein darum geht, ihre eigenen Interessengebiete weltweit abzustecken und zu sichern. Eine derartige Politik verfolgt in der oben benutzten Terminologie das imperialistische Ziel der Herrschaft als einer Totalität, nämlich ein globales US-Imperium zu errichten.

Schlussbemerkung: Ist eine andere Welt möglich?

In Anbetracht dessen, dass die gewählten Regierungen des G7-Clubs der reichen Industriestaaten die US-Option eines globalen Imperiums nahezu widerspruchslos hinnehmen und unterstützen, scheint jeglicher Widerstand von vornherein zwecklos zu sein. Aber wie schon in früheren Jahrzehnten in Lateinamerika, kommt auch heute die Gegenwehr von unten, von den sozialen Bewegungen, in denen sich Globalisierungsgegner, Gewerkschaften, Reste der Friedensbewegung und kirchliche Gruppierungen zusammenfinden.

Die herausragenden Ereignisse in dem reichhaltigen Veranstaltungskalender dieser sozialen Bewegungen als eines handelnden Gesamtsubjekts waren die Weltsozialgipfel von *Porto Alegre* im südlichen Brasilien in den Jahren 2001 und 2002. Hier trafen sich in der Päpstlichen Katholischen Universität (PUCA) zuletzt 60.000 Teilnehmer, um unter dem positiven Leitwort *Eine andere Welt ist möglich* gegen den permanenten globalen Krieg der USA, der mit militärischen und ökonomischen Mitteln ausgetragen wird, zu protestieren.[15]

Unter dem Titel *Widerstand dem Neoliberalismus, dem Militarismus und Krieg: Für Frieden und soziale Gerechtigkeit* wurde am 5. Februar 2002 eine Erklärung der sozialen Bewegungen verabschiedet, in der es einleitend heißt:

> Angesichts der zunehmenden Verschlechterungen der Lebensbedingungen der Völker haben wir, soziale Bewegungen der ganzen Welt, uns zu mehreren zehntausend Teilnehmerinnen und Teilnehmern zum zweiten Weltsozialforum in Porto Alegre getroffen. Wir sind hier trotz der Versuche, unsere Solidarität zu brechen. Wir sind wiedergekommen, um unsere Kämpfe gegen Neoliberalismus und Krieg fortzusetzen, um die Übereinkünfte des letzten Jahres zu bestätigen und zu zeigen, dass eine andere Welt möglich ist.

---

15 Ausführliche Berichte dazu im Südwind-Magazin (Wien), Heft 3/2001, 12-15 und Heft 3/2002, 28-30.

Die eigentliche Kraft dieser sozialen Bewegungen ist die gelebte Praxis, die von einem neuen Denkhorizont globaler Verantwortlichkeit getragen wird. Die Welt schreit nach Gerechtigkeit, nach Frieden. Dieser Schrei kann nicht erstickt werden, solange Menschen tätig sind, die sich in ihrem Handeln von Mitmenschlichkeit und Solidarität leiten lassen.

16.
Die chronische Atomkriegsgefahr und die Logik der Abrüstung

Die andauernde militärische Hochrüstung

Im Jahr 1982 wurde die UNO-Studie Kernwaffen veröffentlicht; das war die umfassendste UNO-Publikation, die jemals Sachinformationen über die nuklearen Arsenale, über die weitere technologische Entwicklung von Kernwaffensystemen, über die Wirkungen ihres Einsatzes und über Abrüstungsvereinbarungen zusammengetragen hatte. Darin heißt es in der Zusammenfassung:

> Niemals zuvor waren Staaten in der Lage, die Grundlagen für das Fortbestehen anderer Staaten oder Regionen zu zerstören; niemals zuvor hatten Waffen eine solch unmittelbare, vollständige und weltumfassende Zerstörungskraft; niemals zuvor stand die Welt wie heute vor der realen Gefahr der Selbstauslöschung.[1]

Nur zehn Jahre später erreichte die Menschheit ein Hoffnungsstrahl, die atomare Kriegsgefahr zu bannen. Als bald nach dem Ende der Sowjetunion der Warschauer Pakt aufgelöst wurde, konnte sich die Menschheit für den Moment der Erwartung hingeben, einen umfassenden Prozess der Abrüstung einleiten zu können. Diese Hoffnung und Friedenssehnsucht brachte der damalige Generalsekretär der Vereinten Nationen Boutros Boutros-Ghali zu Beginn seiner Amtszeit im Jahr 1992 in der *Agenda für den Frieden* zum Ausdruck, indem er das Ende der Blockkonfrontation zu einer *zweiten Chance* der Weltgestaltung seit dem Ende des 2. Weltkrieges erklärte. [2]

Dieser Traum eines universellen Friedens ist rasch zu Ende gegangen. Zwar besteht die Konfrontation zwischen den USA und der Sowjetunion bzw. Russland mit der Drohung der gegenseitigen nuklearen Vernichtung in der alten Form nicht mehr, doch lehrt uns nach wie vor die weltweite militärische Hochrüstung mit den gewaltigen Arsenalen der Atomwaffen das Fürchten, wie ein Blick auf die Rüstungshaushalte zeigt *(Übersicht 1)*.

Gegenwärtig geben also die USA das Fünfzehnfache dessen aus, was Russland für Rüstung veranschlagt hat. Dieses Verhältnis möchte Russland für 2009 durch vermehrte Rüstungsanstrengungen auf das „nur" Neunfache verkleinern. Nimmt man noch die anderen NATO-Staaten hinzu, so steigert sich das Verhältnis auf mehr als das Zwanzigfache, wobei auf die NATO-

---

1 *Die UNO-Studie Kernwaffen* (deutsche Ausgabe), München 1982, 199.

2 Boutros Boutros-Ghali, *Agenda für den Frieden*, New York/ Wien 1992,. 33.

Staaten zusammen mehr als 70% der weltweiten Rüstungsausgaben entfallen.

Land	*Ausgaben in Mrd. €*	*Ausgaben pro Tag*	*Voranschlag für 2009*
USA	405 Mrd. €	1100 Mill. €	575 Mrd. €
Großbritannien	44		
China	43		
Frankreich	38		
Japan	32		
Deutschland	27	75 Mill. €	
Russland	26 Mrd.		66 Mrd. €

Übersicht 1.
Militärausgaben im Jahr 2007
(nach: *SIPRI-Jahrbuch 2008*).

Allein dieser Vergleich der Militärhaushalte macht den unverändert aggressiven Charakter des NATO-Bündnisses deutlich. In einer Zeit der Erklärungsnot für den Fortbestand des westlichen Militärbündnisses hat sich die NATO unter der Führung der USA immer mehr als globale Ordnungsmacht etabliert, als Macht einer Ordnung nach westlichen Vorstellungen. In der Realität hat sie systematisch ihre Ausdehnung nach Osten betrieben, ihre wirtschaftlichen Interessen militärisch durchgesetzt und planmäßig die Einkreisung Russlands verfolgt.

Zu dieser aggressiven Politik gehört auch die bereits eingeleitete Errichtung der US-Raketenabwehr in globalem Rahmen, in den nun auch Polen mit der Stationierung von zehn Abfangraketen und die Tschechische Republik mit der Aufstellung eines Radar-Frühwarnsystems eingebunden werden sollen. Diese Systeme sollen nach der offiziellen Darstellung der US-Regierung gegen drohende Angriffe missliebiger Staaten gerichtet sein, also gegen noch nicht existierende Raketen in Stellung gebracht werden. In Wirklichkeit soll auch dieser Raketenschirm die militärische Überlegenheit der USA weiter ausbauen.

Wie Anfang der 80er Jahre des 20. Jahrhunderts besteht die Gefahr, dass die USA ungestraft Atomschläge androhen und den möglichen Einsatz als politisches Druck- und Erpressungsmittel benutzen könnten. Mit dieser Raketenpolitik greifen die USA erneut nach der atomaren Vorherrschaft, um sich die strategische und ökonomische Weltherrschaft zu sichern.[3] Zu

3 Reinhard Mutz/ Götz Neuneck, *Manie der Unverwundbarkeit – Welche Sicherheit bietet die Raketenabwehr?* In: *Friedensgutachten 2008*, Jahresbericht des „Bonn International Center for Conversion“ (BICC).

diesem Zweck wurde von den USA bereits Mitte 2002 der ABM-Vertrag gekündigt, in dem der Aufbau einer landesweiten oder gar globalen Raketenabwehr zugunsten eines Landes verboten ist. Im Gegenzug droht nun Russland seinerseits damit, den INF-Vertrag über das Verbot von Mittelstreckenraketen aufzukündigen. Russland könnte dann mit Mittelstreckenraketen die an der polnischen Ostseeküste geplante US-Raketenbasis in wenigen Minuten ausschalten.[4]

Es scheint sich eine neue Phase des nuklearen Wettrüstens anzukündigen. Zwar sahen die früheren START-Verträge[5] eine Abrüstung vor, wurden aber nicht voll umgesetzt. Diese unheilvolle Entwicklung verstärkt sich noch dadurch, dass seit dem Ende der Sowjetunion weitere Staaten in den Besitz von Atomwaffen gelangt sind und dass in mehr als 50 Staaten Tausende Tonnen von Plutonium und hoch angereichertem Uran lagern, ausreichend dafür, hunderttausende von Atomwaffen herzustellen. Insgesamt hat sich so in den letzten 15 Jahren die Atomkriegsgefahr weiter erhöht (*Übersicht 2*).

Land	*Anzahl der Nuklearwaffen*
Rußland	ca. 14.000 } ca. 92%
USA	ca. 5.400
China	200
Frankreich	350
Großbritannien	200
Israel	200-400
Indien	ca. 110
Pakistan	ca. 120

Übersicht 2.
Atomwaffenarsenale 2008 weltweit
(*Quelle: Arms Controll Association/Bulletin of Atomic Scientists*).

Mehr als 92% aller Nuklearwaffen sind im Besitz der USA und Russlands. Dabei hat ein einziger nuklearer Sprengkopf eine Feuerkraft, die ein Vielfaches der zu dem makabren Vergleich herangezogenen Hiroshima-Bombe beträgt. Grobe Anhaltspunkte für eine vorsichtige Abrüstung könnten die

4 Eine neue Gegendrohung sieht die Stationierung von Kurzstrecken-Raketen in Kalinigrad vor.

5 START steht für „Strategic Arms Reduction Treaty", also für einen Vertrag über die Abrüstung strategischer Kernwaffen.

nicht voll umgesetzten Rüstungsbegrenzungsverträge bieten. START I des Jahres 1991 sah einen Abbau strategischer Waffen für die USA und die Sowjetunion auf jeweils 1600 Trägersysteme mit maximal 6000 Nuklearbomben vor. Der SORT-Vertrag[6] des Jahres 2002 sollte die Arsenale auf jeweils 2200 einsatzfähige Atomwaffen beschränken, während die Trägersysteme in dem Vertrag nicht erwähnt wurden.[7] Der Moskauer Vertrag von 2001 legte neue Obergrenzen für die Sprengköpfe Russlands und der USA fest, so dass gegenwärtig die USA über etwa 5400 und Russland über etwa 5200 einsatzfähige Atomwaffen verfügen könnten.[8]

Das Phänomen der Verdrängung

In Anbetracht dieser angehäuften gewaltigen Vernichtungspotentiale muss es überraschen, dass die nukleare Abrüstung nicht auf der Tagesordnung der dringend zu lösenden globalen Probleme steht. Es stellt sich die Frage, ob hier tatsächlich ein Phänomen der Verdrängung vorliegt.

Dabei könnten psychologische Momente ausschlaggebend sein. Wie bei der Klima-Katastrophe ist auch bei der drohenden Vernichtung der Menschheit durch Kernwaffen die Gefahr des Untergangs aus dem menschlichen Bewusstsein verbannt. Bei der möglichen Vernichtung der Gattung könnte es sich so wie bei dem individuellen Tod als der letzten und äußersten Grenze des menschlichen Lebens verhalten: Das Sprechen über den eigenen Tod ist nicht erwünscht. Zum Denken an Tod und Sterblichkeit schreibt *Blaise Pascal*:

> Es ist leichter, den Tod zu ertragen, ohne an ihn zu denken, als den Gedanken an den Tod, ohne zu sterben. [9]

Dieser Verdrängungsmechanismus spielt offenbar auch bei der existentiellen Bedrohung durch die globalen Probleme eine wichtige Rolle. Nur so kann in der Leugnung oder Nichtwahrnehmung der Atomkriegsgefahr der Schein der Normalität des individuellen und gemeinschaftlichen Lebens aufrechterhalten werden. In dieser Weise werden nach Jonathan Schell Wirklichkeitsflucht zur Gewohnheit und Teilnahmslosigkeit zu einer Lebensweise.[10] Es liegt aber die Bedrohung, weil sie als total zu denken ist, auch außerhalb des vorstellenden Bewusstseins. Ein totales Inferno mit ei-

---

6 SORT ist die Abkürzung für „Strategic Offensive Reduction Talks“, also für Gespräche zur Begrenzung strategischer Offensivwaffen.

7 Freitag vom 17.10.2008, S. 7.

8 Süddeutsche Zeitung vom 12.11.2008 nach: *Nuclear-Notebook 2008*.

9 Fragment 166, in: Blaise Pascal, *Über die Religion und über einige andere Gegenstände*, hrsg. von Ewald Wasmuth, Frankfurt/ M 1987, 92.

10 Jonathan Schell, *Das Schicksal der Erde. Gefahr und Folgen eines Atomkriegs*, München 1982, S. 173.

nem atomaren Feuer um den Globus herum muss jede Vorstellungskraft übersteigen. Die Verdrängung der Gefahr der globalen Vernichtung liegt sozusagen in der menschlichen Psyche begründet.

Doch letztlich haben die Manager des industriell-militärischen Komplexes und gewissenlose Politiker ein Interesse daran, dass die atomare Vernichtungsgefahr wenig öffentliche Aufmerksamkeit findet. Eine massenhafte Erhebung gegen die Hochrüstung könnte unerwünschte gesellschaftliche Veränderungen bewirken und würde der Gier nach Profiten an der militärischen Rüstung eventuell ein Ende bereiten.

Das ist die eine Seite der Atomkriegsgefahr: Man hat sich offenbar darauf eingerichtet, mit ihr zu leben, möchte das aber nicht wirklich wahrhaben.

Lässt sich aber wirklich generell von Verdrängung sprechen?

Denn auf der anderen Seite hält die Aufmerksamkeit für dieses globale Problem in der Fülle der relevanten Bücher, die hauptsächlich von Wissenschaftlern, Politikern und kritischen Journalisten geschrieben sind, unvermindert an. Als einen Beleg für diesen überraschenden Befund wird die Anzahl der Bücher der letzten drei Jahre, die in einer großen Bibliothek zugänglich sind, genommen und mit der Menge entsprechender Bücher zehn Jahre zuvor verglichen. Als Bibliothek wird die Bayerische Staatsbibliothek in München ausgewählt, die mit rund 10 Millionen Bänden, rund 50.000 laufenden Zeitschriften und über 90.000 Handschriften zu den bedeutendsten Wissenszentren der Welt gehört.[11]

Schaut man sich die Titel der einschlägigen Bücher mit Hilfe der elektronischen Suchhilfe *Opac Plus* an, so ergibt sich die folgende Zusammenstellung (*Übersicht 3*):

Jahre	*Anzahl der Bücher*	*davon aus den USA*	*Jahre*	*Anzahl derBücher*	*davon aus den USA*
1995	67	26	2005	35	17
1996	37	21	2006	55	25
1997	34	7	2007	60	31
Summe	138	54 = 39%		150	73 = 49%

Übersicht 3.
Anzahl relevanter Bücher
der Jahre 1995-97 und 2005-07 der Bayer. Staatsbibliothek.

11 Bayerische Staatsbibliothek, *Information in erster Linie*, München 2007, 6.

Im Jahrestripel der 90 Jahre sind 138 Bücher, im entsprechenden Zeitraum zehn Jahre später 150 Bücher nachweisbar. Allerdings wurden in den Jahren 2005-07 die neuen Themen „Nordkorea" mit 15 Titeln, „Iran" mit 8 Titeln und „Terrorismus" mit 9 Titeln erörtert. Daher bleibt die Publikationsrate mit etwa 45 Büchern pro Jahr, die sich mit dem globalen Problem des Atomkrieges auseinandersetzen, ungefähr gleich groß. Auffallend hoch ist der Anteil der Bücher aus den USA mit etwas mehr als einem Drittel.

Die Rationalität umfassender Abrüstung

Nach den Erfahrungen der letzten Jahre steht außer Zweifel, dass von den USA gegenwärtig die größte Gefahr für den Weltfrieden ausgegangen ist. Zurecht wird daher argumentiert: Die USA können nicht Sicherheit für sich und ihre Interessen reklamieren und gleichzeitig andere Staaten unter dem möglichen Einsatz auch atomarer Waffen bedrohen.

Indessen ist, wie selbst Henry A. Kissinger im „Wall Street Journal" zugegeben hat, das Vertrauen auf die Abschreckung durch Nuklearwaffen „zunehmend ein Wagnis und immer weniger effektiv". Denn die größte Gefahr gehe von Terroristen aus, die nukleare Waffen einsetzen könnten, ohne dass dafür bestimmte Staaten haftbar zu machen wären.[12] Das *erste* und oberste *Postulat* muss daher lauten:

Die Sicherheit ist unteilbar.

Der russische Außenminister Sergej Lawrow hat dieses Postulat kürzlich erneut ins Gespräch gebracht: Niemand darf seine Sicherheit auf Kosten anderer durchsetzen. Niemand darf eigene Sicherheitsinteressen verfolgen, die andere Staaten schädigen.[13] Diese Forderung nach einer allseitigen Schadensverhinderung durch den gegenseitigen Ausgleich im Geben und Nehmen ist ethisch in der *goldenen Regel* begründet, die bekanntlich das Grundprinzip sittlichen Verhaltens schlechthin darstellt. Wer sie missachtet, stellt sich außerhalb der zivilisierten Gesellschaft. Das durch einen neuen Gewaltakt durchgesetzte Recht auf Vergeltung kann nur neue Ungerechtigkeit bewirken, die Ursache neuer Gewalt werden kann.

Daher verliert für das Postulat der unteilbaren Sicherheit die Vergeltungsoption ihre ohnehin fragwürdige Berechtigung und ist durch den Grundsatz des positiven Ausgleichs zu ersetzen: Wer Sicherheit erwartet, muss diese auch den anderen zugestehen.

---

12 Zitiert bei: Jonathan Schell, *The seventh decade. The new shape of nuclear danger*, New York 2007, 205.

13 Süddeutsche Zeitung vom 14. Oktober 2008, S. 9.

Von dieser Ethik der ausgleichenden Gerechtigkeit war insbesondere der Atomwaffensperr-Vertrag oder der Nichtverbreitungsvertrag (NPT) von 1970 erfüllt.[14] Er sah Verhandlungen über die Einstellung der Produktion von Kernwaffen, über die Beseitigung der Trägersysteme und schließlich die Zerstörung aller Arsenale vor.

Demgemäß heißt es im Artikel VI ausdrücklich: Die atomwaffenfreien Staaten verzichten auf die Entwicklung von Atomwaffen, wenn sich die Atommächte im Gegenzug dazu verpflichten, redliche Verhandlungen über die Abschaffung der Atomwaffen zu führen.[15]

Wenn Sicherheit unteilbar ist, sind nur zwei Schlussfolgerungen möglich: Entweder haben alle Staaten das Recht, Atomwaffen zu besitzen, oder es müssen alle Staaten darauf verzichten. Die weitere Verbreitung der Kernwaffen und die dadurch gewachsene Gefahr eines Atomkrieges lassen nur den zweiten Weg als vernünftige Möglichkeit zu. Daraus ergibt sich als *zweites Postulat*:

Die Unteilbarkeit der Sicherheit erfordert eine umfassende und allseitige Abrüstung.

Die globale Verständigung mit dem Ziel einer alle Waffengattungen und alle Staaten betreffenden Abrüstung ist das friedenspolitische Gegenkonzept zu dem Herrschaftsmodell des Empires, bei dem eine Zentralmacht – wie in den letzten Jahren die USA in Verbindung mit NATO und UN-Sicherheitsrat – die Regularien der internationalen Beziehungen diktieren und andere Staaten erpressen kann. Eine umfassende Abrüstung mit der Elimination der Atomwaffen ist nur in globaler Übereinstimmung aller Staaten möglich.[16]

Damit artikuliert sich ebenso ein grundsätzlicher Widerspruch gegen die bestimmenden Normen der herrschenden Weltordnung, die wesentlich auf Gewalt beruht. Es reicht nicht aus, immer wieder papierne Verträge über atomare Abrüstung abzuschließen. Die Forderung nach Abrüstung muss umfassend und unteilbar sein. Auch ohne Atomwaffen besitzen die USA einen überlegenen Militärapparat mit hochpräzisen konventionellen Waffen und mit Stützpunkten rund um den Globus. Damit lassen sich zahlreiche Länder einschüchtern und erpressen, die ihrerseits infolge dieser Bedrohung sich atomar bewaffnen möchten. Die nukleare Abrüstung muss also mit Schritten der konventionellen Abrüstung einhergehen.

---

14 NPT ist die Abkürzung von *Non-Proliferation Treaty*. Er wurde von den meisten Staaten unterzeichnet und ratifiziert, ist aber in der Praxis insbesondere von den fünf Veto-Mächten des UN-Sicherheitsrates nicht eingehalten worden.

15 *Die UNO-Studie Kernwaffen*, München 1982, 185.

16 Jonathan Schell 2007, 183.

In Anbetracht der globalen Vernichtungsgefahr erscheint der Rekurs auf die nationale Souveränität und auf eigene Sicherheitsinteressen nicht nur egoistisch, sondern auch historisch und politisch antiquiert. Es darf nicht mehr allein um das Interesse von Nationalstaaten oder herausgehobener Bündnisse gehen, wenn der ganze Globus bedroht ist. Gefordert ist eine Loyalität gegenüber der ganzen Menschheit und gegenüber dem Heimatplaneten Erde.[17] Darum ist notwendigerweise ein anderes System der internationalen Sicherheit und Kooperation zu fordern, das zu einem *dritten Postulat* führt:

Die umfassende und allseitige Abrüstung erfordert ein anderes politisches Weltsystem.

Die Abschaffung des Kapitalismus steht gegenwärtig nicht auf der Tagesordnung; allenfalls die der neoliberalen turbo-kapitalistischen Auswüchse. Vielmehr stellt sich die Frage, wie weit die Gesellschaft unter der Prämisse maximaler Kapitalverwertung noch lernfähig ist, ob also in Anbetracht der globalen Vernichtungsgefahr die gesellschaftliche Menschheit hier zu einer Selbstbesinnung findet.

Kann durch ein Zusammengehen der Nationalstaaten zu größeren politischen Einheiten und schließlich zu einer gemeinsamen repräsentativen Vertretung eine umfassende Abrüstung erreicht werden?

Wie in diesem Buch schon mehrfach ausgeführt, hat in Anbetracht der Einseitigkeit des traditionellen Völkerrechts Immanuel Kant in dem Traktat *Zum ewigen Frieden* (1795/96) sich darum bemüht, das internationale Recht um das Friedens-Völkerrecht zu ergänzen. Zu den von ihm genannten positiven Bedingungen für die Herstellung eines zwischenstaatlichen Rechtszustandes gehörte vor allem der Vorschlag, den Weltfrieden durch einen Zusammenschluss der Staaten wahrscheinlicher zu machen. Die Idee des Föderalismus an sich, des Zusammenschlusses der menschlichen Gattung als einer Notwendigkeit der Geschichte, würde nach Kant die Schaffung einer Weltrepublik, eines Weltstaates, aus dem eine Weltregierung hervorgehen könnte, erfordern. Zudem müsste ein gemeinsames rechtsmoralisches Bewusstsein der Bürgerinnen und Bürger, das durch ein Weltbürgerrecht zu befördern wäre, entstehen. [18]

Bis heute sind die Staaten kaum bereit, ihre Souveränitätsrechte in Fragen nationaler Sicherheit einer übergeordneten Organisation zu übertragen.

---

17 Daisaku Ikeda/ Joseph Rotblat, *Auf der Suche nach Menschlichkeit. Der Buddhist und der Nuklearforscher im Dialog*. Aus dem Englischen, München 2007, 203.

18 I. Kant, *Zum ewigen Frieden. Ein philosophischer Entwurf* (1795/96), in: Kant Werkausgabe Bd.XI, hrsg. von Wilhelm Weischedel, Frankfurt/M 1968, 193-251.

Selbst ein vorläufiges Modell eines derartigen Weltsystems ist in der UNO mit dem Organ des von den USA dominierten Sicherheitsrates kaum realisiert. Daher ist immer wieder eine Reform der UNO oder sogar die Neugründung einer anderen Institution gefordert worden. So hat etwa Johan Galtung 1988 vorgeschlagen, den Sicherheitsrat ganz abzuschaffen und als Alternative eine Volksversammlung zu bilden, für die die Delegierten in weltweiten direkten Wahlen gewählt werden. Auf diese Weise sollen die Weltinteressen in neuen Weltinstitutionen innerhalb der UNO durchgesetzt werden.[19]

Erfüllt sich vielleicht mit den positiven Aspekten der Globalisierung in der Herausbildung einer gesellschaftlichen Menschheit die Kantische Erwartung, die menschliche Gattung müsste sich quasi aus Naturnotwendigkeit zusammenschließen? Würde so die wesentliche Bedingung der Möglichkeit einer globalen Friedensordnung einmal Wirklichkeit werden?

Die Globalisierungsprozesse laufen jedoch an den wirklichen Bedürfnissen der Menschen noch weitgehend vorbei, und zudem ist das Bewusstsein der meisten Menschen für die Zugehörigkeit zu einer gemeinsamen Welt wenig entwickelt. Es bedarf aber des politischen Gesamtwillens aller Völker, um eine umfassende Abrüstung herbeizuführen, wie es das *vierte Postula*t zum Ausdruck bringt:

Eine friedliche Welt lässt sich nur dann verwirklichen, wenn der unbedingte Wille der Menschheit dahinter steht und die Menschen an ihrer Gestaltung aktiv teilhaben können.

Das oberste Ziel des politischen Handelns muss das Lebensrecht eines Menschen sichern, insbesondere das Recht auf ein Leben ohne äußere Bedrohung und Angst. Dieses Postulat hatte schon Albert Schweitzer im Sinn, als er am 3. August 1963 in Lambarene an die Welt appellierte:

> Die Völker als solche müssen gegen die Atomwaffen sein, wenn es gelingen soll, diese loszuwerden.[20]

Joseph Rotblat, viele Jahre lang die treibende Kraft der alljährlich stattfindenden Pugwash-Konferenzen über atomare Abrüstung und globale Entwicklung und 1995 für *Pugwash* mit dem Friedensnobelpreis ausgezeichnet, wird noch konkreter. Er schlägt ein zweistufiges System der kontrollierten Abrüstung vor: sowohl ein System der Verträge und der von der internationalen Gemeinschaft kontrollierten Abrüstung als auch ein *gesellschaftliches Kontrollsystem*. Darin sollen Physiker, Juristen und die NGOs,

---

19 Johan Galtung, *Visionen einer friedlichen Welt* (1988), in: Dieter Senghaas (Hrsg.), *Den Frieden denken*, Frankfurt/M 1995, 385-418.

20 Albert Schweitzer, *Friede oder Atomkrieg*, München 1982, 98.

kurz: die Bürger, zusammenarbeiten, um die Abrüstung und das Verbot atomarer Aufrüstung in ihrem Land gemeinsam zu kontrollieren und durchzusetzen.[21]

Schluss: Die Logik der Abrüstung

Wir haben vier ineinander greifende Stufen mit jeweils einem charakteristischen Postulat erkannt. Mögliche Alternativen, die gegenwärtig die Diskussionen bestimmen, führen in eine Sackgasse und nicht zur Abrüstung der atomaren Vernichtungswaffen. Diese Zusammenhänge sind in *Übersicht 4* nochmals zusammengestellt und graphisch veranschaulicht. Am Ende stellt sich auf der vierten Ebene erneut die Frage, wie die Verdrängung der Gefahr eines Atomkrieges aufgebrochen werden kann.

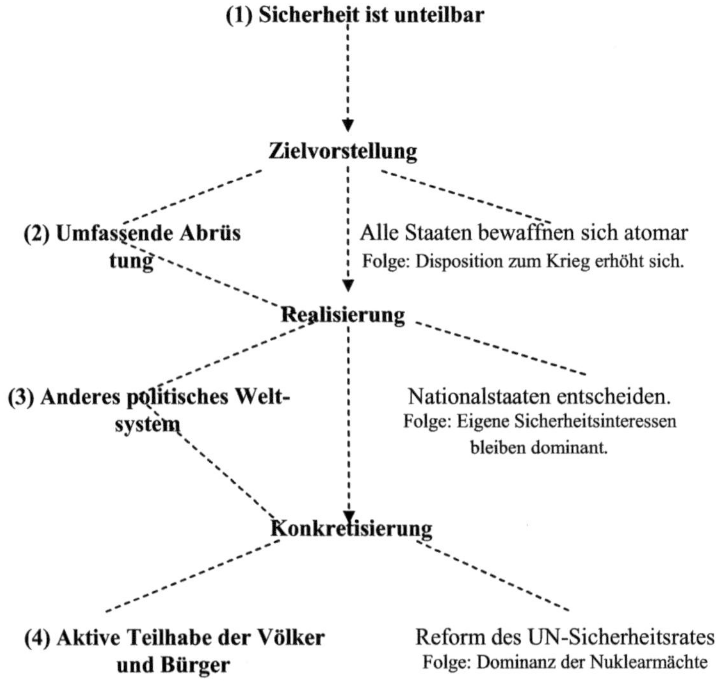

Übersicht 4. Die Logik der Abrüstung.

21. Ikeda/ J. Rotblat *ibid.*, 152 (s. Anm. 17).

Vielleicht kann uns hier wieder die Sozialpsychologie weiterhelfen? Sie spricht von einer *gestörten Gesellschaft* und von einem *defizitären Verhalten* der Menschen, weil, was schon Kant für seine Zeit erkannt hatte, der technologische Fortschritt sich immer mehr vom Menschen entfernt. Kant bedenkt bereits das mögliche „Ende aller Dinge"; er sieht die Drohung eines „Endes mit Schrecken" heraufziehen, weil der Fortschritt der Menschheit den Talenten und der Geschicklichkeit, also den Wissenschaften und der Technik, gewidmet sei und die Moralität zurückbleibe.[22] Heute erlebt die Gesellschaft, besonders im technologischen Bereich, einen immer rasanteren Wandel. Die wirklichen Bedürfnisse der Menschen werden nicht mehr befriedigt. Ausgesetzt den täglichen Negativmeldungen, befinden sie sich in dem Zustand einer abwehrenden *Angststarre*. Es fehlt unserer Gesellschaft eine reale Zukunftsvision.[23]

Doch müssten nicht alle Kräfte eingesetzt werden, um die globalen Probleme zu lösen und so auch die Atomkriegsgefahr zu beenden? Dafür müsste die Resignation auf der Handlungsebene durchbrochen werden. Nur so lässt sich eine neue Vision entwickeln. Kein anderes Konzept ist dafür besser geeignet als das friedenspolitische und sozialpädagogische Projekt der *Kultur des Friedens*, das für das Jahr 2000 von der UNO propagiert wurde.[24] Nur im gemeinsamen Tun lässt sich die Ohnmacht gegenüber der globalen Vernichtungsgefahr überwinden, um schließlich eine andere, friedliche Verfasstheit unserer Welt zu erreichen.

---

22 Immanuel Kant, *Das Ende aller Dinge*, in: Kant Werkausgabe Bd. XI, Frankfurt/ M 1968, 175-180.

23 Michael Winterhoff, *Warum unsere Kinder Tyrannen werden. Oder: Die Abschaffung der Kindheit*, Gütersloh 2008, 172.

24 Dazu gehört das Manifest der UNESCO *Für eine Kultur des Friedens und der Gewaltfreiheit*, das der Generalversammlung der UN mit vielen Millionen Unterschriften im Herbst 2000 übergeben wurde.

17.
Sicherheit für den Menschen und gerechter Frieden - Option für eine veränderte Weltordnung?

Eine Niederlage auf der symbolischen Ebene

Wenn wir hier von Welt und Weltordnung sprechen, so sollten wir uns vergegenwärtigen, dass diese Begriffe selbstredend sich nicht auf das Weltganze (*mundus*) beziehen können, sondern auf unsere Erde. Eine derartige Bezugnahme betrifft den globalen, unseren Globus betreffenden Rahmen, der uns als politischer Handlungsspielraum allein zugemessen ist. Von vornherein ist also diese ontische Selbstbeschränkung bei der Erörterung von Weltpolitik zu bedenken.

Unser Fokus sind hier hauptsächlich die USA mit ihrer in den letzten zwei Dezennien die Welt das Fürchten lehrenden Kriegspolitik. Eines haben der NATO-Krieg gegen Afghanistan ebenso wie die US-Invasion in den Irak bereits deutlich gemacht, unabhängig davon, welchen Verlauf der Krieg noch nimmt: Der Westen ist mit seiner Werte-Rhetorik unglaubwürdig geworden.

Die von den USA nach dem Zusammenbruch der Sowjetunion proklamierte Ära einer neuen Weltordnung auf der Grundlage westlicher Werte hat keineswegs die Periode einer demokratisch legitimierten Weltrechtsordnung eingeleitet. Insbesondere ist wegen der Verletzung des geltenden Völkerrechts im Irak-Krieg durch die USA das hohe Gut der Gerechtigkeit, ehemals die höchste aller klassischen Tugenden, im Handlungsgefüge des Westens zutiefst in Frage gestellt worden.[1] Damit ist überhaupt der universelle Anspruch der USA und des Westens auf Weltführerschaft in ethisch-rechtlicher Hinsicht ad absurdum geführt.

Die *Niederlage auf der symbolischen Ebene* – so der im Jahr 2007 verstorbene französische Soziologe und Philosoph Jean Baudrillard ein Jahr nach den Anschlägen vom 11. September 2001 in den USA – hat ihre Fortsetzung gefunden.[2]

Der Begriff „symbolische Ebene“ von Baudrillard ist, sofern er nicht aus der Hegelschen Ästhetik genommen ist, seinem Prinzip des „symbolischen Tauschs“ nachgebildet.[3] Er bezeichnet den Austausch von Geschen-

1 Otfried Höffe, *Politische Ethik im Zeitalter der Globalisierung*, München 2004.

2 Jean Baudrillard, *Der Terror und die anderen Spielregeln*, in: Le Monde diplomatique vom 7.12.2002.

3 Jean Baudrillard, *L' Échange symbolique et la mort* (Paris 1976), deutsche Ausgabe: *Der symbolische Tausch und der Tod*, München 1991.

ken, den archaischen Gabentausch. Eine Gabe wird angenommen und durch ein Geschenk erwidert. Eine Wertsteigerung, die Ansammlung von Gütern, ist dabei nicht vorgesehen. Dagegen zielt der moderne Warentausch auf eine Akkumulation des Wertes und folgt so der kapitalistischen Wachstumsideologie.[4] Wie also der Begriff des symbolischen Tauschs als Gegenprinzip zur modernen Tausch- und Akkumulationslogik fungiert, so bezeichnet eine Niederlage auf der *symbolischen Ebene* nicht die Niederlage des Westens in einem technologisch geführten Vernichtungskrieg, sondern den Gesichtsverlust und die moralische Niederlage der USA in dem asymmetrischen Krieg gegen den Irak und gegen Afghanistan.

In wirtschaftlicher Hinsicht hat dieser Verlust an moralischer Reputation in der Finanz- und Wirtschaftskrise der Jahre 2008/ 2009 ihre Entsprechung gefunden. Eine derartige Gleichartigkeit beschreibt hier zwei Vorgänge, die nicht unabhängig voneinander abgelaufen sind.

Denn sowohl die Legitimationskrise der aggressiven Außenpolitik des Westens wie auch der Zusammenbruch einiger seiner leitenden Finanzinstitutionen sind von den gleichen normativen Prämissen eines ungehemmt agierenden, expansiven Kapitalismus verursacht. Profitgier und Wachstumswahn als die richtungweisenden Leitlinien der Politik haben mit der immer intensiveren Ausbeutung von Mensch und Natur die Prinzipien einer friedlichen Weltgemeinschaft auf einer überlebensfähigen Erde fragwürdig werden lassen.

Die Krise hat viele erschrecken lassen. Doch hat sich offenbar an den Grundsätzen des neoliberal ausgerichteten Wirtschafts- und Finanzkapitals und damit an der an wirtschaftlicher Effizienz sich orientierenden Politik des Westens wenig geändert. In Anbetracht der innenpolitischen Veränderungen der USA erhebt sich jedoch die Frage:

Kann in dieser krisenhaften Situation durch den neuen Präsidenten der USA Barack Obama ein Politikwechsel erhofft werden? Eine Veränderung der Politik, die nicht nur einzelne Phänomene betrifft, sondern einen Paradigmenwechsel einleiten könnte? Dieser Frage sei nun in vorsichtiger, aber nicht von vornherein ignorant-skeptischer Weise näher nachgegangen.

Veränderte Weltsicht der USA durch Obama?

Eine der großen Überraschungen in den Monaten nach der Inthronisierung des neuen amerikanischen Präsidenten war die Verleihung des Friedensnobelpreises an Barack Obama. Nicht zum ersten Mal versuchte so das Nobelpreis-Komitee, mit der Auswahl des Kandidaten für diesen Preis höchs-

---

4 Georg Kneer, *Jean Baudrillard*, in: Dirk Kaesler (Hrsg.), *Aktuelle Theorien der Soziologie*, München 2005, 147-167.

ter internationaler Reputation in die aktuelle Politik einzugreifen, zumindest aber ein politisches Signal ersten Ranges für eine erfolgsgläubige und von Auszeichnungen sich fasziniert gebende internationale Öffentlichkeit zu setzen.

Erinnern wir uns nur an einige der Ausgezeichneten der letzten Jahrzehnte. Da wurden Friedensnobelpreise vergeben

im Jahr 1971	an Willy Brandt	für seine versöhnliche Osteuropa-Politik, insbesondere gegenüber Polen;
im Jahr 1975	an Andrei D. Sacharow	Menschenrechtler in der Sowjetunion;
im Jahr 1983	an Lech Walesa	Menschenrechtler in Polen;
im Jahr 1990	an Gorbatschow	für die Umgestaltung der Sowjetunion;
im Jahr 2002	an Jimmy Carter	allgemein für die Förderung von Demokratie und Menschenrechten
im Jahr 2010	an Liu Xiaobo	Menschenrechtler in China

Alle diese Beispiele verdeutlichen die politische Instrumentalisierung des Friedensnobelpreises, insbesondere zur Zeit des Kalten Krieges. Zwar ist der Preis letztlich im Geist der Versöhnung verliehen worden, wie er ja vor allem die Einhaltung und Durchsetzung der Menschenrechte befördern soll, aber doch bis zum Ende der Sowjetunion überwiegend im Interesse des Westens.

Präsident Obama hat den Preis gleichsam im Vorgriff auf die von ihm erhoffte Friedenspolitik erhalten oder genauer, wie es in der offiziellen Begründung heißt, „für seine außergewöhnlichen Bemühungen, die internationale Diplomatie und die Zusammenarbeit zwischen den Völkern zu stärken". Eine Analyse seiner Rede bei der Entgegennahme des Friedenspreises am 10. Dezember 2009 kann uns programmatische Änderungen der amerikanischen Außenpolitik vor Augen führen und uns mit einigen Paradigmen der Obama-Politik vertraut machen.[5]

Natürlich ist dieses Rede Obamas, wie auch spätere Ansprachen des Präsidenten, von Rücksichtnahme auf die Aggressionspolitik seines Vorgängers Bush gekennzeichnet. Zudem bemüht er sich, die eingangs apos-

5 Die Rede ist in deutscher Übersetzung nachzulesen in: Blätter für deutsche und internationale Politik, Heft 2/2010, 117-124.

trophierte Niederlage der USA auf der symbolischen Ebene nicht zur Kenntnis zu nehmen oder höchstens indirekt mit dem Verweis auf die notwendige Einhaltung der Menschenrechte in der internationalen Politik anzusprechen. Dennoch ist im Vergleich zu der früheren Kriegsrethorik seines Vorgängers der gesamte Tenor der Nobelpreis-Rede Obamas ungewöhnlich, und es lohnt sich, darauf näher einzugehen, ohne dass mit dieser Vorgehensweise eine positive Bewertung der Außenpolitik Obamas a priori vorgenommen werden soll.

Besonders hervorzuheben ist, dass ein Begriff näher ausgeführt wird, nämlich der des *gerechten Friedens*, ehedem eher ein Fremdwort oder, wie es früher hieß, ein Phantasiegebilde realitätsferner Träumer. Die zentrale Erörterung dieses Begriffs in Obamas Rede deutet einen prinzipiellen Richtungswechsel der US-Außenpolitik an, insbesondere weil ihn Obama positiv auf die Menschenrechte und die Würde aller Menschen bezieht.

Menschenrecht ist hier nicht mehr als Kampfbegriff gegen andere Länder eingesetzt, sondern umgreift positiv das Menschsein schlechthin. Zudem spricht sich Obama eindeutig für die Einhaltung des Völkerrechts und die Fortsetzung der Vertragspolitik aus, so für die Wiederbelebung und Einhaltung des Atomwaffensperrvertrages oder des Nichtverbreitungsvertrages (NPT)[6], und er erneuert das Bekenntnis zur Einhaltung der Genfer Konventionen, wohl vor allem in Hinblick auf die Anti-Folter-Konvention. Natürlich wirft diese Versicherung nochmals ein bezeichnendes Licht auf den moralischen Niedergang der US-Politik unter seinem Vorgänger.
Inzwischen hat sich für den NPT-Vertrag durch die Überprüfungskonferenz im Mai 2010 in New York eine erste Tür geöffnet. An den Verhandlungen haben mehr Menschen als jemals zuvor aus der Zivilgesellschaft, teilweise organisiert in den NGOs, aktiv teilgenommen oder haben die Konferenz im Rahmen einer Gegenkonferenz begleitet.[7]

Es ist schon ein bemerkenswerter Umstand, wenn der Präsident der USA nach zwei Jahrzehnten US-Kriegspolitik Frieden in den notwendigen Zusammenhang von *Gerechtigkeit* stellt. Damit anerkennt er einen der wichtigsten Grundsätze für das friedliche Zusammenleben der Völker, nämlich dass Frieden nur in dem Maße wirklich werden kann, wie die Welt zur Gerechtigkeit geführt wird, wie sich also eine internationale, von allen Staaten anerkannte Rechtsordnung durchsetzt.

Damit nimmt Obama indirekt Abschied von der Konzeption der *Pax Americana*, einer Politik der vorrangig militärischen Befriedigung der Welt nach US-amerikanischen Direktiven und Wertvorstellungen.

---

6 Vgl. in diesem Buch Beitrag Nr. 16.

7 Marion Küpker/ Nina Eisenhardt, *Erste Auswertung der NPT-Konferenz von New York*, in: Pax Report 1/2010, 11.

Mit diesem Politikwechsel von der *Pax Americana* zur Option des gerechten Friedens, wie auch immer er sich verwirklichen lassen wird, ist die Weltherrschaft durch eine einzige Supermacht obsolet geworden. Dementsprechend rückt Obama von jeder Art militärischer Alleingänge ab. Er verweist dabei nicht mehr allein auf diffuse Bedrohungen wie die Verbreitung von Massenvernichtungsmitteln und den immer wieder zitierten internationalen Terrorismus, sondern erkennt nun auch ursächliche Herausforderungen des 21. Jahrhunderts an, wie Massenelend, epidemische Krankheiten und Auswirkungen des Klimawandels.

Hier sei der Begriff *Sicherheit* kurz erläutert. Noch unlängst ist von der offiziellen Politik des Westens nicht zur Kenntnis genommen worden, dass von Organisationen der Vereinten Nationen ein anderer Sicherheitsbegriff auf der nichtmilitärischen Ebene erarbeitet wurde und seit wenigen Jahren die politische Diskussion in der Zivilgesellschaft bestimmt. Internationale Sicherheit, bis heute stets aus militär-strategischer Sicht aufgefasst, wird in UN-Unterorganisationen mehr und mehr als *Human Security* aufgefasst. Damit ist der Begriff *Sicherheit für den Menschen* in das Zentrum der politischen Überlegungen und Aktivitäten gerückt.

Eine Verwirklichung des Rechts auf ein Leben in Frieden hängt im Zeitalter der nicht mehr rückgängig zu machenden Globalisierung wesentlich mit der Kooperation der voneinander abhängigen Staaten und Regionen des gesamten Planeten zusammen. Nicht die egoistische Durchsetzung von wirtschaftlichen Interessen mit allen Mitteln zugunsten einzelner Staaten und Staatengruppen steht hier auf der Tagesordnung, sondern die gemeinsame unteilbare Sicherheit in dem Bewusstsein der alles Leben gefährdenden globalen Probleme durch ein Verharren auf dem alten, mit dem Begriff von *militärischer Sicherheit* besetzten Denken. Dagegen ist *Human Security* vor allem an die Verwirklichung der politischen und sozialen Menschenrechte sowie an die angemessene Entwicklung unterentwickelter Länder und Regionen gebunden.[8]

In seiner Nobelpreis-Rede hat der amerikanische Präsident offenbar diesen erweiterten Sicherheitsbegriff in seinen Überlegungen berücksichtigt. Als eine wichtige Konsequenz dieser den Fortbestand der Menschheit bedrohenden globalen Probleme rückt Obama davon ab, dass die USA auch künftig im Alleingang die Welt befrieden könnten – eine Position, die der amerikanische Präsident in einer außenpolitischen Grundsatzrede vor Kadetten der Militärakademie in West Point im Mai 2010 bekräftigt hat: Es müsse mehr die internationale Zusammenarbeit gesucht werden, um durch das unverändert bestehende weltweite Engagement die internationale Ord-

8 Vgl. *„Sicherheitsarchitektur" und Abrüstung – Anmerkungen zu einer aktuellen Paradoxie.* Siehe den Beitrag Nr. 7 in diesem Buch.

nung zu verbessern und sie „in die Richtung von Freiheit und Gerechtigkeit zu lenken“.[9]

Gewalt lässt sich, soll ein dauerhafter Frieden angestrebt werden, nicht durch kriegerische Gewalt beenden. Daher plädiert Obama in seiner Nobelpreis-Rede, eingedenk dieser friedenspolitischen Wahrheit, dafür, Alternativen für den Einsatz militärischer Gewalt zu entwickeln bei dem Umgang mit solchen Ländern, die sich nicht an das Völkerrecht halten und bestehende Verträge brechen. Offenbar hat der amerikanische Präsident sein eigenes Land damit nicht gemeint.

Präzedenzfälle für einen gerechten Frieden: Sicherheitsdilemma des Mittleren Ostens und die Russland-Politik der NATO

Schöne Worte beeindrucken seit jeher eine festlich gestimmte Gesellschaft. Im politischen Leben müssen jedoch den Worten auch Taten folgen. Programmatische Äußerungen zum Prinzip eines gerechten Friedens als Handlungsoption für die internationale Politik müssen sich daher an der Realpolitik messen lassen. Für den Zusammenhang von richtungweisender Rhetorik und politischer Praxis seien hier zwei kritische Szenarien auf der internationalen Bühne näher betrachtet: der Iran-Atomkonflikt und die Einkreisung Russlands durch die USA und die NATO.

Der Iran-Atomkonflikt ist Teil des militärischen Sicherheitsdilemmas im Mittleren und Nahen Osten. Es besteht zusammengefasst darin, dass Israel über schätzungsweise 200 bis 300 atomare Sprengköpfe verfügt und der Iran der einzige Staat der Region ist, der der militärischen Vormachtstellung von Israel und den USA Paroli bietet und seinerseits nach Atomwaffen strebt. In der westlichen Öffentlichkeit findet sich eine andere, von diesem Problem wegführende Darstellung. Dadurch wird das Sicherheitsdilemma, das ja die Frage der militärischen Vorherrschaft Israels in dieser Region berührt, absichtlich ausgeblendet.

Nach offizieller westlicher Lesart soll die Weiterverbreitung von Nuklearwaffen an den Iran nach dem Nichtverbreitungsvertrag verhindert und Irans Atomprogramm zu Fall gebracht werden.[10] Alle Sanktionen vonseiten der UNO und des Westens (USA, NATO, EU) gegen den Iran belasten je-

---

9 *Stärke durch Zusammenarbeit. US-Präsident Barack Obama kündigt ein Ende der Alleingänge in der weltweiten Sicherheitspolitik an*, in: Süddeutsche Zeitung vom 25. Mai 2010, S. 9.

10 Mohssen Massarrat, *Vorwand Atomwaffensperrvertrag*, in: Friedensforum 2/2010, 41-43.

doch das iranische Volk und beschneiden die Spielräume für eine demokratische Entwicklung innerhalb des Landes.[11]

Nimmt man Obamas Erklärung, eine Welt ohne Atomwaffen schaffen zu wollen, ernst, so müssten aussichtsreiche Verhandlungen über den Iran-Atomkonflikt dem einen Ziel dienen: Gespräche zu diesem Thema müssten in umfassender Weise unter Einbeziehung von Israels Atomwaffen-Arsenal das bestehende Sicherheitsdilemma lösen. Ein erster Schritt einer, wie es früher hieß, *vertrauensbildenden Maßnahme* könnte der Beitritt Israels zum *NPT* sein.

Das bedeutet: Der Iran-Atomkonflikt ist nur lösbar, wenn der gesamte Nahe und Mittlere Osten eine atomwaffenfreie Zone wird. In politischer Hinsicht würde die prinzipielle Lösung darin bestehen, den Aufbau eines lebensfähigen palästinensischen Staates zu gewährleisten und den Staat Israel auch in seiner Existenzberechtigung anzuerkennen. Es liegt an der in Aussicht gestellten Realpolitik der USA, auf Israel im Sinne dieses Ansatzes einzuwirken und den Doppelkonflikt des Mittleren und Nahen Ostens, der oft auf den Iran-Atomkonflikt reduziert wird, auf friedliche Weise zu lösen.

Der zweite angesprochene Problemkreis, die Russland-Politik von USA und Nato, betrifft die künftige Rolle des westlichen Militärbündnisses in der veränderten und hegemonial von einer Supermacht nicht länger beherrschten Welt. Nach dem Scheitern der Neo-Kolonialpolitik der USA und ihrer Verbündeten im Irak und vor dem absehbaren erfolglosen Abschluss der Nato-Invasion in Afghanistan sieht sich nunmehr die NATO-Führung genötigt, nach einem neuen strategischen Konzept Ausschau zu halten. Es ist seit Sommer 2010 nach den Vorschlägen einer Expertengruppe unter Leitung des gegenwärtigen dänischen NATO-Generalsekretärs Anders Fogh Rasmussen ausgearbeitet und am 19. November von den Staats- und Regierungsvertretern in Lissabon abschließend beraten worden. Im Verhältnis zu Russland tritt künftig wohl eine merkliche Entspannung ein, aber ohne dass dessen Vorschläge und Forderungen berücksichtig worden wären

Von welchen Vorstellungen lässt sich Russland seinerseits leiten? Nach russischer Auffassung soll die gemeinsame Sicherheit in außenpolitischer und militärischer Hinsicht den gesamten euro-atlantischen Raum umfassen. Wie berechtigt also das Sicherheitsinteresse der Nato-Staaten auch immer sein mag, es muss für alle gelten und ist insofern unteilbar. Dazu hat bekanntlich der russische Präsident Dimitrij Medwedjew bereits im Juni 2008 das *Projekt eines Vertrages über europäische Sicherheit* vorgelegt, um im Rahmen der militär-politischen Sicherheit in der Euro-Atlantik-Region ei-

---

11 *Die iranische Zivilgesellschaft schützen. Erklärung von 40 engagierten Wissenschaftlern*, in: Friedensforum 6/2009, 14.

nen einheitlichen, ungeteilten Raum zu schaffen und auf diese Weise die letzten Versatzstücke des Kalten Krieges beseitigen. Auf diese Weise soll völkerrechtlich festgelegt werden, dass weder ein Staat noch eine internationale Organisation in der Euro-Atlantik-Region die Sicherheit auf Kosten anderer Staaten oder Organisationen festigen darf.[12] Im Dezember 2009 hat der russische Außenminister Sergej Lawrow der NATO einen Vertragsentwurf überreicht. Darin wird u.a. eine Reduzierung bedeutender militärischer Kräfte in jenen Staaten gefordert, die der NATO nach dem Ende der Sowjetunion 1991 beigetreten sind.

Kritisch anzumerken bleibt allerdings, dass auch dieser Vertragsentwurf einseitig nur den militärischen Sicherheitsaspekt hervorhebt und den Begriff des *Human security* nicht berücksichtigt. Dieser Entwurf ist im Grunde genommen die für die NATO-Staaten gedachte Erweiterung eines bereits seit Jahresende 2003 bestehenden Sicherheitspaktes, nämlich der „Organisation des Vertrages über kollektive Sicherheit", zwischen Russland und sechs Anliegerstaaten.

Das Angebot Russlands einer neuen paneuropäischen Allianz mit den USA soll für Russland die Umkreisung durch die NATO beenden und jedes Kriegsabenteuer im europäischen Raum aufgrund eines neuen völkerrechtlich verbindlichen Vertragswerkes ausschließen. Unter der US-Präsidentschaft von Bush hatte die NATO keine Bereitschaft gezeigt, ihre bisherige Russland-Politik zu ändern. Offenbar herrschte in NATO-Kreisen noch immer das alte Blockdenken des Kalten Krieges vor, bestimmt von der vorgetäuschten oder tatsächlichen Angst vor einem mächtigen und aggressiven Russland.

Veränderte Weltordnung und die ethische Frage

Wäre nunmehr nach 20 Jahren tödliche Verirrungen der NATO nicht die Stunde eines Neuanfangs gekommen? Noch stellt sich nicht die Frage von 1990 neu, als nach der Implosion des real-sozialistischen Lagers die einzigartige Möglichkeit sich eröffnete, dem globalen Frieden erste Priorität einzuräumen. Zu viele Wunden sind seither in Jugoslawien, im Irak und in Afghanistan aufgerissen worden, zu viele neue Feindbilder sind von den USA und der NATO in ideologischer Absicht produziert worden, als dass unsere Welt wie in Selbstvergessenheit den Traum eines globalen Friedens träumen könnte.

Im Gegenteil, die Welt ist mehr von Misstrauen als von Vertrauen, mehr von Egoismus und Eigeninteresse als von dem Geist übergeordneter Verantwortung erfüllt. Zu mächtig ist der Einfluss der Rüstungskonzerne

12 Eurasisches Magazin, Ausgabe 2/10; siehe unter *www.eurasischesmagazin.de.*

auf das Weltgeschehen geworden. Dementsprechend hat sich in Anbetracht der Maßlosigkeit westlicher Finanz- und Wirtschaftspolitik, die ja letztlich für die Aggressionspolitik der letzten zwei Jahrzehnte verantwortlich ist, die Gruppe der vier *BRIC-Staaten*, bestehend aus Brasilien, Russland, Indien und China, gebildet. Diese Staatengruppe fordert mehr Mitbestimmung in der internationalen Wirtschaftsordnung und strebt programmatisch nach einer neuen Weltordnung, die „gerechter, repräsentativer und sicherer" sein soll. Offenbar handelt es sich hier um eine beginnende Neukonfiguration der globalen Wirtschaftsordnung und damit schließlich auch der politischen Weltordnung.[13]

Das gemeinsame Auftreten dieser vier Staaten, die 40 Prozent der Weltbevölkerung und ca. 15 Prozent des weltweiten Bruttosozialproduktes repräsentieren, als Staatengruppe BRIC zeigt in aller Deutlichkeit, dass die Ära der unipolaren Vormachtstellung der USA als beendet anzusehen ist. Die globale Wirtschaftsordnung wird gegenwärtig umgestaltet, und davon wird die internationale geostrategische Konstellation nicht unberührt bleiben.

So ist eine vorsichtige Neuordnung des Internationalen Währungsfonds IWF auf dem letzten Treffen der Finanzminister der G20-Staaten im Oktober 2010 in Südkorea erfolgt. Hier wurden 6 Prozent der Anteile am IWF von den europäischen Staaten auf Schwellenländer verschoben, so dass deren finanzpolitischer Einfluss ein wenig gestärkt wurde.

Wird der Westen aus der eingangs skizzierten Niederlage auf der symbolischen Ebene eine Lehre ziehen? Ein Lernprozess müsste im Prinzipiellen stattfinden, zuallererst auf moralisch-ethischer Ebene. Allerdings scheint, wie die Wahlen zum US-Kongress im Herbst 2010 zuletzt bestätigt haben, die konservative Clique der USA unter Regie der neu entstandenen Tea-Party nicht lernfähig zu sein.

Festzuhalten bleibt: Die äußere Macht der westlichen Staaten auf den Gebieten der Ökonomie und des militärischen Gewaltpotentials korrespondiert keineswegs mit einer angeblichen geistig-kulturellen Überlegenheit. Wenn Wachstumswahn und der Glaube an Wissenschaft und technischen Fortschritt vorherrschen und die Richtung der geistigen Kreativität nahezu vollständig bestimmen, müssen die ethischen Orientierungsgrößen eines gesellschaftlichen Fortschritts, wie Humanität und Solidarität, Frieden und Gerechtigkeit, zwangsläufig verloren gehen oder zumindest unterbewertet bleiben.

Die ethische Frage berührt das Grundverständnis der westlichen Gesellschaft, ja letztlich aller nach wirtschaftlicher Prosperität strebenden Staaten und stellt ein ungehemmtes materielles Wachstum, wie es von den interna-

13 Der Standard (Wien) vom 16. April 2010.

tionalen Institutionen der Wirtschafts- und Finanzwelt angestrebt wird, zutiefst in Frage. So ist die entscheidende Frage vor dem Hintergrund der Veränderungen des internationalen politischen Handelns die Frage nach einer neuen demokratisch legitimierten Weltrechtsordnung in Übereinstimmung mit den Humanitätsidealen und den gemeinschaftlichen Prämissen einer Gesellschaft, die ihre moralisch-ethische Orientierung in bewusster Selbstbeschränkung neu zu bestimmen hat.

IV. FÜR EINE KULTUR DES FRIEDENS

Einführung: Die Logik der Gewalt durchbrechen und recht handeln

Ein ungebändigtes Widerstandsdenken wie in Teilen der traditionellen Friedensbewegung, die sich als Anti-Kriegsbewegung versteht, muss angesichts der herrschenden Machtverhältnisse und der fortschreitenden militärischen Hochrüstung früher oder später verzagen. Fortwährender Hass gegen jene, die hauptsächlich verantwortlich sind für die strukturelle Gewalt ungerechter sozialer Verhältnisse und für die in Kriegshandlungen vollzogene physische Gewalt, muss schließlich die Gesichtszüge der Gutwilligen verzerren und verwischt ihre guten Absichten. Sollen wirkliche Veränderungen erreicht werden, muss die Logik der Gewalt verlassen und eine andere Ebene des politischen Denkens und praktischen Handelns betreten werden. Gefordert ist eine andere Form des Bewusstseins, ein überschauendes, integrales Denken, das den Dualismus überwindet.

Diese gegenüber dem Kult der Gewalt und der Beschwichtigung des Krieges andere Lebens- und Verhaltensweise ist unter dem Leitbegriff einer *Kultur des Friedens* gestellt. Der obersten Zielsetzung nach geht es bei der Friedenskultur darum, die Gewaltstrukturen zu überwinden und das gesellschaftliche Leben in seinen ökonomischen, politischen und kulturellen Dimensionen neu zu gestalten.

Gewiss lässt die neue Weltordnung eine teils dramatische Zuspitzung der globalen Probleme erkennen. Doch ist in Anbetracht der Liquidierung fast aller gesellschaftlichen Gestaltungsmöglichkeiten nach den verbleibenden Möglichkeiten eines grundsätzlich anderen sozialen Handelns zu fragen. Es muss sich in den zwischenstaatlichen Beziehungen die Einsicht durchsetzen, Konflikte auf friedliche Weise lösen zu können. Bei einem Konflikt geht es nicht um Feindschaften zwischen Personen oder Staaten, sondern um unterschiedliche Auffassungen darüber, wie sich Probleme lösen lassen.

Zentral für praxisorientierte Normativität einer Friedenskultur ist die Wiedergewinnung von Verantwortlichkeit im gesellschaftlichen Miteinander eines gewaltfreien Handelns. Leitende Prinzipien dieses Wollens sind auf einer anderen Werteskala als der heute propagierten von Effizienz, Konkurrenz, Durchschlagskraft und Erfolg angesiedelt. Sie sind im interkulturellen Verhältnis von gegenseitiger Toleranz und Weltoffenheit sowie im partnerschaftlichen Verhältnis zwischen Menschen unterschiedlicher sozialer Herkunft und zwischen Mensch und Natur zu gewinnen.

So wie früher der Krieg glorifiziert wurde, um falsche Tugenden von Gehorsam, Pflichterfüllung und Opferbereitschaft als akzeptable Handlungsnormen zu begründen, so benötigen wir heute positive Leitbilder, um die Friedenskultur wirklich werden zu lassen. Es sind ganz andere Verhaltensweisen, die von Altruismus, Mitgefühl und Toleranz, aber auch von der Liebe zu unserem Planeten bestimmt sind, zu propagieren. Eine Kultur des Friedens muss schließlich das gesamte gesellschaftliche Leben durchdringen und den Alltag verändern. Sie muss bei den Normen einer partnerschaftlichen Erziehung beginnen mit dem Prinzip, von einem bloßen Leistungs- und Konkurrenzdenken wegzukommen und ein mehr rücksichtsvolles, solidarisches Verhalten anzustreben. Die gesamte Alltagskultur wird ein anderes Aussehen erhalten müssen.

Auf der politischen Ebene geht es um ein alternatives Politikkonzept gleichberechtigter Handelnder, das in dem Konzept des *Global Governance* mit der Verknüpfung verschiedener Handlungsebenen einen ersten Anfang genommen hat. Nicht länger kann das „Schicksal der Erde" allein den professionellen Politikern, Bankers und Wirtschaftsmanagern überlassen bleiben. Die Bürgerinnen und Bürger, z.T. schon in Nichtregierungs-Organisationen organisiert, müssen sich einmischen, nicht nur als Protestbewegung gegen missliebige Zustände, sondern als entscheidende Katalysatoren für vernünftige Lösung anstehender Probleme.

Die Thematik *Kultur des Friedens* ist nicht in dem utopischen Raum einer realitätsfernen Vision entstanden, sondern kann an verschiedene Initiativen der UNO, insbesondere an das entsprechende Programm der UNESCO der Jahre 1996-2001 anknüpfen. Erstmals wurde im Jahr 1989 auf dem UNESCO-Kongress „Frieden im Denken der Menschen" die Idee einer Kultur des Friedens erörtert und zehn Jahre später in der UNO-Deklaration vom 13. September 1999 näher bestimmt als *Werte, Einstellungen, Traditionen, Verhaltensweisen und Lebensformen, die sich auf der Achtung der Menschenrechte und auf die Prinzipien der Gewaltlosigkeit und der Toleranz gründen.* Schließlich wurde das „Manifest 2000" der UNESCO *Für eine Kultur des Friedens und der Gewaltfreiheit* verabschiedet und der Generalversammlung im Herbst 2000 mit vielen Millionen Unterschriften übergeben. Dieses Manifest muss bleibende Verpflichtung aller friedliebenden Menschen sein, wenn es darin heißt:

- *Alle Formen des menschlichen Lebens respektieren ohne Diskriminierung oder Vorurteile.*
- *Die Gewalt zurückweisen in allen Formen, also körperliche, ökonomische und soziale Gewalt.*
- *Die Erde erhalten, eine Entwicklung fördern, die zum Gleichgewicht der natürlichen Ressourcen des Planeten beiträgt.*

18.
Zivilgesellschaftliche Lösungsansätze der globalen Probleme

Vorbemerkung

Zehn Jahre nach Ende des Kalten Krieges, aber auch zehn Jahre nach dem Zeitpunkt, zu dem die begründete Hoffnung auf allgemeine Abrüstung und auf eine friedliche Neuordnung der Welt aufkam, hat sich eine gewisse Ernüchterung eingestellt. Es sind keinerlei weltpolitische Ansätze erkennbar, die großen Probleme der Menschheit einer Lösung zuzuführen. Im Gegenteil. Die sich herausbildende *reale neue Weltordnung* lässt eine teils dramatische Zuspitzung der Probleme erkennen, so dass es immer schwieriger werden dürfte, noch eine Umkehr dieser Entwicklung zu erreichen. So muss auch die vor sechs, sieben Jahren ins Leben gerufene Projektgruppe von ihrer Zauberformel einer *globalen Friedensordnung* Abstand nehmen, ohne sich von ihr endgültig verabschieden oder gar distanzieren zu wollen.

Der Traum eines universellen Friedens darf niemals aufhören, geträumt zu werden. Doch müssen wir uns dessen bewusst werden, dass sich die Bedingungen für die Umsetzung einer möglichen Friedensordnung in die gesellschaftliche Wirklichkeit im Verlauf der letzten Dekade dramatisch verschlechtert haben. Mehr denn je muss sich die allgemeine Erörterung der Frage von Krieg und Frieden den näheren Modalitäten der Interessenlage der neuen Ökonomie zuwenden, also vor der Suche nach einem Lösungsansatz für die globalen Probleme das Wesen der neuen Weltordnung aufzeigen.

Der Zwangscharakter der neuen Weltordnung

Fragen wir nach den Hauptmerkmalen der neuen Weltordnung, so sind vor allem zwei Parameter zu nennen: Zum einen der ökonomisch-finanzpolitische Kernprozess, der unter neoliberalem Vorzeichen die gesamte Gesellschaft betrifft und in ihr nichts mehr beim alten lässt, so kritisch auch die systemerhaltenden Institutionen seinerzeit in der Ära der Systemkonkurrenz oftmals gesehen wurden. Zum anderen ein sich immer aggressiver gebärdendes kriegspolitisches-strategisches Potential, das den Kernprozess samt seiner globalen Rahmenbedingungen militärisch absichern soll.

Diese Mehrdimensionalität der Realität der neuen Weltordnung wird schlaglichtartig durch das folgende Zitat von P. Bourdieu erhellt:

> Die Entwicklung in Richtung der neoliberalen Utopie einer reinen und perfekten Marktwirtschaft ... vollzieht sich mittels einer Politik der Transformation und der Liquidierung buchstäblich aller politischen Gestaltungsmöglichkeiten ... Diese Politik zielt darauf ab, alle kollektiven Strukturen in Frage zu stellen, die der Logik der reinen Markwirtschaft im Wege stehen. Seine gesellschaftliche Macht bezieht das neoliberale Programm aus der politisch-ökonomischen Macht derjenigen, deren Interessen es ausdrückt: der Aktionäre, Banker und Industriellen, der konservativen oder sozialdemokratischen Politiker.[1]

Zwei schwerwiegende Entwicklungstrends charakterisieren die sich herausbildende neue Weltordnung:

Einmal das Erstarken des Kapitalismus hin zur beherrschenden Weltökonomie mit globalen Standards, die unter dem ideologischen Vorzeichen des Neoliberalismus von den politisch und wirtschaftlich Handelnden als äußere Vorgaben willig akzeptiert und widerstandslos in die gesellschaftliche Realität umgesetzt werden.

Zum anderen die umfassende Militarisierung des Politischen, die sich nach der neuen NATO-Strategie als eine *Risikovorsorge* in globalen Kontext darstellt, nun auch ohne Rücksicht auf völkerrechtliche Grundsätze und Verpflichtungen, wie sie bis zum Jugoslawienkrieg in der Charta und in den Beschlüssen der Vereinten Nationen verankert waren.

Trotz der Konkurrenz zwischen Amerika, Ostasien und Europa in wirtschaftlicher Hinsicht haben innerhalb der neuen Weltordnung die USA die unbestrittene Weltführungsrolle übernommen und führen fast nach Belieben Regie, jedenfalls ohne die im Kalten Krieg stets drohende militärische Konfrontation mit der anderen Supermacht. In dem Sinne, dass das Interesse an Rohstoffen und Märkten für das weltpolitische Kalkül dominant geblieben ist und Störenfriede dieser Ordnung – und sei es nur im regionalen Rahmen – als Feinde ausgemacht werden, hat sich die Kontinuität des *kolonialen Blicks* wieder eingestellt.[2]

Entscheidend sind nun noch mehr als früher die finanzpolitischen und ökonomischen Vorgaben der transnationalen Konzerne, deren neue *neoliberale* Ökonomie vor allem darin besteht, Profite zu privatisieren und Kosten – etwa durch Massenentlassungen nach Fusionsvorgängen – weitgehend zu sozialisieren.

In der Umsetzung dieser den meisten Ländern mehr oder weniger aufgezwungenen Ökonomie durch die Politik der G7-Staaten, jedenfalls unter der Führung der USA, ist unübersehbar ein neues Weltsystem etabliert worden, dessen Strukturen die Vormachtstellung des reichen Nordens oder

---

1 P. Bourdieu, *Die Utopie einer grenzenlosen Ausbeutung wird Realität. Die Sachzwänge des Neoliberalismus*, in: Le Monde diplomatique vom März 1998, S.3.

2 R. Käßler/ H. Melber, *Chancen internationaler Zivilgesellschaft*, Frankfurt a.M. 1993, 26.

des ökonomischen Zentrums sichern – auf Kosten der verelendeten Völker der Peripherie, auf Kosten der ausgebeuteten und verschmutzten Natur, ja selbst auf Kosten der grenzenlosen Ausschöpfung der Arbeitskraft im Norden. So wird schließlich nicht nur das *Natursubstratum* der Weltgesellschaft, sondern auch das *soziale Substratum* in der Arbeitswelt erschöpft, so dass hier die Grenzen der kapitalistischen Akkumulation für Natur und Gesellschaft gleichermaßen sichtbar werden.[3]

Die Übertragung der neuen Ökonomie auf das soziale Leben, realisierbar geworden erst durch die allgegenwärtige Macht der neuen Medien und als umfassende Risikovorsorge innerer und äußerer Sicherheit in der Welt der *global players* kaum wahrgenommen, hat etwas Totalitäres oder einen Zwangscharakter der neuen Befriedigungsstrategie an sich.

Der frankophile Schriftsteller É. Glissant, der den Anfang seiner eigenen Spuren in der Erfahrung der ehemaligen Sklavengesellschaft von Martinique ortet, bezeichnet diese globalisierte Weltunordnung als *Globalität einer Chaos-Welt* und als eine *Totalität ohne Moral*, in der sich kulturell-gesellschaftliche Beziehungen hauptsächlich über Brüche und Risse manifestieren.[4]

Aus der Sichtweise eines Denkens des Gleichgewichts der Kräfte, wie es ja letztlich auch für die Ära des Kalten Krieges bestimmend gewesen ist, stellt sich hier die Frage, ob diese ökonomisch-militärische Übermacht des reichen Nordens nicht zwangsläufig zu einer Schieflage in den Koexistenzbedingungen der Staaten und Völker führen muss. Lässt sich eine derartige Weltunordnung wirklich als unipolar charakterisieren, eben als einseitig bestimmt durch die Interessenlage der G7-Staaten mit den USA als einziger Weltführungsmacht an der Spitze?

Allerdings widerspricht eine derartige Kennzeichnung der neuen Weltordnung der inneren Systemlogik des Begriffs von *Welt*, wonach sich diese in ihrer Prozesshaftigkeit erst aus Gegensätzlichem realisiert und sich erst Polaritäten zur Einheit eines Ganzen zusammenfinden.

Neben den USA ist zwar keine gleichrangige Supermacht mehr auszumachen. Wenn aber in der Chaos-Welt unter neoliberalem Vorzeichen eine Zwangsordnung totalitären Charakters errichtet wird und der reiche Norden mit der Weltführungsmacht USA als der eine Pol, um den sich alles dreht, zu orten ist, kann der Gegenpol nicht einfach unauffindbar sein. Er fristet vielmehr in der Schattenseite des Globus sein kümmerliches Dasein, bei den gegenwärtigen Verlierern und Ausgegrenzten, in den verarmten Völkern und Kontinenten, ja selbst in der gequälten und ausgebeuteten Erde. So

3 Kees van der Pijl, *The history of class struggle: From original accumulation to neoliberalism*, in: Monthly Review, Mai 1997, 28-44.

4 É. Glissant, *Traktat über die Welt*, Heidelberg 1999.

wird es ebenfalls von der Systemlogik her gar nicht anders möglich sein, als dass neue Konzepte einer Gegenstrategie, die schließlich der Chaos-Welt ein Ende bereiten werden, gleichermaßen aus den Selbstwidersprüchen der Handlungsweise des selbstgerecht agierenden Zentrums, aus dem Widerstand des verelendeten sozialen Substratums und aus physischen Revolten unseres Planeten selbst, den Katastrophen des gequälten Ökosystems Erde, resultieren werden.

Traditionelle Lösungsansätze aus Erfordernissen der Vernunft

Traditionell haben sich in den letzten Jahrhunderten zwei Möglichkeiten angeboten, um die Frage von Krieg und Frieden als eines der Hauptprobleme der Menschheit einer Lösung zuzuführen: Zum einen der föderative Zusammenschluss der Staaten zu einer Weltrepublik und zum anderen die Ermächtigung von politischen Vertretern der Menschheit zu einer Art Weltregierung.

Beide Vorschläge gehen davon aus, dass in der Tat weltweite Probleme vorhanden sind und nur durch ein kollektives oder repräsentatives Vorgehen einer dazu legitimierten globalen Institution in absehbarer Zeit noch zu lösen sind. Indessen stellt sich hier die Frage, ob diese Lösungsmöglichkeiten in Anbetracht der oben skizzierten Weltlage überhaupt noch in Betracht kommen und Aussicht auf Erfolg haben können.

Der Vorschlag eines föderativen Zusammenschlusses der Staaten, von Kant aus dem Ansatz eines gesicherten zwischenstaatlichen Rechtszustandes entwickelt, wurde in letzter Zeit besonders von Otfried Höffe wieder aufgegriffen.[5] Er plädiert für eine föderale Weltrepublik im Sinne einer liberalen, sozialen und partizipatorischen Weltdemokratie, mit der erst eine Weltrechtsordnung realisiert werden soll, um die aufbrechende zwischenstaatliche Gewalt auf Dauer zu unterbinden.

Dieses föderative Weltmodell soll von drei Prinzipien getragen sein:

- Von dem Prinzip großregionaler Zwischeneinheiten, die etwa nach dem Muster der Europäischen Union zwischen Einzelstaaten und Weltrepublik geschaltet werden;
- von dem Prinzip der weltstaatlichen Subsidiarität, indem nur das, was ein einzelner Staat oder eine Staatengemeinschaft nicht zu leisten vermag, von der je höheren politischen Einheit übernommen wird;
- schließlich vom Prinzip des Kommunitarismus, das die Besonderheiten kleinerer Gemeinschaften stärken soll und für die Identitätsstiftung der

5 O. Höffe, *Vision: föderale Weltrepublik*, Akademiegespräch im Landtag. München 2000.

Bürgerinnen und Bürger von Bedeutung ist, also der kulturellen und sozialen Nivellierung vorbeugen soll.

Insgesamt möchte Höffe hier deutlich machen, dass eine föderale Weltrepublik die Handlungsfähigkeit eines Einzelstaates nicht auflösen, sondern sie auf einer höheren Ebene ergänzen würde. Allerdings sind die Voraussetzungen für einen derartigen Zusammenschluss derzeit nicht gegeben. Weder ist ein kollektives rechtsmoralisches Bewusstsein wirklich entwickelt, noch ließe sich ein ergänzendes Weltbürgerrecht, wie es Kant als Bedingung vorausgesetzt hat, allgemein durchsetzen.

Schließlich hat die vor zehn Jahren aufkommende Hoffnung, der zwischenstaatliche Rechtszustand ließe sich durch Ausbau oder Umorganisation der UNO entscheidend verbessern, inzwischen merkliche Enttäuschungen erfahren. Gerade die von Höffe als Muster genannte Europäische Union schreibt wesentliche Veränderungen, wie zuletzt im Dezember 2000 in Nizza geschehen, als Ordnungsmacht von oben her fest und ist von einer durchgehenden demokratischen Legitimierung, also von dem notwendigen und ergänzenden zivilgesellschaftlichen Prinzip, noch immer weit entfernt.

Der andere Lösungsvorschlag einer Weltregierung, die handlungsfähig genug sein sollte, um unseren Planeten vor der Zerstörung zu bewahren, kann als eine Minimalforderung der Vernunft angesehen werden. Er wurde von Bertrand Russell nach der Kubakrise von 1962 vorgelegt, als es darum ging, die drohende direkte nukleare Konfrontation zwischen den damaligen Supermächten USA und Sowjetunion zu verhindern. Hiernach sollte eine Weltregierung mit weitreichenden politischen, rechtlichen und militärischen Entscheidungskompetenzen gemeinsam von den führenden Staaten der Erde gebildet werden.

Was damals vielen als sinnvoll erschien, nämlich die friedliche, interaktive Koexistenz antagonistischer Weltsysteme zum Überlebensprinzip des militärisch überrüsteten Planeten werden zu lassen, ist in Anbetracht der neuen Weltlage obsolet geworden. Nun bestimmen die ökonomischen Interessen der G7-Staaten mit der Weltführungsmacht USA an der Spitze auch de facto das Weltgeschehen.

Das Gewaltmonopol einer Weltregierung, die sich von vornherein der neoliberalen Ideologie der neuen Ökonomie verschriebe, würde erst recht die soziale Ungerechtigkeit von oben festschreiben und so die strukturelle Gewalt des Zentrums verstärken. Alle gegenwärtig aus der strikten Befolgung der neoliberalen Ideologie zu beobachtenden politischen, rechtlichen und sozialen Konsequenzen, wie die Entmachtung des Staates, die Entstaatlichung des Gemeinwesens und die Entrechtlichung der Bürgerinnen und Bürger, würden sich unter dem Diktat einer Zwangsregierung nur weiter verstärken und beschleunigen. So würden heute die traditionellen institutionellen Lösungsansätze überhaupt nicht die ökonomischen Interessen des Zentrums in Frage stellen und daher auch keine Alternative zur neuen Weltordnung entwickeln können.

Es steht außer Zweifel, dass ein wirklich ernst zu nehmender Ansatz zur Lösung der Weltprobleme von gänzlich anderen Prinzipien auszugehen hat, zu denen vor allem die folgenden Grundsätze des zivilgesellschaftlichen Handelns gehören:

- *Demokratisches Prinzip*, d.h. die demokratische Mitbestimmung und Mitwirkung auf allen Ebenen,
- *Partizipationsprinzip*, d.h. sowohl die Partizipation von unten an der allgemeinen Wertschöpfung als auch die der Peripherie an der Prosperität des Zentrums,
- *Ökologisches Prinzip*, d.h. ein achtsamer Umgang mit der Natur, der Schutz der Erde als wichtige Parameter eines erweiterten verbindlichen Wertekanons menschlichen Handelns.

Die Notwendigkeit zivilgesellschaftlichen Handelns

Die Bedeutung dessen, was der Terminus zivilgesellschaftlich umschreibt, ist in sich komplex und durchaus nicht einheitlich. Obwohl zivilgesellschaftliches Handeln grundsätzlich die Anwendung militärischer Gewalt ausschließt, ist hier nicht einfach nur der Gegensatz zum Militärischen gemeint, wenn er auch mitunter in der Bedeutung anklingt, so in dem Begriff *ziviler Friedensdienst*.

Im Allgemeinen wird die militärische Ebene überhaupt verlassen und mit der Zivilgesellschaft ein alternatives – oder eine Art horizontales – Politikkonzept gleichberechtigter Handelnder umrissen, wobei die Alternative in dem Gegensatz zum vertikalen und hierarchisch strukturierten, sowie zumeist staatsorientierten Politikverständnis besteht.[6] Hier bemüht sich das zivilgesellschaftliche Konzept durch die handlungspolitische Negierung von Staat und Parteien, einen eigenen politischen Bewegungsspielraum zu gewinnen und eine Gegenöffentlichkeit gegen die Meinungsmacher der Medien herzustellen.

Das Ziel ist eindeutig, wenn auch mit Unschärfe und Negativität besetzt. Es wird das Recht auf Widerstand und des zivilen Ungehorsams in Anspruch genommen und durchgesetzt, und zwar gegenüber allen Formen der Gewalt, insbesondere der strukturellen Gewalt.

6 R. Koch, *Demokratie von unten. Neue soziale Bewegungen auf dem Wege zur politischen Institution*, Köln 1994.

So sehr auch die Empörung gegen die Erschöpfung des sozialen und des natürlichen Substratums, also gegen die fortgesetzte Ausbeutung von Mensch und Natur, aus dem übergeordneten Interesse des Gemeinwohls und des Überlebens der Menschheit auf einer bewohnbaren Erde berechtigt erscheint, wissen wir doch aus den Erfahrungen früherer sozialer Bewegungen, dass ein Zorn gegen erlittenes oder momentan wahrgenommenes Unrecht nicht allzu lange anhält. Der Widerstand gegen die politische Klasse und die institutionellen Vertreter der neuen Ökonomie muss daher – nicht zuletzt auch als ein noch unerfülltes Projekt libertärer Demokratie[7] – auch benennbare positive Ziele ansteuern, um von Dauer zu sein.

Untrennbar ist der Regriff der Zivilgesellschaft mit dem Wirken des italienischen sozialistischen Philosophen Antonio Gramsci (1891-1937) verbunden, der als erster das revolutionstheoretische Konzept der *società civile* entwickelt hat. Im instabilen Gleichgewicht der Kräfte der Gesellschaft führen die sozialen Auseinandersetzungen zwischen den zivilgesellschaftlichen Gruppierungen und der etablierten politischen Klasse Gramsci zufolge im Ergebnis zu einer *Hegemonie* der schließlich gesellschaftlich führenden Gruppen. Hegemonie bedeutet die politische, geistige und kulturelle Führung der herrschenden Klasse, kulturell-ideologisch auch in dem Sinne, dass diese Führungsrolle ebenso unten wahrgenommen und schließlich als im allgemeinen Interesse liegend akzeptiert wird.

Worum es für die Zivilgesellschaft nach Gramsci also hauptsächlich gehen muss, ist ihrerseits die *zivile Hegemonie* in den verschiedenen Formen des Alltagslebens, der politischen Vorgänge und der Vergesellschaftungsprozesse anzustreben.[8] Für Gramsci realisiert sich Hegemonie vor allem über Kultur, die er in den *Gefängnisbiefen* als „Erlangung eines höheren Bewusstseins“ bezeichnet, das geeignet ist, „den eigenen historischen Wert zu verstehen, die eigene Funktion im Leben, die eigenen Rechte und Pflichten.“[9]

Er betont die Bedeutung des für die Denk- und Lebensweise der Menschen maßgeblichen Alltagsverstandes, der ohne pseudowissenschaftliche Spitzfindigkeiten zu einfachen und genauen Urteilen gelangt. Neue Kultur – etwa auch im Sinne von *Alltagskultur des Friedens* aufgefasst – heißt auch, „bereits entdeckte Wahrheit kritisch verbreiten“, damit eben die Basis schaffen für eine andere intellektuelle und moralische Ordnung, auf der dann eine andere Handlungsweise basiert. Den Intellektuellen kommt also eine wichtige Rolle zu, und diese wird hier in erster Linie in der ideologie-

7 *ibid.*

8 A.Entmann, *Zivilgesellschaft zwischen Revolution und Demokratie*, Berlin/ Hamburg 1998. Zu A. Gramsci siehe auch S. Kebir, A. *Gramscis Zivilgesellschaft*, Hamburg 1991.

9 *ibid.*

kritischen Funktion erkannt. In der konkreten Umsetzung heißt das vor allem, scheinbare Gewissheiten gegenwärtiger Ordnungsmuster in Frage zustellen; emanzipatorische Ansätze einer alternativen Handlungsweise sichtbar zu machen; offene Fragen zu formulieren und praktische Handlungskonzepte zu erarbeiten.[10]

Voraussetzungen alternativer Handlungskonzepte

Erweitertes Problembewusstsein

In der Übertragung der Ansätze von Gramsci der Zwischenkriegsära des 20. Jahrhunderts auf heute wird deutlich, dass in Anbetracht der Globalisierungsprozesse zivilgesellschaftliche Ansätze nunmehr nur transnational realisierbar sind.

Als mögliche Handlungsinstrumente für die Realisierung einer globalen Strukturpolitik ist eine Politikverlagerung sowohl nach oben wie nach unten vorzunehmenen, etwa durch die Reorganisation oder Neugründung internationaler Institutionen bzw. durch die Rückverlagerung von Verantwortlichkeit auf die Entscheidungskapazität der lokalen Ebene. Unübersehbar bleibt, dass neue bzw. alternative Zielvorgaben, die sich nicht mehr vorrangig an den ökonomischen oder finanzpolitischen Zielvorgaben der neoliberalen Ideologie orientieren, von einem anderen Wertekonsens auszugehen haben, vielleicht von einem ethisch-moralischen Grundkonsens einer tendenziell entstehenden, sich der globalen Probleme bewusst werdenden Weltgesellschaft.

Ein derartiges Problembewusstsein gipfelt dann in der Verantwortlichkeit des Menschen als Gattungswesen für die ganze Erde, indem diese als ein lebendes Ganzes bewusst wahrgenommen wird, als ein Ganzes, das zusammen mit der Menschheit einen Teil des gesamten in Evolution befindlichen Universums bildet. Die aus diesem Bewusstsein formulierte Erd-Charta versucht nichts weniger, als ein neues Bündnis mit der Erde herzustellen, einen neuen Sozialpakt zwischen allen Menschen, um das gemeinsame Überleben auch normativ abzusichern.[11]

Ist mit der Erd-Charta gewissermaßen die Maximalbedingung für den Frieden mit und auf der Erde formuliert, so zeigt indessen bereits der seit 1992 in Gang gesetzte, aber bisher erfolglose *Rio-Prozess* zur Umsetzung

---

10 U.Brand et al., *Global governance. Alternative zur neoliberalen Globalisierung?* Münster 2000.

11 Die offizielle Anschrift der *Earth Charta Initiative*: The Earth Council, P. O. Box 319-6100 San Jose/Costa Rica. Über Internet kann der Wortlaut (in englischer Sprache) abgerufen werden: *www.earthcharter.org./draft /charter.htm.*

minimaler Umweltstandards die praktischen Schwierigkeiten selbst von *global governance* auf.[12] Trotz der berechtigten und von vielen Staaten mittlerweile auch anerkannten Forderung nach einem verantwortungsvollen ökologischen Handeln ist der Rio-Prozess durch den Einspruch Nordamerikas, Australiens und anderer Staaten gestoppt. Und der gegenwärtig zähe Regierungswechsel in den USA lässt auch weiterhin nichts Gutes erwarten.

Die von Menschen gemachte Entropie überwinden

Das Global-governance-Konzept erkennt wohl ansatzweise die Gefährdung unseres Planeten, lässt aber keine grundsätzlichen Alternativen zu, die etwa die realen Machtverhältnisse in Frage stellen und damit der zerstörerischen Ausbeutung des sozialen und natürlichen Substratums durch die strukturelle Gewalt ein Ende bereiten würden. Zu wenig sind in diesem Konzept zivilgesellschaftliche Ansätze vertreten und zu sehr wird auf die alten Kräfte von Ökonomie und Machtpolitik gesetzt, die niemals willens sein werden, freiwillig zugunsten der Allgemeinheit Kompromisse einzugehen oder gar einem neuen, verantwortungsbewussten Denken das Feld zu überlassen.

Gleichwohl sind die bestehenden Widersprüche der herrschenden Politik aus dem neoliberalen Ungeist der neuen Ökonomie unübersehbar. Ein Handeln aus Machtanmaßung und einseitiger Profitgier muss beinahe zwangsläufig zu einer Kollision mit den Interessen der Menschen auf ein lebenswertes und selbstbestimmtes Dasein führen.

Die vorherrschenden Trends in der neoliberalen globalisierten Gesellschaft wie Entmachtung des Gemeinwesens und Privatisierung, ökonomischer Egoismus und Wachstumswahn, Weltherrschaftsträume und wissenschaftlich-technologische Allmachtsphantasien befördern den Verschleiß aller Dinge – wie Leonardo Boff sagt, die *Entropie*[13] – und werden schließlich den ganzen lebendigen Planeten Erde zerstören.

Schon jetzt sind die sozialen und ökologischen Krisenerscheinungen unübersehbar. Bleibt angesichts dieser drohenden Fehlentwicklung der menschlichen Zivilisation dann kein anderer Weg mehr übrig als den der Flucht ins kosmische Abenteuer, also den ausgeplünderten Planeten Erde zu verlassen und andere Planeten aufzusuchen und in Besitz zu nehmen? In diesem Sinn hat sich kürzlich der britische Physiker S.W. Hawking in den Medien geäußert.[14] Deutlicher hätte die globale Krise nicht benannt werden können, wenn auch falsche Schlussfolgerungen – bei Hawking vielleicht mit Absicht sarkastisch überpointiert – daraus gezogen werden.

---

12 Vgl. zu *global governance* in diesem Buch den Beitrag Nr. 6.

13 L. Boff, *Ethik für eine neue Erde*, Düsseldorf 2000.

14 S.W. Hawking, *Pressemitteilung*, Anfang November 2000.

Was erforderlich ist, ist ein völliges Umdenken: weg vom *Ego* und vom Besitzdenken, hin zum *Gemeinwohl* und zum partnerschaftlichen Denken – auch gegenüber der Natur, weg von der Gier zum Immer-mehr und hin zu einer Ethik des Verzichts und zur Anerkennung eines qualitativen Seins.

Wir haben nur den einen Planeten – und das ist in weiser Voraussicht des Naturnotwendigen gut so. Wir werden mit ihm leben, überleben oder untergehen. Und um zu leben, zu überleben, müssen die Ausgegrenzten, die Armen selbst das Heft des Handelns in die Hand nehmen, gemeinsam – wie *Bourdieu* proklamiert – mit „allen kritischen und progressiven Kräften“, um eine „wirkliche kritische Gegenmacht ... für politische Alternativen zur neoliberalen Politik“ ins Leben zu rufen.[15]

Erst dann können wir damit beginnen, unsere schönen Ideen einer *globalen Friedensordnung* in die Wirklichkeit umzusetzen.

15 P. Bourdieu, *Charta 2000. Manifest für eine andere Politik*, Paris 2000.

19.
Gesellschaftliche Krise und die Kultur des Friedens

Vorbemerkung

Mit der vorstehenden Thematik ist ein formaler Gegensatz von zwei gesellschaftlichen Zuständen umrissen: Auf der einen Seite die soziale und ökologische Krise, Verhaltensweisen von Resignation und Rückzug ins Private; auf der anderen Seite aktive Teilhabe der Gesellschaftsmitglieder an der Sicherung ihrer Lebensbedingungen und an der Gestaltung einer friedlichen Welt. Ist denn in Anbetracht von praktiziertem Egoismus und ständiger Gewaltbereitschaft in Staat und Gesellschaft, so ist eingangs zu fragen, die Forderung nach dem Aufbau einer humanen Welt nicht eine Illusion? Was können wir denn noch tun, wenn die Erde bereits brennt?[1]

Kulturbegriff und Huntingtons Simplifizierung

Hier soll an zwei Bestimmungen des Kulturbegriffs angeknüpft werden: an den Begriff der Alltagskultur und an den einer bestimmten Kulturstufe oder Zivilisation.

(a) Zum einen wird Kultur als menschliche Lebensweise nach Maß der gesellschaftlichen Verhältnisse aufgefasst, also als Weise des menschlichen Verhaltens, Denkens und Vorstellens entsprechend den Prinzipien der Gesellschaft. Soweit die Entwicklung des Individuums im Mittelpunkt steht, wird eine Sozialisation durch Erziehung und Bildung angestrebt. In traditioneller Weise soll so der heranwachsende Mensch nicht nur in die Gemeinschaft eingegliedert werden, sondern es sollen auch die Ideale der Humanität lebendig bleiben und weitergegeben werden.

Für Ernst Bloch ist der zusammenfließende Fluchtpunkt aller Kulturen der Begriff des *Humanum* als durchgehende Bezeichnung jedes Sinns der kulturellen Formen im Miteinander der verschiedenen Zeiten:

> Zu dem herauszuprozessierenden Humanum, als dem letzten, wichtigen Zurechnungspunkt des Fortschritts, sind sämtliche Kulturen auf der Erde, samt ihrem Erbsubtrat, Experimente und variant bedeutsame Zeugnisse. Sie konvergieren auch deshalb in keiner irgendwo bereits vorhandenen Kultur... Die vergangenen wie lebenden wie künftigen Kulturen konvergieren einzig in einem noch nirgends zureichend manifesten, wohl aber zureichend antizipierbaren Humanum.[2]

---

1 Und zwar im buchstäblichen Sinne: in Südostasien, im Amazonas, auf der Iberischen Halbinsel. Die Gier nach schnellem Reichtum kennt bei den Bodenspekulanten auch keine Gnade vor den letzten Wäldern, geschweige denn vor dem Grundbedürfnis der Menschen nach einer intakten Umwelt.

2 Ernst Bloch, *Tübinger Einleitung in die Philosophie*. In: Ernst Bloch Gesamtausgabe Bd. 13, Frankfurt/M 1970, 147

Dieser Kulturbegriff im engeren Sinne als ideelle Reproduktion, die nach dem bürgerlichen Bildungsideal im Schöngeistigen und in den Künsten kulminiert, ist mit der besonderen Wertschätzung des Individuellen charakteristisch für die abendländische Tradition.

Dagegen heben außereuropäische Traditionen, die in einem anzustrebenden Dialog der Kulturen notwendigerweise mitbedacht werden müssen, immer wieder den Wert der Gemeinschaft, das kollektive Moment der geistigen Kultur hervor,

Wir alle sind Geschwister und gleich an Wert auf dieser Erde,

so lautet eine Grundüberzeugung des Stammes der Irokesen in Nordamerika.[3] Ganz ähnlich spricht der afrikanische Philosoph Mbiti von dem auf die Gemeinschaft bezogene Selbstwertgefühl:

Ich bin, weil wir sind, und weil wir sind, bin ich.[4]

Derartige vom westlichen Standpunkt eines personalen Menschenbildes divergierende Auffassungen müssen zur Kenntnis genommen werden, wenn es darum geht, den interkulturellen Dialog in Gang zu bringen und Fragestellungen einer Weltkultur zu erörtern.

(b) In Kontrast und in Ergänzung zum Schöngeistigen bestimmt der sozialwissenschaftlich geprägte Kulturbegriff das komplexe Ganze einer bestimmten Kulturstufe (engl.: *civilisation*). Hier geht es auch um die Notwendigkeit der Lebenssicherung und um die zur Verfügung stehenden Produktionsmittel und insgesamt um die Einheit von materieller und ideeller Reproduktion der Gesellschaft.

Dementsprechend spricht Norbert Elias auch vom Einklang gesellschaftlicher Anforderungen und persönlicher Bedürfnisse. Diese Bedürfnisse sind aber nicht nur Mindestanforderungen biologischer Art, sondern auch Hinwendungen, Ansprüche sozialer Art, so etwa das Bedürfnis nach Mitwirkung und Mitsprache, wie es der brasilianische Befreiungstheologe und Sozialkritiker Leonardo Boff in einem schönen Bild ausdrückt:

> Der Mensch will nicht nur Brot auf den Tisch, sondern er will auch dazu beitragen, dass es auf den Tisch kommt, so dass er sich als gestaltendes Subjekt seiner Geschichte fühlt.[5]

Es geht nicht nur um den Hunger nach Brot, sondern auch um den nach Schönheit. Der Mensch will sich nicht nur biologisch reproduzieren, son-

---

3 *Weisheit der Indianer*, hrsg. von K.Recheis u. G.Bydlinski. *II: Freundschaft mit der Erde*. München/Wien 1995, 8.

4 John S. Mbiti, *Afrikanische Religion und Weltanschauung*, Berlin 1974, S.136. Diese in Schwarzafrika viel beachtete und der traditionellen Lebensweise entsprechenden These könnte in europäischer Tradition in die an Descartes anknüpfende Diktion gebracht werden: *Sum quia sumus. Sumus ergo sum.*

5 Leonardo Boff, *Unser Haus, die Erde. Den Schrei der Unterdrückten hören*, Düsseldorf 1991, 25.

dern sich auch kreativ, kommunikativ in der Gemeinschaft entfalten und bewähren. In einer Zivilisation befindet sich also die materielle Sicherung der Lebensbedingungen in Wechselwirkung mit Wissen und Glauben, mit Traditionen, Werten und normativen Regeln, welche die geistige und praktische Tätigkeit des Menschen innerhalb einer Gesellschaft bestimmen.

Im Kontrast zu einem derartigen umfassenden Verständnis von menschlicher Zivilisation gelangt Samuel P. Huntington in seiner Kulturtheorie zu deutlichen Vereinfachungen, indem er aus dem komplexen Ganzen einer Kultur die unterschiedlichen Werte, Überzeugungen, Institutionen und Denkweisen hervorhebt und die verschiedenen Kulturkreise oder Zivilisationen an die großen Religionen gebunden sieht.

Dementsprechend teilt er die multikulturelle Welt nach Bruchlinien zwischen den Zivilisationen ein, in denen er für die nahe Zukunft die zentralen Konfliktlinien globaler Politik erkennt.[6] In der Tradition des abendländischen Überheblichkeitsdenkens sieht Huntington eine grundsätzliche Teilung der Welt in die westliche Zivilisation und die nichtwestlichen Zivilisationen, und wie selbstverständlich sagt er für das 21. Jahrhundert große Kriege voraus, auf die der Westen durch die Bewahrung der kulturellen Einheit mit den USA an der Spitze vorbereitet sein müsste:

> Ob der Westen politisch und wirtschaftlich zusammenfindet, hängt überwiegend davon ab, ob die USA ihre Identität als westliche Nation bekräftigen und es als ihre globale Rolle definieren, die Führungsnation der westlichen Kultur zu sein.[7]

Nicht der interkulturelle Dialog wird propagiert, sondern der Konflikt zwischen den Zivilisationen. Damit verkennt Huntington in kulturphilosophischer Hinsicht ein wesentliches Moment von Kultur, nämlich ihre stete Unabgeschlossenheit und Offenheit gegenüber anderen Kulturen. So aber erstarrt eine Kultur in Selbstgefälligkeit und in Intoleranz.

Konträr zu Huntington hebt der afrikanische Philosoph Houtondij gerade die Offenheit einer Kultur gegenüber dem ursprünglich Fremden hervor[8]. Ebenso betont Louis W. Ballard, ein künstlerischer Exponent nordamerikanischer Indianer, die Notwendigkeit des Austauschs zwischen den Kulturen:

> In diesem Zeitalter der Konformität ist es wahrscheinlich ein Akt extremer Unangepasstheit, wenn man überzeugt ist, dass solche Unterschiede notwendig, wertvoll, ja sogar unentbehrlich sind... Der Stolz, kulturelle Unterschiede mit unserer Umgebung zu teilen, der Stolz, die Eigenheiten anderer nicht nur zu akzeptieren, sondern möglichst umfassend zu verstehen - das ist ein Leitthema in der Symphonie kultureller Bereicherung.“ [9]

---

6 Samuel P. Huntington, *Kampf der Kulturen. Die Neugestaltung der Weltpolitik im 21. Jahrhundert.* München/ Wien 1996.

7 *ibid.*, 507.

8 Paulin J. Houtondij, *Afrikanische Philosophie. Mythos und Realität*, Berlin 1993.

9 *Weisheit der Indianer III: Auch das Gras hat ein Lied. Indianertexte der Gegenwart*, 82 (s. Anm. 3).

Die Krise des westlichen Zivilisationsmodells

Am Ende des 20. Jahrhunderts sieht sich das westliche Zivilisationsmodell von den Unabwägbarkeiten einer Weltkultur herausgefordert. In ihr geht es gerade nicht um die Angleichung der unterschiedlichen Werte und Überzeugungen an die Maßstäbe des Westens, sondern entsprechend dem Votum von Ballard um die Bewahrung des Reichtums der kulturellen Verschiedenheit, der Diversität in der Universalität.

In der gegenwärtigen Situation der Entstehung einer ökonomisch und politisch interdependenten Weltgesellschaft wird für die Kultur des Westens, die traditionell einen Absolutheitsanspruch vertritt und die Zerstörung anderer Kulturen in ihren imperialen und kolonialen Geschichtsepochen planmäßig betrieben hat, die Krise ihrer leitenden Prinzipien evident. Insbesondere ist die Idee des Fortschritts in eine Krise geraten, wobei aus dem Fortschrittsbegriff der Aufklärungsepoche zuerst das Humanitätsideal einer sich immer mehr vervollkommnenden Moralität und schließlich auch das von den Prinzipien Gleichheit und Solidarität getragene Gesellschaftsideal getilgt wurde.

Die Krise äußert sich im kapitalistischen Zentrum in der gesellschaftlichen Perspektivlosigkeit, in der zukünftige Entwicklungen allenfalls mit technologischen Phantasien ausgemalt, aber nicht mit sinnsetzenden Inhalten besetzt werden. In Anbetracht von Massenarbeitslosigkeit und Sozialabbau, von zunehmender Intoleranz und Gewaltbereitschaft, von Raubbau der Naturressourcen und Umweltverschmutzung ist die politische Klasse zu einem sinnstiftenden Handeln gegenwärtig nicht mehr fähig, während sich die Bevölkerungsmehrheit von dem Spektakel einer inszenierten Spaßkultur ablenken lässt und die Preisgabe des gemeinschaftlich Erworbenen, des öffentlichen Raumes zugunsten des Privaten fast widerstandslos hinnimmt.[10]

Eine erste Annäherung zum näheren Verständnis der Krise der westlichen Zivilisation ist mit der Hypothese des *cultural lag* von William Fielding Ogburn gegeben.[11] Diese kulturelle Verschiebung oder Verzögerung ist als eine Interessenverlagerung traditioneller abendländischer Werte an egoistisch-materiell ausgeprägte Zwecksetzungen erklärt worden.

Das Vorwärtsstreben der materiellen Kultur des Industriezeitalters hat demnach ein gefährliches Zurückbleiben der mehr immateriellen Kultur zur

---

10 Der Begriff *Krise* lässt, wie Ernst Woit zurecht bemerkt, einen Prozessausgang von Stärkung und Heilung zu, zumindest in der Medizin. Führt diese gesellschaftlich regressive Entwicklung aber zu inneren das System sprengenden Widersprüchen, bleiben als Alternativen nur Chaos oder prinzipielle Neuorganisation der Gesellschaft übrig.

11 W.F. Ogburn, *Kultur und sozialer Wandel*, Neuwied/ Berlin 1969.

Folge und übt einen Druck zur Anpassung auf Institutionen, öffentliches Recht und geltende Werte, also insgesamt auf die soziale Ordnung auf.

Es fragt sich aber, ob nicht bereits in den Grundlagen der westlichen Zivilisation eine Werte- und Kulturkrise angelegt ist, ist doch die Moderne aus einer Synthese von dualistischer Weltauffassung, Rationalismus und der Ideologie des Utilitarismus hervorgegangen.

Der Dualismus als die alles umfassende Seinsweise des abendländischen Menschen hat die ethisch-religiösen Hemmnisse, die in anderen Kulturtraditionen die unbedingte Besitznahme der Natur durch den Menschen untersagten, weitgehend beseitigt bzw. erst gar nicht zur Entwicklung kommen lassen. Die dualistische Weltsicht – die Spaltung von Mensch und Natur, von Subjekt und Objekt – erwartet vom tätigen Menschen geradezu die Einlösung des Anspruchs, die uneingeschränkte Herrschaft über alle Dinge anzutreten.

Mit den methodischen Mitteln des Rationalismus wird ferner das Programm der Entzauberung der Welt verfolgt: Der Verstand möchte über den Aberglauben, die rationale Einsicht in das Wesen der Dinge soll über die Natur gebieten.

Indessen steht das erworbene Wissen als proklamierte Macht keineswegs dem Menschen als Gattung zur Verfügung. Vielmehr sind die wissenschaftlichen Erkenntnisse vorrangig privatwirtschaftlich angeeignet und im Profitinteresse verwertet worden. Es hat sich ausgezahlt, zumindest für diese Wirtschaftsform, das Machbare ohne moralische Skrupel in die Tat umzusetzen und gegen die Konkurrenz erfolgreich zu sein.

Indem die Moderne unter dem vorherrschenden Paradigma der wissenschaftlichen Rationalität dem Primat von Kapital- und Herrschaftsinteressen gefolgt ist, hat sie auch die Unfriedlichkeit in der Welt neu organisiert. Die Militarisierung des politischen Handelns ist eine unmittelbare Folge dieses Paradigmas und kann davon kaum isoliert werden.

Aus diesem Zusammenhang ergeben sich wichtige Hinweise für eine geänderte Strategie eines radikal-pazifistischen Handelns. Was für die praktischen Lebensumstände der Menschen gegenwärtig besonders schwer wiegt, betrifft die Verschärfung der Krise traditioneller Lebensorientierungen und Lebensformen unter den gegenwärtigen Bedingungen der globalen Arbeitsteilung und der weltweiten Interdependenzen von Information und Wissen.[12]

Die Menschen sind geistig und moralisch, ja in ihrer gesamten Lebensplanung verunsichert, und es stellt sich – wie schon bei der Formulierung

12 Kaspar Maase, Artikel *Kultur*, in: *Europäische Enzyklopädie zu Philosophie und Wissenschaften*, hrsg. von H.-J. Sandkühler, Bd.2, Hamburg 1990, 900-912.

des Gesellschaftsvertrages im Zeitalter der Aufklärung – aufs neue die Frage nach der aktiven, demokratischen Teilhabe der Menschen an der Gestaltung ihrer Lebensbedingungen im Einklang mit den Erfordernissen eines einträchtigen und die Belange des Ganzen regulierenden Gemeinschaftslebens.

Eine gesellschaftliche Krise, die durch die Sprengkraft gegensätzlicher Entwicklungsmomente gekennzeichnet ist, kann, sofern sie nicht in Chaos versinkt oder gewaltsam gelöst wird, Raum für Neues, für noch nicht Dagewesenes schaffen.

Die Krise der westlichen Zivilisation ist, wie zuvor erläutert, eine kulturelle Sinnkrise, eine Krise der leitenden Ideen. Der erste Schritt zur Moderne, die cartesische Aufspaltung des Ganzen in die *res cogitans* und die *res extensa* oder die Hinwendung zum Dualismus von Ich und Körperwelt, hat die Weltentfremdung zur Folge. Der zweite Schritt, die industrielle Ausbeutung und Verwertung einer nicht mehr beseelten, mit Geist erfüllten Welt, führt zur Herrschaft der instrumentellen Vernunft im gesellschaftlichen Arbeitsprozess und zur Verdinglichung des Menschen. In dieser in sich durchaus folgerichtigen Entwicklung entsteht durch die globale „Megamaschine“ am Ende des 20. Jahrhunderts prinzipiell keine neue Situation.

Allerdings verschärfen sich die Krisenmomente weiter, und immer mehr Menschen, nun auch im ökonomischen Zentrum der entstehenden Weltgesellschaft, werden von einer aktiven Lebensgestaltung ausgeschlossen und sozial marginalisiert. Das westliche Modell von der beschleunigten technologischen und ökonomischen Entwicklung erweist sich als nicht länger tragfähig für unseren Planeten, der einer sozialen und ökologischen Katastrophe entgegentreibt.

Zweifellos hat zu dieser krisenhaften Entwicklung auch das vorherrschende Wissenschaftsverständnis in der Tradition von Rationalismus und Utilitarismus beigetragen, nach dem das Programm der Eroberung der Natur durch den Menschen und zugunsten privatwirtschaftlicher Interessen planmäßig verwirklicht worden ist. Hieraus ist eine wesentliche Grundlage für das Selbstbewusstsein und die Dominanz der westlichen Zivilisation erwachsen. Ihr ist der Glaube an den unaufhaltsamen wissenschaftlich-technischen Fortschritt, dem sich andere gesellschaftliche Sphären unterzuordnen haben, gleichsam eingeschrieben.

Im gesellschaftlichen Säkularisierungsprozess der Moderne hat eine Mythologisierung der Wissenschaft stattgefunden: Omnipräsenz, Unermesslichkeit und Allmacht sind die ihr zuerkannten, dem Glauben an transzendente Mächte entliehenen Attribute.

Für eine weitere Konkretisierung kann auf neue Entwicklungen und Resultate der wissenschaftlich-technischen Revolution seit Ende des zweiten Weltkrieges verwiesen werden. Dazu gehören beispielsweise die militärische und zivile Indienstnahme der Atomkraft, die Computerisierung oder die informationelle Revolution und die Entwicklung der Gentechnologie.

Das Programm der Manipulierung und Beherrschung der Natur unter kapitalistischem Vorzeichen macht weder vor der äußerlichen Natur noch vor dem Menschen halt.

Die Atompolitik hat die Menschheit selbst zum Unterpfand eines nicht mehr kontrollierbaren Abenteuers werden lassen, dessen Ausgang für die Menschheit und die Biosphäre unserer Erde durchaus tödlich sein kann. In der propagierten Informationsgesellschaft entsteht ein immaterieller sozialer und kultureller Raum, der vom ökonomischen Zentrum aus kontrolliert wird. Aber nicht Datennetze vermögen die Menschen und Völker ihren wahren Bedürfnissen nach zu verbinden, sondern allein ihre gemeinsamen politischen und kulturellen Interessen. In der Gentechnologie feiert die menschliche Allmachtphantasie letzte Triumphe, wenn nun auch eine Nutzenabwägung bei Eingriffen am Menschen vorgenommen wird. Für das Selbstverständnis der Forschung verheißt diese Überwindung der letzten Tabuzone einen möglichen Anspruch auf die totale Verfügbarkeit über das menschliche Leben.

Schritte zu einer Kultur des Friedens

Die prinzipielle Alternative zur Ökonomisierung und – damit unmittelbar einhergehend – zur Militarisierung der internationalen Politik und damit auch des gesellschaftlichen Lebens ist eine Kultur des Friedens auf dem Weg zu einer ganz anderen weltweiten politischen und wirtschaftlichen Ordnung, die wir als globale Friedensordnung charakterisiert haben.

Dabei ist unter Frieden nicht die Entgegensetzung zu Krieg zu verstehen, sondern, um es einmal mit anderen Worten, hier mit denen des Indianerstammes der Irokesen auszudrücken:

> Frieden ist das Gesetz menschlichen Lebens, recht zu handeln, wenn zwischen den Menschen und den Völkern Gerechtigkeit herrscht.[13]

Auf der Tagesordnung des Programms einer Kultur des Friedens steht nicht die erstickende These *Brot und Spiele* des alten Denkens im Zeitalter der Globalisierung, sondern *Broterwerb und Partizipation* oder das zu neuem Leben zu erweckende Motto *Arbeit und Frieden*.

---

13 *Weisheit der Indianer* 1995. In: *Weißt du, dass die Bäume reden*, 42 (s. Anm. 3)..

Eine Kultur des Friedens kann heute schon beginnen – und wird ja auch heute schon von vielen in ihrer persönlichen Sphäre praktiziert –, weil der Kulturbegriff bei unserer eigenen Lebensweise anhebt und unser eigenes Verhalten betrifft, um beispielhaft zu jener gesellschaftlichen Praxis überleiten zu können, in welcher der *Frieden* der Ernstfall ist.

Dazu gehört neben Zivilcourage auch das Bewusstsein, die große anzustrebende Weltveränderung im Kleinen beginnen zu lassen, wobei allerdings klar ist, dass das nicht ausreicht. Nach den leitenden Maximen von Solidarität, sozialer Gerechtigkeit und Mitgefühl ist auch das individuelle Vorgehen vorgezeichnet: weg vom konsumorientierten Anspruchsdenken und hin zu partnerschaftlicher Teilhabe; weg vom Effizienzdenken und individueller Besitznahme und hin zu tätiger Mitmenschlichkeit und zu einem bewussten Miteinander mit der Natur, weg vom Ich und hin zum *Wir*.

So ist im alltäglichen Leben gegen die derzeit herrschende Praxis nicht Rechthaberei im Meinungsstreit, die den anderen ausgrenzt oder bloßstellt, angebracht, sondern die Bereitschaft zu entwickeln, einander zuzuhören, in strittigen Fragen den Kompromiss anzusteuern und den Konsens zu suchen. Wieviel Missverständnisse, wieviel leidvolle Erfahrungen im persönlichen Dasein ließen sich vermeiden, wenn der gekränkte Mensch den Grund der Kränkung auch bei sich selbst suchen und ein Streit nicht in unversöhnlichem Beleidigtsein enden würde.

Was also zur Praxis einer Kultur des Friedens gehört betrifft die Einsicht, einen Konflikt auf friedliche Weise zu lösen etwa durch das Mittel der Mediation, also durch die Vermittlung in einem Streit durch einen Dritten. An diesem Beispiel ist einzusehen, dass das alltägliche Verhalten der Menschen auch die Praxis des politischen Lebens betrifft. Um eine Kultur des Friedens zu praktizieren, müssen die Menschen überall, insbesondere aber in den wohlhabenden und hochentwickelten Ländern Europas, Nordamerikas und Ostasiens, auf allen gesellschaftlichen Ebenen die Prinzipien der Gewaltfreiheit von Kindheit an lernen und einüben.

Bei gegenwärtig gewaltsam ausgetragenen Konflikten innerhalb von Staaten spielen häufig kulturelle Gesichtspunkte, wie die Zugehörigkeit zu einer bestimmten Volksgruppe oder Ethnie, bestimmte historische Erfahrungen oder auch religiöse Momente, eine wichtige Rolle. Derartige ethnopolitische Konflikte unterliegen in der Regel nicht der Zuständigkeit der UNO und des UN-Sicherheitsrates, so dass hier für eine Konfliktlösung neue Konzepte der Mediation zum Einsatz gelangen können, wie auch das zunehmende Engagement von Nichtregierungsorganisationen (NGOs) bei der Prävention und Vermittlung in Bürgerkriegen und bei der Aussöhnung nach militärischen Auseinandersetzungen belegt.[14]

Prinzipiell besteht die Methode der Mediation darin, Konflikte zwischen zwei oder mehr Parteien durch die gewaltfreie Intervention einer dritten Partei friedlich zu regeln. Dabei wird die Konzeption der friedlichen Regelung meistens so angelegt, dass alle streitenden Parteien die anzustrebende Konfliktlösung als Gewinn verbuchen können ("Win-Win"-Problemlösung). Allerdings wird hier konzeptionell hauptsächlich an westliche Verhaltensmuster einer individuell-rationalistischen Lebensauffassung angeschlossen, nach denen Konflikte primär als Spannungen zwischen Individuen wahrgenommen werden, also Konflikte und Personen zu trennen sind. Dagegen ist in mehr traditionellen oder kollektivistischen Gesellschaften bei Konfliktlösungen weitaus mehr von der Verknüpfung von Personen und Problemen auszugehen.[15]

Letztlich stellt dieses Prinzip aber auch den Anthropozentrismus in Frage, der tendenziell jedes Ding zum menschlichen Eigentum proklamiert und unter die Verfügungsgewalt des Menschen bringen möchte. Mitverantwortung umschließt also die ganze, vom menschlichen Handeln bedrohte Welt: die Sphäre der Gesellschaft und der interkulturellen Beziehungen wie auch die Sphäre von Umwelt und Natur. Das höchste zu erringende und zu sichernde Gut für die menschliche Gemeinschaft liegt in einem menschenwürdigen Dasein unter erträglichen Umweltbedingungen, für die heute Lebenden ebenso wie für künftige Generationen. Leonardo Boff drückt diesen ethischen Holismus in einer einfachen Formel aus: *Das höchste Gut liegt in der Unversehrtheit der kosmischen Gemeinschaft.*[16]

Daraus ergeben sich ganz unmittelbare Folgen für den Zeithorizont politischen Handelns, der im alten Denken viel zu eng gesetzt ist. Es muss ein neues Bewusstsein dafür entstehen, dass auch die verschiedenen Generationen zusammengehören, auch die, die noch nicht geboren sind. Nur mit diesem Bewusstsein ist kulturelle Kontinuität überhaupt zu wahren.

Hier ist auch für die wissenschaftliche Forschung ein ethischer Konsens einzuklagen, der dem zweiten normativen Prinzip von Mitverantwortung für das Ganze von Mensch, Natur und Gesellschaft zu entsprechen hat. Daraus ergeben sich ganz praktische Konsequenzen der Selbstbeschränkung der Forschung und der Eindämmung fast aller Großforschungsprojekte.

---

14 Norbert Ropers, *Interkulturelle Konfliktbearbeitung. Zur universellen Anwendbarkeit von Mediation bei ethnopolitischen Auseinandersetzungen*, in: Wissenschaft und Frieden 4/95, Dossier Nr.21, S.III-VIII.

15 *ibid.* S.VI.

16 Leonardo Boff, *ibid..*, 218 ff. (s. Anm. 5).

Was sich gesellschaftlich insgesamt ändern musste, würde prinzipiell einem Gütertausch ähneln: Wir geben den Größenwahn der wachstumsbesessenen Gesellschaft auf durch die bewusste Selbstbeschränkung einer gebremsten Entwicklung und gewinnen so die Perspektive für die Lösung der großen Menschheitsprobleme.

Allerdings ist das Reich der Normen und Werte oder die kulturell-geistige Sphäre kein autonomer Bereich der Gesellschaft, so dass die von der faktisch permanenten Dominanz des abendländisch-kapitalistischen Zivilisationsmodells bewirkten weltweiten Probleme nicht allein durch die Propagierung einer neuen Ethik gelöst werden können. In diesem Sinne muss eine Kulturrevolution in einer Koalition der Ausgegrenzten und der Vernünftigen, wie sie etwa von Erich Fromm oder Leonardo Boff gefordert wird, auch die materielle Basis der Gesellschaft erreichen, um schließlich andere Formen der gesellschaftlichen Produktion und Reproduktion durchzusetzen.

Eine Kultur des Friedens ist also zugleich konkrete gesellschaftliche Praxis unter der Prämisse von Humanität und ideeller Ausdruck eines grundsätzlichen Umdenkens der Menschheit, insonderheit ihrer Macht- und Entscheidungsträger. Die gesellschaftliche, also die politische, soziale und geistige Krise zeigt indessen an, dass sich ein grundlegender Wandel weniger über ein vernunftgeleitetes, verantwortungsbewusstes Handeln vollziehen könnte, als vielmehr durch den gewaltsamen Austrag unaufgelöster innerer Widersprüche in den Strukturen und ablaufenden Prozessen unserer Welt.

Nachweis der Texte

Nummer	*Titel des Beitrages/ Jahr*	*Quelle*
	I. HISTORISCHES AM BEGRIFF FRIEDEN	
1	Naturforscher und die Idee des Friedens 1977	Science and History. *Studia Copernicana 16.* Warschau 1977, 523-541.
2	Mechanisches Gleichgewicht, Balance of Power und friedliche Koexistenz 1982	*Dialektik. Beiträge zu Philosophie und Wissenschaften, Bd. 4.* Pahl-Rugenstein Verlag, Köln 1982, 52-61
3	Vom Nationalstaat zur Weltregierung? Kritische Anmerkungen im Anschluss an Kants Entwurf „Zum ewigen Frieden" 1998	*Symposiumsbeitrag* aus Anlass des 350. Jahrestages des Westfälischen Friedens. Osnabrück 1998, 6 S.; *(Erstveröffentlichung)*
	II. WERTGEFÜGE UND BEGRIFFLICHKEIT	
4	Die Disposition zu Krieg und Frieden. Über einige widersprüchliche und einige notwendige begriffliche Veränderungen 1997	*Repraesentatio Mundi. Festschrift zum 70. Geburtstag von Hans Heinz Holz.* Jürgen Dinter Verlag für Philosophie, Köln 1997, 333-345
5	Thesen zu Gewalt und Gerechtigkeit 2002	*DSS-Arbeitspapiere* (Arbeitspapiere der Dresdner Studiengemeinschaft Sicherheitspolitik) Dresden 2002, *Heft 62*, S. 11-16
6	Zivilgesellschaftliche Krisenprävention – Aktivitäten und Hindernisse 2006	*Symposiumsbeitrag* aus Anlass des Jahrestages der Zerstörung Dresdens 1945. Dresden 2006, 8 S.; *(Erstveröffentlichung)*

7	„Sicherheitsarchitektur“ und Abrüstung – Anmerkungen zu einer aktuellen Paradoxie 2009	Europäische Friedenskonferenz Berlin, 14./15. März 2009. „Für eine europäische Friedensordnung“ *GBM Berlin 2009*, 132-136
8	Von der Leistungsethik des westlichen Zivilisationsmodells zum Wertsystem einer solidarischen Weltgesellschaft 1996	*Volker Bialas/ Hans-Jürgen Häßler (Hg.), 200 Jahre Kants Entwurf „Zum ewigen Frieden“. Idee einer globalen Friedensordnung.* Verlag Königshausen u. Neumann, Würzburg 1996, 155-164
9	Weltethos versus neue Weltordnung 2002	Beitrag zum 6. Dresdner Symposium „Für eine globale Friedenordnung“. *DSS-Arbeitspapiere, Heft 60.* Dresden 2002, 8-18
10	Demokratische Mindeststandards einer europäischen Friedensordnung 2005	Beitrag zum 9. Dresdner Symposium „Für eine globale Friedenordnung“. *DSS-Arbeitspapiere, Heft 73.* Dresden 2005, 29-38

III. PERSPEKTIVE EINER GLOBALEN FRIEDENSORDNUNG

11	Die Frage von Frieden und Krieg als globales Problem 1985	Beitrag auf dem Internationalen Kongress der „Internationalen Gesellschaft für dialektische Philosophie – Societas Hegeliana“, Helsinki 1984. In: *Dialektik Bd. 10*, Köln 1985, 228-236
12	Das Real-Mögliche als Kategorie einer globalen Friedensordnung. 1998	*Domenico Losurdo (Hg.), Geschichtsphilosophie und Ethik.* Peter Lang Europäischer Verlag der Wissenschaften Frankfurt/ M 1998, 559-569

13	Idee einer globalen Friedensordnung. Ein philosophisch-friedenspolitischer Diskurs. 1998	In: *Topos, Heft 10.* Aisthesis Verlag, Bielefeld 1998, 161-168
14	Privatisierung der Natur und ihre Konsequenzen. 1999	Beitrag zum 3. Dresdner Symposium „Für eine globale Friedensordnung". *DSS-Arbeitspapiere, Heft 43.* Dresden 1999, 27-37
15	Der Hinterhof als das Modell für das Imperium? Parameter der US-Lateinamerikapolitik. 2003	7. Dresdner Symposium „Für eine globale Friedensordnung". *DSS-Arbeitspapiere, H. 64.*Dresden 2003, 45-54
16	Die chronische Atomkriegsgefahr und die Logik der Abrüstung. 2009	Beitrag zum 13. Dresdner Symposium „Für eine globale Friedensordnung". *DSS-Arbeitspapiere, Heft 93.* Dresden 2009, 3-13
17	Sicherheit für den Menschen und gerechter Frieden – Option für eine veränderte Weltordnung?	*DSS-Arbeitspapiere, Heft 101* Dresden 2011, 37- 46.

IV: FÜR EINE KULTUR DES FRIEDENS

18	Zivilgesellschaftliche Lösungsansätze der globalen Probleme 2001	Beitrag zum 5. Dresdner Symposium „Für eine globale Friedensordnung". *DSS-Arbeitspapiere, Heft 57.* Dresden 2001, 56-66
19	Gesellschaftliche Krise und die Kultur des Friedens 1999	*V. Bialas/ H.J. Häßler/ E. Woit (Hg.), Die Kultur des Friedens. Weltordnungsstrukturen und Friedensgestaltung.* Verlag Königshausen u. Neumann, Würzburg 1999, 191-200

(Anmerkung: Soweit möglich und erforderlich, wurde das Copyright eingeholt. Einzelne Beiträge wurden geringfügig gekürzt bzw. stilistisch geglättet.)